建築の歴史

藤井恵介
玉井哲雄

中央公論新社

建築の歴史　目次

藤井恵介担当　本書第二章「寝殿造の変質と庶民住宅」までの前半部分
玉井哲雄担当　本書第二章「絵巻物にみる鎌倉武士の住宅」以降の後半部分

建築の歴史

はじめに

本書は一九八九年から九三年にかけて出版された石ノ森章太郎著『マンガ日本の歴史』第一巻から第四十八巻の巻末に掲載された解説「建築の歴史」を集めて成ったものである。この『マンガ日本の歴史』への参画を求められた時、はたしてどの程度に過去の建築や都市の姿を復元して、読者にお届けできるのか、いささかの不安をもったことを克明に思い起す。

時代考証を担当する立場では、なるべく正確に過去の建築を描きたい、と考えるのは当然である。しかし、建築とそれを取り囲む都市や環境のことのすべてが分っているわけではない。分っていなければ推定に頼らざるを得ない。おおまかな推定ならできようが、絵に描くということは、さまざまな可能性から一つの解答を決定しなければいけない。しかもそれが出版されて読者の目にふれれば、それは決定的な情景として脳裏にやきつけられることになる。

このような不安と、一方では今まで不問にされてきて、誰も描かなかった情景を新たに想像（創造？）することへの期待を抱きつつ、波瀾の数年間をスタートさせたのであった。

時代考証の仕事と同時に受け持ったのが、時代背景解説としての「建築の歴史」である。優れた日本の建築の通史や、精緻な論文・解説は幾つも知られているのだが、それぞれの巻の内容に連動させて解説するのには、また異なった視点を必要とする。定説となった理論があっても、それを前提にすべての情景が復元できるわけではない。解説にはしたがって、現在の段階で分っていること、分らないこと、そして見通しなどが多く含まれることになった。

以上のような理由で、各章、各節はそれぞれ独立していて、現在の時点でのトピックスを取り上げたところも少なくない。今回一冊にまとめるにあたっては、日本建築の全体がある程度理解できるように、少なからず加筆訂正をおこなった。

さらに建築や都市について探求されたい方々は、巻末に載せた参考文献を頼りに、過去の世界へ旅立たれることを期待したい。

藤井恵介

第一章　原始・古代

過去の建築を知る方法

古いことは忘れてゆく

遠い過去から今にいたるまで、わたくしたちの先祖が、どのような場所にどのような建築物を造って生活を営んでいたのか、その実際の様子を復元して、読者の皆様のお目にかけることが、建築史を研究する者に課せられた課題である。しかしながら、既に失われてしまった遠い過去を、あたかも昨日見てきたかのように描くことは、かなり難しいことである。

わたくしたちは、日々新しい形を生産している。十年前に登場した最新式の自動車の当時の形を克明におぼえている読者は一体何人おられるだろうか。その車を目の前にしても、よほどの車マニアでなければ、その年式を言い当てることはできないだろう。新しいものが生産されるたびに、記憶のなかから古いものがすべり落ち、次のものにおきかわっていく。

建築についても事態は同じである。わたくしたちの住んでいる住宅は、こわして建て替

法隆寺綱封蔵　修理前（右）と復元後（左）（「修理工事報告書」より）

えてしまえば、慣れ親しんでいた柱や壁、好きだった廊下のすみの暗がりなど、それはほのかな記憶に留められても、具体的な図面に書こうとすれば、それは無理というものだ。まして、先祖の住んでいた住宅や使っていたさまざまな建築を、記憶からたぐっていくのは、ほとんど不可能にちかいことである。

それでは既に目の前からなくなってしまった建築をどのようにして復元して行くのだろうか。その方法を幾つか考えてみることにしよう。

実際に残っている建築をつかう

日本の各地には、古代以来の古い寺院や神社が多くのこされている。そこには非常に古いものから最近建てられたものまで、多種多様な建築がある。また農家や町家《まちや》のような古い住居も、全国にかなりの数がのこっていて実際にみることができる。しかし、これらが建てられたそれぞれの時代の建築としてそのまま理解することはできない。

日本の建築物はほとんどが木造である。だから、ながいあいだ建ち続けている間には、修理をしなければいけない。修理をする際には、その時の最新の技術を用いるのは当たり前なのだが、古い建築の場合には何度も修理をかさねてゆくと、最初に建てられた時の建築から相当に異なった建築となってしまうのである。各時代に修理を重ねてゆく過程は、まさに建築物がよく使われたことを証明することになるのだが、その当初の状態を知りたい時には、あらためて後に加えられた修理をよく調査して、慎重に復元していかなくてはいけない。近年では、古い寺院や神社の建築を修理する時に多くは当初の姿に戻されるので、わたくしたちが目にする国宝、重要文化財に指定されている古建築は、修理が終ってさえいれば、それは大体当初の姿であると考えてよい。しかしながら、実際にそこで暮して

修理中の桂離宮松琴亭

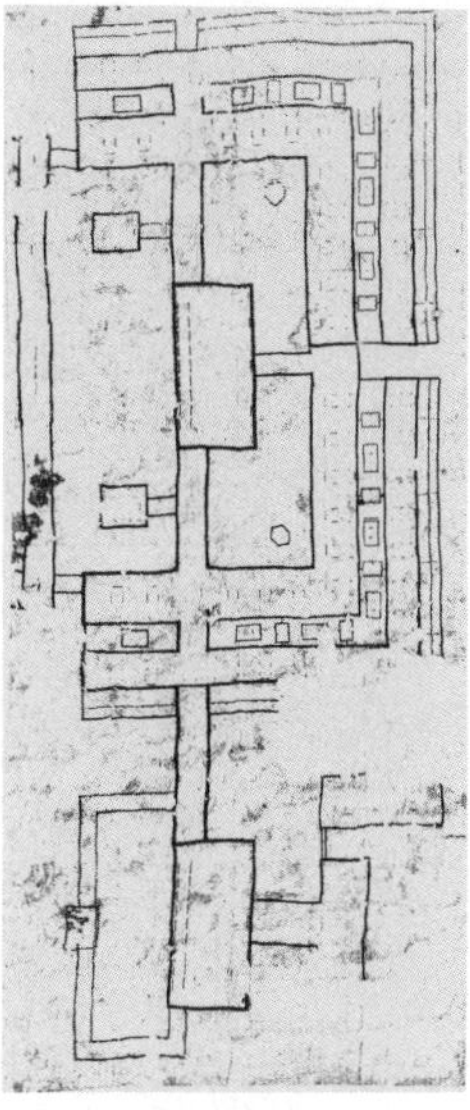

東大寺講堂僧房図　麻布に書かれた平面図（『正倉院展の歴史』図録より）

寝殿造　絵巻が重要な手がかりになる（『源氏物語絵巻　宿木（三）』より　徳川美術館蔵）。

いる住宅（農家や町家）の場合には、そうはいかない。生活のスタイルが大きく変化しているので、江戸時代に創建された建築をそのまま使うことはまことに不便である。だから、近年に修理されて創建当初のように見えても、実際にはいろいろな部分が後の改造のままにしてある場合が少なくないのである。

絵画や図面から調べる

実際にのこっている建築から、古い時代の建築の様子がわかることは、いま述べたとおりなのだが、残念ながらそれだけでは一部の建築のことしかわからない。日本の建築は木造なので、火災にあうと焼失してしまうし、まれには大風や地震のために倒壊してしまうこともある。だから、実際にのこっている建築は、まったく偶然にのこったもの、といっても過言ではないのである。特に都市に建てられた住宅系の建築はそうである。火災がどこかで起れば類焼の危険にさらされるし、時には戦乱に巻き込まれてしまうこともある。京都に鎌倉時代以前の建築が指おり数えられる程度しかのこっていないのはそのためである。

このような地上からまったく失われてしまった建築を復元するためには、絵巻物を代表とする各種の絵画や建築を示した古い図面（一般に指図《さしず》という）、そしてその他の歴史資料が重要な手がかりを提供してくれる。例えば、平安時代の貴族住宅である寝殿造《しんでんづくり》の様子を知るためには『源氏物語絵巻』『年中行事絵巻』などの絵画そして貴族がこまめに書き綴った日記に頼らなければならない。

遺跡を調査して調べる

実際にのこっている建築、そして絵画、文献などによっても実態のわからない建築はたくさんある。縄文時代、弥生時代の住居はどうすればいいのだろうか。そこでは遺跡の発掘が重要な資料を提供する。かつて、弥生時代の大規模な遺跡として静岡県の登呂《とろ》遺跡が発掘されて、そこに竪穴住居と高床《たかゆか》式倉庫が復元された。発掘によって稲作をおこなっていた水田の概要が明らかにされると同時に、建築の跡が検出されたのである。しかし遺跡からの復元にはいくつかの困難がある。地面に刻み込まれた柱の穴などだけしか発見されないのだから、その上の建物はかなりの推察に頼らざるを得ない。時には発掘の際に木の部材が出土することがあって、復元の大きな助けになるのだが、それでも全部の部材が出

山田寺金堂跡　奈良国立文化財研究所によって発掘調査が行われた（『山田寺展』目録より）。

金堂復元模型　実際の建築と同じ手法で復元された10分の1模型（同前）。

土するわけではないから限界はある。ただ、発掘調査は近年になって、ますます盛況を呈しており、そこからの知見はさらに蓄積されつつあって、次第に多くのことが判ってきている。また、発掘調査の対象となる遺跡も、先史時代に限らず、歴史時代の遺跡——藤原京・平城京・平安京から中世・近世——にまで広がってきている。様々な様子が今までよりはるかに広い視点で明らかにされつつあり、今後大いに期待することができよう。

様式・技術などから推測する

今まで基本的な資料について説明を加えてきたが、もちろんこれですべての建築が明らかになるわけではない。これらの資料を用いて建築は歴史的にどのような変遷を遂げてきたのか、その過程を理論的に考えることによって建築の実態を推定するのである。たとえば、建築技術の発展とその普及の様子を調べることによって、日本にどのような建築がありえたか、そしてどの程度普及したか、ある程度の推定ができる。そのためにはもちろん、朝鮮半島や中国大陸と日本との文物の交流について細心の注意が必要である。また、建築がどのように使われたのか、その実態を考えることも重要な課題である。寺院と住宅では使い方が違うのは当然だが、それゆえ同じ時代に同じ技術を使っても、まったく違う形の建築が産み出されることになる。そして、新しい使い方は、新しい形式と新しい技術を要求するし、また逆に、新しい技術が、新しい形式を産み出し、新しい使い方を導くことも、当然のことである。

このように、建築とそれを取り囲むさまざまな事象をていねいに解きほぐしてゆくことによって、わたくしたちの祖先が日本のなかに創り上げ、活躍の舞台とした多くの建築を明らかにしていくことができるのである。

先史時代の建築の建て方

柱を立てる

弥生時代の遺跡から発見される代表的な建築の跡は、竪に穴が掘り込まれそこに四本程度の柱穴があるものと、平地に四本、六本などの柱穴があって長方形の平面をもつものの二種類である。前者は竪穴住居の跡であり、後者は高床式の建築――おそらく倉、もしくは特殊な住宅――または床がないか低い床を張った掘立柱《ほったてばしら》建築の跡と考えられている。これらを実際に建てる際の技術的な原則を考えてみよう。

木造の建築をつくる時、もっとも原始的な柱の立てかたは、掘立柱である。柱を準備しておき、地面に穴を掘ってその中に柱を立て、穴を埋めもどせば出来上がる。掘立柱のすぐれた点は一本であっても倒れずに立っていることである。だから柱を立てたあとで屋根をかけたり床を張ったりするときにも、それを別に支える必要がなく安心して仕事をすることができる。欠点は柱が地面の中に埋められているので、そこが腐りやすいこと、そして柱が重ければ沈んでしまうことである。しかしながら、このような欠陥は、この時代の建築においてはあまり大きな問題にならない。というのは、竪穴住居や高床建築に数百年間の寿命が要求されることはなく、実際には数十年建っていれば充分であろうから、さして困ったことにはならないのである。また屋根も草や木の皮や板で葺くから、柱が大きく沈下するほど荷重がかかるということもなく、倉の場合でも柱の下に板を敷いたり、小材をからませたりする程度で、まず大過はなかった。

日本国内で礎石が用いられるようになるのは、ずっと後の六世紀後半になって仏教建築が朝鮮半島からもたらされた時からである。仏教建築は屋根に瓦を葺くので柱に大きな荷重がかかってくる。したがって礎石を置いてその荷重を受ける。礎石を使う建築は、日本の先史時代の建築とは別の体系として日本に伝来した、と考えるべきであろう。

この掘立柱の技法は、日本においてきわめて広く用いられた方法である。縄文・弥生時代の代表的な建築であった竪穴住居、高床式の建築は言うに及ばず、礎石を柱の下に敷く新しい方法が伝来した後にも広く用いられ、奈良時代の住居、官庁建築、後の庶民住居なども多くがそうであった。

柱の上に横材をのせる

柱を立てることが出来たら次には横方向の材料を繋ぐ必要がある。横の材料を繋ぐことが出来なければ、家を建てることができないのはあたりまえのことである。最も単純な竪

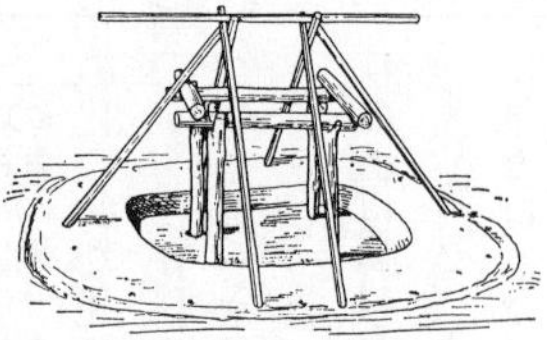

竪穴住居柱組　登呂遺跡の復元家屋（太田博太郎『図説日本住宅史』より）

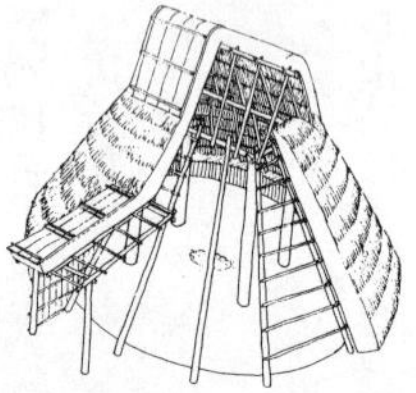

竪穴住居の復元　吉野ケ里遺跡の例（宮本長二郎氏作図。『吉野ケ里遺跡展』図録より）

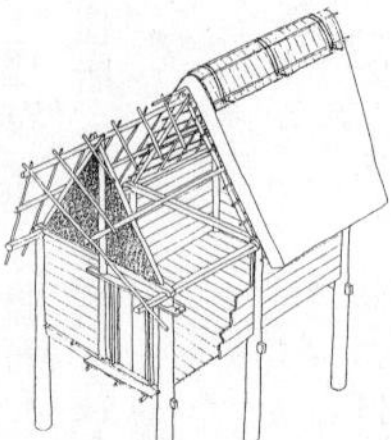

高床式建築の復元　吉野ケ里遺跡高床倉庫の例（同前）

穴住居を例にとれば、まず正方形の平面の四隅に掘立柱を立てる。その柱をだいたい同じ高さに揃えておいて、そこの上に横材（屋根の荷重を受ける材で「梁《はり》」という）をのせるのである。のせるといっても、当時の工具はあまり鋭利なものではないから、素朴な工法を想定してやらねばならない。しばしば描かれる復元図では柱の頂部が二股になっていて、そこに横材をのせている。しかし、いつもちょうど良い加減の二股の材料があるとは限らないだろう。柱の頂部の内側を刳《く》って、横材を上からはめてもよいだろうし、あるいは柱の頂部をけずって尖らしておいて、横材の下に穴をあけて、上から落しても安定した構造をつくることができる。

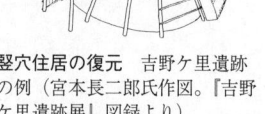

古代住居の復元作業　愛媛県八堂山遺跡の復元作業（「弥生文化の研究」8『弥生集落』より）

床を張る

竪穴住居では地面の上が生活の場であったので、床を張る必要はなかったが、高床建築ではその字のとおり、地面からかなり高いところに床を張っていた。床を張るためには、掘立柱のなかほどに、横の部材を渡し、その上に床板を敷く必要がある。おそらく、もっとも古い時代にはなんらかのひっかかりを柱と横材に刻んで、そこを縄でからめるような処置をほどこしたのではないか。登呂遺跡や山木《やまき》遺跡（静岡県）から出土した建築部材によれば、柱は床の高さより上がすこし細く削られていて、そこに上から穴をあけた横材を落しこんで安定させるようになっている。また最近の宮本長二郎氏の報告によれば、納所《のうそ》遺跡（三重県）や小紋遺跡（島根県）からは横材（貫《ぬき》）をとおす穴のあいた柱が出土している。柱の中央に穴をあけて横材（貫）をとおせば、その上に床材をのせても床が重みで沈む心配がないので、もっとも安定した技術ということになる。従来の定説では、この貫を貫通させる技法は、鎌倉時代の初めに中国から輸入されるまで日本国内にはなかった、とされてきた。近年発掘されて話題を呼んだ吉野ケ里《よしのり》遺跡の建築について、宮本氏がこの技術を用いて復元案を提出している（『吉野ケ里遺跡展』図録）。ただこのような貫材が果して本当にあったかどうか、議論の分かれるところではある。

屋根をつくる

横の材料を柱の上にのせることができると、次に屋根をつくることが課題となる。日本の気候の特徴は雨の多いことである。だから平らな屋根はありえない。平らだと雨がその上にたまって雨漏りの原因になってしまう（現代の鉄筋コンクリート建築でも平らな屋根はしばしば雨漏りの原因となる。防水処置のわずかな欠陥が雨漏りを引き起すのである）。そのためには三角形の屋根をつくって、斜めにつくることが最善の解決方法であろう。この三角の屋根を葺くためにはその頂点に横の材（棟木《むなぎ》）を渡す必要がある。そして、その棟木を下から支えるために、いくつかの新たな技術を必要とする。

最も古い時代には、梁の上に木を組んで棟木をのせることができなかったから、建築本体とは別に二本の掘立柱を立て、その上に棟木をのせた。この掘立柱は棟持柱《むなもちばしら》と呼ばれている。棟持柱を持った高床式の建築は、紀元一世紀後半に製作され、江戸時代に香川県から出土したと伝えられる銅鐸《どうたく》に描かれている。また、実際に古い形式を残しているのは伊勢《いせ》神宮正殿である。よく知られているように、伊勢神宮の諸建築は二十年ごとに建て替えられる。だから、現在の本殿は平成五（一九九三）年の建築であることは間違えようのない事実なのだが、古くからの建築様式を遵守して建て替えられてきた。もちろん六十回をこえる建て替えを経て、当初の姿から違ってしまった部分も少なくないが、棟持柱を使って棟木を支えるという、最も原始的な架構方法を今に伝えているのである。

また竪穴住居では、四本柱の上にのせられた梁に地面から長い垂木《たるき》をたてかけて、数本の垂木の先端が合わさった所に棟木をのせる手法もしばしば用いられたようだ。

棟持柱などを使っていた時代から、技術が進歩して精度のよい仕事ができるようになると、梁などの上に屋根構造をつくることが可能になって、棟木が安定してのるようになる。棟木を柱の上方にのせるためには、梁などの下の横材から何らかの部材を立上げなくてはいけない。この方法には叉首《さす》と束《つか》の二通りの方法がある。叉首は二本の部材を斜に組んで、下の横材（梁）とともに三角形をつくり、その頂部に棟木をのせるのである。この方法は非常に安定した構造をつくれるのであって、最近の農家にまで用いられていた。次に、束とは短い縦方向の部材の名称で、梁の上に直立させてその上に棟木をのせるのである。ただし束はそれだけでは自立しないので、それに叉首を添えたり（豕叉首《いのこ》）、垂木で両側からしっかり押さえたりする必要がある。いずれにせよ、このような棟木の支持方法の発展は、大きな技術改良が前提であることは確かであろう。

屋根を葺く

棟木が上がると次には屋根を葺くことができる。まず、棟木と下の横材（桁《けた》）に垂木を渡し、そしてさらに細い材を垂木にからめてそこに葺材をのせることになる。垂木は屋根構造をあまり強固につくることができない時期では、構造材も兼ねていたが、のちには完全に葺材をのせるためだけの材料となる。

屋根の葺材の最も古いものは茅《かや》などの草であって、細い草を下の方から何層にも重ねて葺いていく。その様子は現在残っている農家の屋根を少し薄くしたようなものと考えてよいだろう。また近年の報告によると、竪穴住居の焼失跡からは、屋根にのせられていたと思われる焼土が少なからず発見されていて、薄い草葺の上に土を置く手法も、普及していたらしい。そのほかには、檜の皮を使った檜皮葺《ひわだぶき》、杉の皮をつかった杉皮葺ももちろんあっただろう。屋根の材料の精度がさらに上がってくると板で葺くことも可能になる。

瓦が使われるようになったのは六世紀後半に仏教建築の技術が伝わってからのことだから、日本国内ではそれまでの長い間木質系の材料を用いたことになる。瓦が寺院建築で使われるようになっても、住居ではもっぱら木質系の葺材が使われていたし、また仏教寺院でさえも、山岳に立地する場合にはしばしば檜皮葺、柿葺《こけらぶき》（薄い板葺）を用いた。木質系の材で葺く屋根は古い時代からの伝統であった。

埴輪からの考察

家形埴輪から

古墳時代にはいると、大規模な古墳が各地に造られることになった。弥生時代にくらべると、各地の首長たちははるかに強大な権力を集中したのであって、多くの人々を大規模な土木作業に駆り立てたのである。土木技術が大きく発展したのはもちろん、建築の技術もかなりの進歩を遂げた。首長たちは、一般の人々が住む集落からすこし離れたところに、大規模な居館を造ったようだ。近年の各地の発掘調査によって、古墳時代の住宅は飛躍的に明らかにされつつある。

古墳時代の建築の様子は、各地の古墳に置かれていた埴輪《はにわ》から推察することができる。埴輪のなかに家をかたどったもの――家形埴輪――が少なからず発見されるのである。発掘された建物の跡から復元するという間接的な手続きに比較すれば、はるかに具体的に建築の様子がわかるのである。

このような埴輪の代表的なものの一つは、群馬県佐波郡赤堀村の茶臼山《ちゃうすやま》古墳で発見され

主　屋　切妻屋根に堅魚木をのせている（以下、いずれも東京国立博物館蔵）。

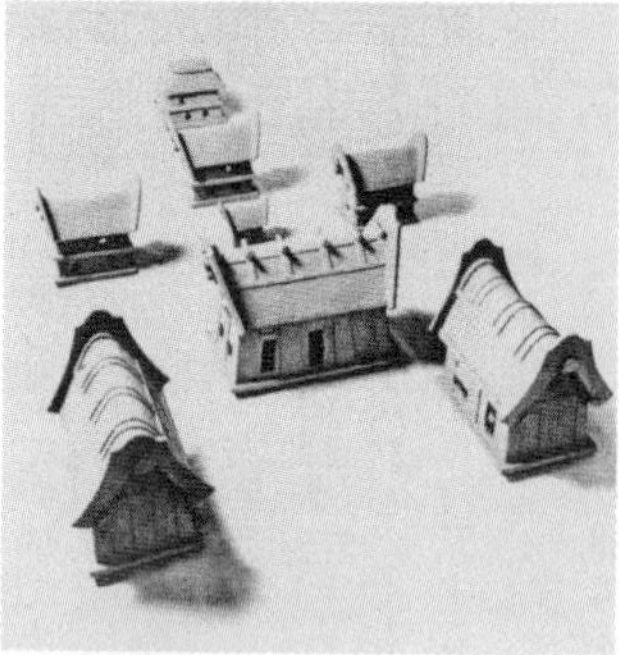

豪族の屋敷（群馬県・茶臼山古墳出土）家形埴輪による復元。

集会所　主屋の両脇に配置された切妻屋根の建築。

た家形埴輪群である。この前方後円墳は、四世紀前半に造られたと考えられているが、昭和四年に調査が行われ、その頂部から家形埴輪群、高坏《たかつき》、椅子などの形象埴輪が出土した。家形埴輪は全部で八棟あって、切妻造《きりづまづくり》の屋根をもつ家が三棟、おなじく切妻屋根で高床の倉庫が三棟、そして寄棟造《よせむねづくり》の屋根をもつ高床の倉庫が一棟、さらに小規模の納屋が一棟という構成である。

この建築群が古墳に埋葬された豪族の屋敷の建物を表しているとの推察から、改めて考えられたのが写真図版にみる配置である。前方には三棟の切妻屋根建築を中庭を囲むように置き、その背後には納屋があってその周辺を三棟の切妻高床の倉庫で囲み、さらにその後ろに入母屋《いりもや》倉庫が配置されている。

掘立柱建物の普及

中心にあるのは言うまでもなく、もっとも大きな埴輪であって、しかも切妻屋根には堅魚木《かつおぎ》をのせている。堅魚木は現在でも神社の屋根の棟の上に置かれているのを見ることができる。堅魚木は本来、屋根の葺材を棟で押さえる部材の一つであったが、かなり早いころに権力の象徴として意識され、立派な形に整えられるようになった。『古事記』によると、雄略《ゆうりゃく》天皇は河内の大県主《おおあがたぬし》が家の棟に堅魚木を上げているのを見て、天皇の宮殿に似ていると腹をたて、その家を焼き払わせたという。だから、この茶臼山古墳出土の三棟の切妻屋根の埴輪のうちで、堅魚木をもつものが豪族の屋敷の中心建築であって、強大な権力を誇示するものであったことを知ることができる。

納　屋　豪族の生活用品を納めたのであろうか。

倉　庫　共同体の財産を保管したのであろう。

入母屋屋根の倉庫　豪族の個人用倉庫であろうか。

さて、この中心建築とその両脇に配置された切妻屋根の建築は、今までなじみのない建築である。弥生期での主要な建築は、竪穴住居と高床式の建築（倉庫または上級住宅）だったが、そのころ次の時代に普及する新しい建築が誕生していた。それは掘立柱建築である。これまでの建築も掘立柱を使っていたのでいささかまぎらわしい名称だが、高床倉庫の床が地上にまでおりたもの、もしくは竪穴住居が発達して壁ができたもののどちらかで、主として住宅に使われた建築である。全体の形は現在の建築に通ずるもので、これ以後の建築形式の主流となる。しかしながら、もちろんすべての住居がこの形に代ってしまうということはなく、庶民の住居の多くは依然として竪穴住居であったことは確かで、これはほんの一握りの支配階層の住居であったのである。

屋敷の建築配置

もう一度茶臼山古墳の家形埴輪群の問題にもどろう。今度は復元された埴輪群の配置を考えてみよう。いったい全体、どうしてこのような配置に復元できるのか、わたくしたちはバラバラになった八棟の埴輪を手にした時、何を原則として屋敷を再構成すればよいのか。これだけの建築があったとき、様々な配置の可能性があるのだが、なぜここに見る復元案が考えられたのであろうか。

まず第一には全体をシンメトリーに構成することである。中心軸を考えて左右対称に建築を配置するのである。この左右対称という考え方は、東洋――特に中国――の伝統的配置法であるらしい。中国では都市、あるいは宮殿を計画するとき、古い時代から左右対称を一つの理念としていた。日本には中国の文化が間接的、断続的に徐々に入ってきていたので、当然その影響を受けていたはずである。すこし時代が下るが、七、八世紀の宮殿は左右対称を原則とする配置をとっている。そして、全国の地方の官庁建築でも同じことが確認できる。さらに平安時代においては天皇の住宅であった内裏《だいり》、貴族住宅の寝殿造でもさまざまな建築が原則として左右対称に配置されたのである。

第二には中心建築と付属建築を分けることである。堅魚木をのせた切妻屋根の家が中心建築であるのは確かだが、そうではない二棟の切妻屋根建築はどうであろうか。最初の建築ほどではないが、住宅であるかそれに類する建築であるのは確かである。これ以外の建築はどうだろうか。小さな納屋のようなものを除くと、いずれも高床の建築である。そして床下に丸い穴があいているので、使われていないらしく、階上だけを利用した倉庫と考えることができる。したがって、最初の切妻屋根の三棟と後の五棟は別種類の建築としてよい。

第三には中心建築群で前庭を囲むことである。中国建築の古い伝統では中心軸に対して左右対称を原則とすることを指摘したが、基本的な建築の配置では、正面に一棟の中心建築（正殿）があって、その前には庭があり、さらにその周囲を他の建築が取り囲む。この形式は日本においても宮殿、官庁建築、内裏、寝殿造などで広く確認されるので、それをさかのぼらせることができるとすれば、写真図版のような配置となるのである。

配置のもつ意味

それでは、ここで復元された建築構成がどのような意味をもつのか、改めて検討しておこう。

前庭を囲んで建つ三棟の切妻建築のうち中央のものが豪族の住居であるならば、その両側の建築は何であろうか。後の宮殿などで見られる建築群との比較から、何らかの政治的な施設と想定される。もっと分かりやすくいえば集会所のようなもので、豪族と集落の長たちが談義し饗宴《きょうえん》を開く会場となったのであろう。そして、これに囲まれた前庭には多くの庶民が集って各種の祭礼――例えば新年などの祝賀、そして秋には収穫祭（天皇ならば新嘗祭《にいなめさい》）――が盛大に行われたであろう。おそらくそのような場所であったに違いない。

次に背後におかれた五棟の建築は何を意味するであろうか。小さな納屋らしい建築がそうである蓋然《がいぜん》性をもつのは、豪族の住居の背後に置かれるからである。屋敷に中心建築があってもそこだけで生活が行われることはありえず、生活必需品の保管、そして調理、さらには豪族に仕える人々の住みかも必要であったはずである。一棟しか確認されないが、このような小建築の現実的な必要性はきわめて大きかったのである。

さて、最後に残った四棟の倉庫だが、これは倉庫である以上何かを保管する機能をもつ。

一般的には一年のうちの特定の時期にとれた穀物などを、食糧として保存するため、そして来年まで籾《もみ》を保管するために用いられたのであろう。しかしながら、穀物（主に稲）を保管する倉庫は早い段階で富を象徴する建築になっていた。地方を治める豪族の屋敷には農民から納められた穀物の倉庫が幾棟も立ち並んでいたはずである。したがって、三棟の同じ形式の倉庫があるのは、きわめて当然の情景であった。このような三棟の倉庫は、豪族個人の倉庫であったのであろうか。おそらくそうでなく豪族が管理の権利と責任をもつが、広くは共同体の共有財産であったはずである。それでは豪族個人の財産の保管はどこでしたのであろうか。注意すべきは、同じ形式をもつ三棟の倉庫のほかに一棟だけ入母屋屋根の異なった形式の倉庫があることである。想像をたくましくすれば、これが豪族個人の倉庫と考えてもよいであろう。

ここまで長々と茶臼山古墳出土の家形埴輪群に解説を加えてきた。ここで前提となった埴輪群の配置は、いままでふれてきたようにさまざまな可能性から幾つかの選択を経てきたもので、もちろん唯一の決定解である保証はなく、他の配置を考えることも充分可能である。しかしながら、その日本の古い時代の建築群の配置の伝統、そして中国との関係、さらにそこから想像される古墳時代の建築の使い方の意味を考えるときには、なかなか魅力的であり、かつ高い蓋然性をもっていると思われるのである。

寺院建築の誕生

仏教の伝来と飛鳥寺の創建

日本の古代の建築史における最大のインパクトは、六世紀半ばから七世紀初頭にかけての、仏教の伝来とそれに続く寺院の創建であった。それまでも、縄文時代、弥生時代から古墳時代にかけて、断続的に多くの人々が中国大陸や朝鮮半島から海を渡ってやってきて、さまざまな文化と技術を日本列島にもたらしたのは確かだが、かつてこれほどに大きな衝撃を短期間に与えたことはなかっただろう。

新しい建築の技術は、従来日本国内で知られていたものに比べるとはるかに優れたものであった。しっかりとした地盤を固め、それを石で囲んで基壇をつくり、礎石を据えてその上に太い柱を立てる。柱の上には組物《くみもの》をおき深い軒を支え、屋根には瓦を葺く。中心建築は二重につくり、また塔は三重や五重に軒を重ねる。そして多くの部材を丹や緑に彩ったのである。この壮麗な寺院建築は当時の為政者たちに大きなショックを与えたに違いない。権力を象徴するモニュメントが死後の墓所としての巨大な古墳から、仏教寺院へと大きく姿をかえたのである。

　仏教がいつ日本に伝来したか、正確に知ることはできない。中国から朝鮮半島に仏教が伝わったのは四世紀末のことである。それ以後、朝鮮半島から日本列島へ渡った人々はかなりの数にのぼったであろうから、仏教はこの人たちによって日本に伝えられていたはずである。日本の仏教史の第一歩は、百済《くだら》の聖明王から欽明《きんめい》天皇へ釈迦仏金銅像、幡・蓋、経論若干巻が送られた、という仏教公伝である。この公伝の年がいったいいつであったのか、という問題をめぐってさまざまな論争があったが、現在では西暦五三八（欽明天皇七）年との説が支持されている。仏教は国内にもたらされたものの、仏像を礼拝すべきか排除すべきか大きな論争が起き、やがて蘇我氏と物部氏との抗争へと発展し、その結果五八七（用明二）年に蘇我氏が物部氏を滅ぼし、仏教が国家の中心的宗教として信仰されることになった。

飛鳥寺　中門全景（『飛鳥寺』より、奈良国立文化財研究所許可済）

　蘇我馬子《そがうまこ》は物部守屋《もののべもりや》を滅ぼしたのち、すぐに日本最初の寺院として飛鳥寺《あすかでら》を発願した。それ以前に蘇我馬子は石川宅に仏殿を設け、大野丘に仏塔を建てており、既に仏教建築が国内に建てられていたのは確かだが、正式の

瓦② 飛鳥寺の垂木先瓦（同前）

瓦① 飛鳥寺の軒丸瓦（同前）

瓦③ 百済四天王寺軒丸瓦（同前）

寺院としては飛鳥寺が初めてのものである。

その翌年（崇峻元年）には百済から仏舎利《ぶっしゃり》が献ぜられ、そして僧侶、寺工、鑪《ろ》（露）盤《ばん》博士、瓦博士、画工が派遣された。寺工は寺院全体の木工事を担当する技術者である。鑪盤とは塔の上におく相輪の下の部分の名称だが、ここでは相輪全体をさし、鑪盤博士は金属（特に銅）の鋳造技術者を意味する。同様に瓦博士は瓦や塼《せん》をつくる技術者であり、画工は文字どおり絵画を描く工人である。すなわち、飛鳥寺の創建にあたっては僧侶をはじめとし、寺院建築を造るのに必要なすべての技術者が百済から渡ってきたのである。本格的な寺院をつくる技術が当時の日本国内になかったことを示すと同時に、新しい文化がやって来る時の、その伝わりかた——朝鮮からパッケージされた一セットとして伝わって来た——が興味深い。

このように発願され建立の始まった飛鳥寺は、それ以後約三十年かかってすべての造営を終了したが、『日本書紀』や『元興寺縁起《がんごうじえんぎ》』などによってその過程を簡単にあげておくと、五九〇（崇峻三）年山に入り材をとる、五九三（推古元）年仏舎利を塔の刹柱の心礎に納め刹柱をたてる、五九六年塔完成、六〇五年銅・繡の丈六仏各一体を発願し、鞍作《くらつくりの》止利《とり》を造仏工とする、六〇九年本尊丈六銅像を金堂に安置、回廊内の伽藍完成ということになる。

飛鳥寺などの発掘

飛鳥寺の造立経過や、そこで用いられた建築技術が克明に明らかにされたのは、昭和三十一年から翌年にかけて行われた発掘調査を通してである。古代の寺院建築がどのようなものであったのか、それ以前にはきわめてわずかなことしか分かっていなかった。寺院全体の伽藍配置については、創建時の伽藍配置をまもって再建されていた四天王寺、そして法隆寺、薬師寺など現代まで存続していた寺院でしか様子が分かっておらず、伽藍配置の古代における発展過程もかなり単純なものと考えられていた。建築の技術についても、法隆寺西院伽藍（金堂、五重塔、中門、回廊）、薬師寺東塔などでしか、それを確認することができなかった。

これらの常識を大きく破ったのが昭和三十年代に行われた飛鳥寺をはじめとする発掘であり、引き続いて実施された川原寺、四天王寺の発掘でも大きな成果があった。

飛鳥寺は従来知られていた四天王寺式伽藍配置（塔、金堂が一直線に並び、それを回廊が

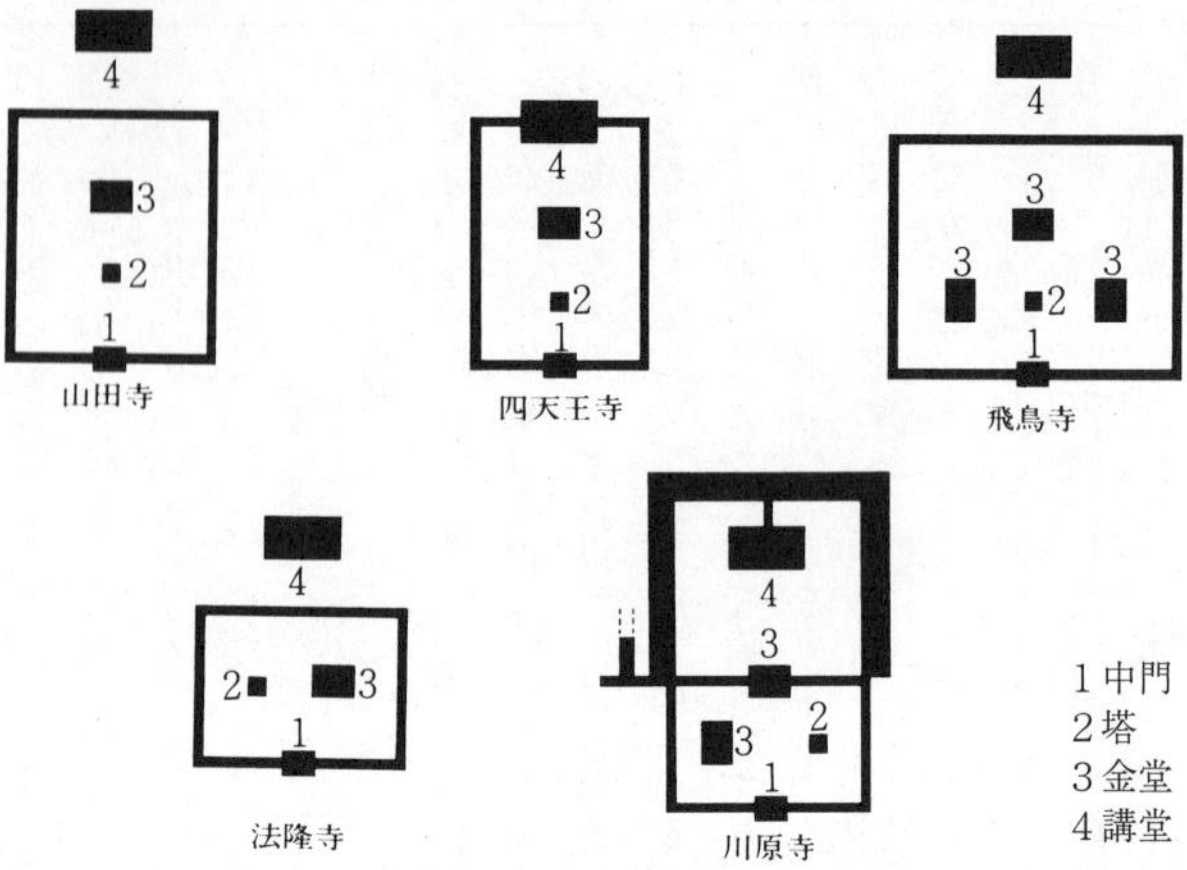

取り囲む）と想定されていたが、実際には塔を中心に三つの金堂——中金堂、東金堂、西金堂——が取り囲む一塔三金堂形式であることが判明した。しかも、東西の二棟の金堂はそれぞれ二重の基壇をもち、下の基壇にも礎石がおかれていた。塔については心柱を据える心礎が地下三メートルというきわめて深いところに埋められており、その中に埋納された仏舎利に玉、鈴、金環、挂甲《けいこう》などが添えられていた。

一塔三金堂形式の伽藍は類似の形式が朝鮮半島北部の高句麗《こうくり》の清岩里廃寺にあったことが分かっており、また瓦についても朝鮮半島南部の百済から出土されるものとよく似ており、朝鮮半島からの強い影響が実際に確認された。これらは『日本書紀』の記事をよく裏づけている。

二重の基壇は法隆寺金堂などにも見られる古い手法だが、下の基壇にも礎石があるのは初めてであり、したがって建築の形も、それが裳階《もこし》なのか、もしくは今まで発見されていない特殊な構造であるのか、判断に苦しむが、想像をかきたてさせる。塔に仏舎利とともに埋納された玉、鈴などは、古墳の棺の中の副葬品によく見られるもので、当時の古墳文化の残存と考えることができ、新しい仏教のなかにそれがひそかに潜りこんだということなのだろう。

川原寺の発掘では、塔とともに二つの金堂が発見され、新しい伽藍形式として位置づけられ、また講堂《こうどう》（食堂《じきどう》を兼用する）とそれを取り囲む僧房の様子も明らかにされた。四天王寺の発掘では垂木《たるき》の断面が円形で、それが建築の隅では扇状に使われていたことも判明した。これは中国、朝鮮半島に普通に見られる形だが、法隆寺金堂では角垂木、平行垂木なのである。また近年では山田寺の発掘調査で、金堂が従来知られていなかった平面形式をもつことが分かり、さらに回廊が転倒したままの状態で発掘され、たいへん多くの貴重な情報を加えた。

これらのことがらは、六世紀末から七世紀にかけての新しい文化である寺院建築が実際にどのようなものであったか、具体的に明らかにする貴重な知見である。

寺院と住宅のデザイン

このような寺院建築が六世紀末から続々と建立されていき、七世紀末には百を優に越える寺院があったと推定されるのだが、それではこの新しい寺院建築は他の建築にどのような影響を与えたのであろうか。

飛鳥の地には飛鳥寺の周辺に多くの天皇の宮殿があった。しかもそれは天皇が即位するたびに新たに繰り返して造られた。

しかし、これらの建築の姿は、飛鳥寺で見たような強烈な大陸建築様式ではなく、それ以前からの伝統的なデザインをまもっていた。例えば、屋根について考えると、斉明《さいめい》天皇は自身の宮殿を瓦葺にしようとしたが、果せなかった。また六四五年に大化改新の舞台となった飛鳥板蓋宮《いたぶきのみや》は屋根が板葺であったためにそのような名称で呼ばれたが、逆にそれは板葺宮殿が他になかったからつけられたと思われ、当時の宮殿が伝統的な草葺、または檜皮《ひわだ》などの木の皮で葺いたものであったことを意味するのである。柱についても発掘調査によれば、礎石を使うことはなく、掘立柱であったことが確認されている。宮殿がはじめて大陸風の建築となるのは、七世紀末になって完成する中国の都城《とじょう》制を手本にした藤原宮においてである。しかし、それ以前の大化改新直後にできた前期難波《なにわ》宮ではやはり大規模な朝堂院《ちょうどういん》を造りながら、建築はすべて掘立柱であったのである。掘立柱であることは即ち屋根の材料が草もしくは木の皮などの木質系の材料であったことを意味する。宮殿建築がこのように保守的なデザインを用いたのであるから、貴族たちの住宅建築も類似したものであったことは想像に難くない。また一般庶民の住宅は依然として掘立柱の住宅、竪穴住居だったことも確認されている。

　このような事実から分かることは、われわれの先祖は建築の種類によってそのデザインを相当に意識的に使い分けてきたということである。寺院と宮殿のこのように対照的な姿が当時の人々にどのように見えていたのか詳細に明らかにすることはできないけれども、その強烈な嗜好性は記憶に留めておく必要がある。

法隆寺の建築

法隆寺建築のかたち

これまで、建築遺跡や埴輪を素材にして日本の最も古い時代の建築の様子を考えてきた。遺跡からは、ふつう、建築の平面が知られる程度だが、ときには建築の部材が出土して、新しい貴重な知見をもたらしてくれる。家形埴輪からはさらに建築全体の形、細部の装飾デザイン、建築群の構成原理などを推察することができる。しかしながら、実際の建築の全体を考えようとするとき、それらの断片的な情報ではどうしても限界があって、多くを推定に頼らなくてはならない。

建築は大きくしかも相当に重いものである。埴輪や模型であればいくらでも変った形に作ることができる。しかし実際の建築は、ある程度合理的な構造をもち強固でなければ、部材の自重だけでねじれたり崩れてしまったりしてしまう。だから古い建築の実際を知るためには、どうしても建っている建築が必要なのである。

それでは、日本の最も古い木造建築はどこにあるのだろうか。それには多くの読者が御

金堂上層　建築細部に雲形肘木、斗、卍崩しの高欄、一重の角垂木などの特徴をもつ。

存知のことと思う。正解はもちろん「法隆寺」である。

法隆寺の建築、とくに金堂、五重塔、中門、回廊で構成される西院伽藍、そして法隆寺の近くにある法起寺《ほっきじ》三重塔、法輪寺三重塔（一九四四年焼失、一九七五年再建）が、数多くの古い寺院建築のなかで、最も古く特殊な形をもっていることを誰しもが感じていた。その特徴をいくつかあげてみよう。

第一は、使われている部材がかなり太いことである。

法隆寺（便利堂提供）

五重塔　建築細部

夢殿（便利堂提供）

若草伽藍の心礎

特に柱はその上下に比べ中央が大きくふくらんでいる。奈良時代後期の唐招提寺など奈良時代までの建築によく使われた手法なのだが、法隆寺のものは特に顕著なのである。

第二には、組物《くみもの》に雲形の部材を使っていることである。重要な仏堂や塔では、軒を深くするために組物を使い、その先端に丸桁《がぎょう》という部材を置いて垂木を支える。組物は後の建築では肘木《ひじき》と斗《ます》を組合せた形式をもつのだが、法隆寺ではそれが一体となって雲の形で作られているのである。そして、特に建築の四隅では、斜の四五度の方向だけに雲肘木が出ている。後の建築では三方向に出るのが普通なので、軒裏が繁雑にさえ感じられるが、ここでは極めてスマートにみえる。実際には構造的に弱く、後世に下から軒を支える支柱が補われる結果となっている（金堂上層、五重塔五層）。

第三には、梁《はり》を使わない特殊な構造をもつことである。薬師寺東塔以後の奈良時代の建築は、奥行方向に梁を架け、その上に屋根を乗せるが、法隆寺では前述の雲形組物の上に軒の荷重とバランスを取るように屋根を乗せるのである。

第四には、細部装飾の問題である。各建築の高欄《こうらん》には卍崩《まんじくず》しの組子《くみこ》が入り、さらに人《ひと》形《がた》の束《つか》が使われている。卍崩しの高欄は東大寺法華堂の仏壇など後にも時に使われることがあるが、人形の束は法隆寺系の建築以外には全く使用されることがない。

右に列挙した特徴は、中国の六朝時代の建築技術を伝えたものと考えられている。中国には唐時代を遡る遺構がなく、法隆寺系の建築以外には見ることができない極めて貴重なものである。

法隆寺建築の年代

さて、このような特殊な様式をもつ建築が一体いつ建てられたのか、その年代をめぐって様々な説が立てられ、論争が繰り返されてきた。

法隆寺西院伽藍の建立年代をめぐる論争は、『日本書紀』天智九（六七〇）年四月三十日の記事をめぐるものであった。そこには、「この日の夜明け、法隆寺は火災に遭い、一屋も余すことなく全焼した」と記されている。すなわち、法隆寺は七世紀はじめ聖徳太子によって創建され、その約半世紀後に全焼した、したがって、現在のこる法隆寺の建築はそれ以後に再建されたもの、ということになる。しかし、建築史家や一部の美術史家は法隆寺の建築・美術が古い様式をのこしていたので、その焼失記事を疑ったのである。

論争は一九〇五年に始った。この年、関野貞《せきのただし》、平子鐸嶺《ひらこたくれい》は法隆寺建築が天智九年の焼失後の再建でなく、推古天皇の時代のものである、との論文を発表した。関野は建築を実際に作るときの基準となる寸法に着目した。それによると、薬師寺東塔以下、奈良時代の建築は約〇・九八尺、法隆寺系建築は約一・一七六尺を基準尺として作られているという（一尺は約三〇・三センチメートル）。前者は唐尺《とうじゃく》・奈良尺、後者は高麗尺《こまじゃく》・飛鳥尺などとよばれているが、後者は前者の一・二倍である。そして関野は高麗尺から唐尺への転換点を政治上の大事件である大化改新（六四五年）に求めた。事実上『日本書紀』の火災記事を無視したのである。もう一人の平子鐸嶺は、『日本書紀』天智九年の記事が本来は六十年前のもの、すなわち『日本書紀』の編纂過程で推古十八（六一〇）年の出来事のメモが間違って六十年後のところに挿入されてしまった、と結論した。

この二人の非再建論に対して猛烈な反撃を加えたのが喜田貞吉《きたさだきち》である。歴史学者の喜田は、古代史の基本史料である『日本書紀』が簡単に否定されたり無視されたことに、大きな反発を覚えたのである。喜田の再建論は『日本書紀』が正しいことを前提にして、関野、平子の方法を痛烈に批判した。法起寺・法輪寺三重塔、薬師寺東塔など、法隆寺以後の建築は、その建立年代がかなり下ると判断したし、平子が傍証に用いた後世の史料をことごとく取るに足らないと、退けたのである。

この論争は後に足立康《あだちこう》が加わり、さらに三浦周行《ひろゆき》など歴史家も加わったが、結局、一九三九年に行なわれた若草《わかくさ》伽藍の発掘でほぼ決着をみた。西院伽藍より古い寺院跡とみられていた若草伽藍から、塔と金堂の跡が検出され、同時に西院伽藍より古い形式の焼け焦げた瓦が出土したのである。それは、西院伽藍より古い寺院が確かに法隆寺に存在していたことを示すのである。また塔と金堂の位置から、その中心軸が西院とかなり異なることも明らかにされた。したがって、西院と若草伽藍が同時に存在していた可能性も低いと判断されたのである。

そうすると、創建法隆寺は若草伽藍であり、それが六七〇（天智九）年に焼失し、その後に再建されたのが現在の西院伽藍ということになる。再建は、まず金堂が、しばらくしてから五重塔そして中門、回廊という順であり、西院全体は八世紀初頭までに完成したと考えられるようになった。

最近の法隆寺論

法隆寺建築の年代論はこのように決着をみ、これを前提として様々な研究が進展してきていた。ところが、最近になって再び非再建論が登場してきた。その一つは夢殿を中心とする東院の再評価である。東院の発掘調査は既に一九三八年に実施され、焼失した掘立柱建築跡が検出されていた。これは法隆寺内の伝承にあるように聖徳太子の斑鳩《いかるが》宮の跡であり、『日本書紀』皇極二（六四三）年にのせる蘇我入鹿の斑鳩宮焼討を裏付ける、と考えられていた。しかし、そこで発見された軒丸瓦の文様が問題とされるようになったのである。今までの知見を前提とすると、西院の瓦と斑鳩宮の瓦では三十年程度の開きがあるはずである。ところがその文様を見る限りそれほどの年代差は認められない。したがって、創建法隆寺は六四三年に斑鳩宮と同時に焼失したのではないか。だから西院建築は今までの推定より約二十年ほど年代が遡るのではないか、というのである。

　またこれと呼応するかのように、年代年輪学が新しい事実を発掘した。木材の年輪は毎年の気象条件によってその幅がさまざまな値をとる。その幅の変動を注意深く調べ、標準的なパターンを知ることが出来れば、木材が育った実年代を明らかにすることが出来るのである。光谷拓実氏らの成果によれば、五重塔の修理の時に切取られていた塔心柱《しんばしら》のヒノキ材には西暦二四一年から五九一年までの年輪が確認できるという。またヒノキの辺材部（白太という、建築材料としては不適な部分）は統計によれば五三±一七年であるという。したがって、五重塔心柱の伐採年は五九一＋五三（±一七）年、すなわち六四四（±一七）年以後のことになる。この結果は五重塔の再建を六七〇年よりかなり遡らせて考えることを可能にしたと言ってもよい。

　このような成果をもとに、幾つかの非再建論、すなわち六七〇（天智九）年の火災より遡って、法隆寺の建築そして美術を考え直そうという試みがなされている。もっとも、軒丸瓦の文様について別の解釈を持つ研究者もいるし、五重塔の心柱の年輪の年代も、決定的な年代を明示するわけではない。しかし、法隆寺の文化財がそれ以後のものに較べると、確かに古い様式をもつのであり、それを無理なく理解しようとする意欲の表れでもあろう。法隆寺の調査やその成果には、しばらくは目が離せない。

（付記）最近、年輪年代法によって、法隆寺五重塔の心柱の伐採年代が五九四年、金堂外陣の天井板二枚がそれぞれ六六八、九年、五重塔の雲肘木が六七三年と報告された。五重塔心柱の年代は古すぎて、どのように考えてよいのか判断に苦しむが、その他の年代はおおむね再建説に後ろ楯を与えるもののようだ。しかし、それが直接六七〇年の火災を証明するものではないから、今後も各種の案が出されることだろう。

伊勢と出雲——神社建築の成立

伊勢の本殿

伊勢の神宮は、内宮《ないくう》（皇大神宮）と外宮《げくう》（豊受大神宮《とゆけ》）の二つの社からなる。内宮は主神に天照大神を、外宮は豊受大御神を祀る。皇祖神である天照大神を祀るので、古くから宮中祭祀の中心として崇拝されてきた。『日本書紀』によれば、もともと皇祖神を天皇の大殿の内部に祀っていたが、その勢いが余りにも強く天皇が畏れをなし、崇神《すじん》天皇の時代に大和の笠縫邑《かさぬいのむら》に磯城神籬《しきのひもろき》を立てて祀ったが、さらに垂仁《すいにん》天皇の時に鎮座すべきところを求め、近江・美濃をめぐり伊勢にいたった。これが伊勢神宮の内宮の起源とする。

社地は二つの同じ大きさの区画が並び、式年遷宮のたびに交互に使用する。内宮の式年遷宮は持統天皇四（六九〇）年からはじまり、外宮では同六年から始まると伝える。これ以後二十年ごとの式年遷宮が、戦国時代の中断をへて、今日まで続いており、一九九三年の遷宮がともに六十一回目にあたる。二つの社地に交互に建て替えるという式年遷宮は、形を保存するには絶好の方法で、初期の建築形式の大概が現代まで伝わったらしい。

社地の中央に位置する正殿の建築は、正面三間、奥行二間で、柱は掘立柱とし、妻の両側に棟木《むなぎ》を別に支える棟持柱《むなもちばしら》を二本立てる。壁は板を張る。屋根は切妻造《きりづまづくり》茅葺《かやぶき》とし、屋根の上に堅魚木《かつおぎ》を置く。また妻では破風《はふ》をそのまま伸して千木《ちぎ》とする。この形式は神明《しんめい》造《づくり》と呼ばれる。

空から見た皇大神宮大宮院

伊勢神宮（平成5年8月撮影）

出雲の建築

出雲《いずも》大社の起源もやはり『日本書紀』や『古

事記』に記される。出雲国を支配していた大国主神が国譲りをする時、みずからの住まいを、天《あま》つ神の御子の宮殿のように、柱を太く高く、千木を空高くあげてつくられたい、と要請し、それに従って造営されたという。大国主神はこの社殿に入り二度とでてくることはなかった。すなわち神として祀られることによって国譲りが完了した。

出雲大社の社殿は、これをうらづけるかのように、とても高かった、という伝説に囲まれている。平安時代中期の『口遊《くちずさみ》』には大きな建物をたたえて「雲太、和二、京三」をあげて、出雲大社、東大寺大仏殿、平安京の大極殿と説明している。東大寺の大仏殿が約四五メートルの高さなので、出雲大社本殿はそれを上回るものであったらしい。平安時代には風もないのに倒壊するという事件が数回おきており、不安定な構造であったことを示唆する。室町期の記録では、高さが当初三十二丈（一丈は約三メートル、よって約九六メートル）、次第に十六丈、八丈と低くなり、当時四・五丈であった、という。

現在の本殿は延享元（一七四四）年の造替時のもので、正面二間、奥行二間のほぼ正方形の平面をもち、切妻造檜皮葺の屋根をもつ。堅魚木を三本おき、千木を二基のせる。高さは約二四メートル。

平面の形式は古代以来のものだが、高さは随分低くなったようだ。床が高く張られている姿を髣髴させるのは、松江市の南にある神魂《かもす》神社の本殿（一五八三年建立）である。これはこの建築形式大社造《たいしゃづくり》のもっとも古い遺構だが、棟持柱が両妻の外側に振れるなど、出雲大社の現社殿より古い形式をみることができる。

両社殿の特徴

この二つの社殿は、他の神社の形式とは異なっている。国内で最も流布したのは流造《ながれづくり》、そして春日造《かすがづくり》である。それぞれ京都の賀茂社と奈良の春日大社に代表される社殿形式であるが、まず地面に井桁《いげた》（土台）を組んで、その上に柱を立てるのである。この形式だと土台を持ち上げればどこにでも運んで行ける。すなわち多くの社殿は仮設あるいは臨時のものであったらしいのである。

一方、伊勢と出雲の本殿は掘立柱である。それは両社の創立譚からも窺えるように、それぞれの祭神を永久にそこに祀るための施設であったからである。そして、両者が大規模

出雲大社（便利堂提供）

神魂神社（同前）

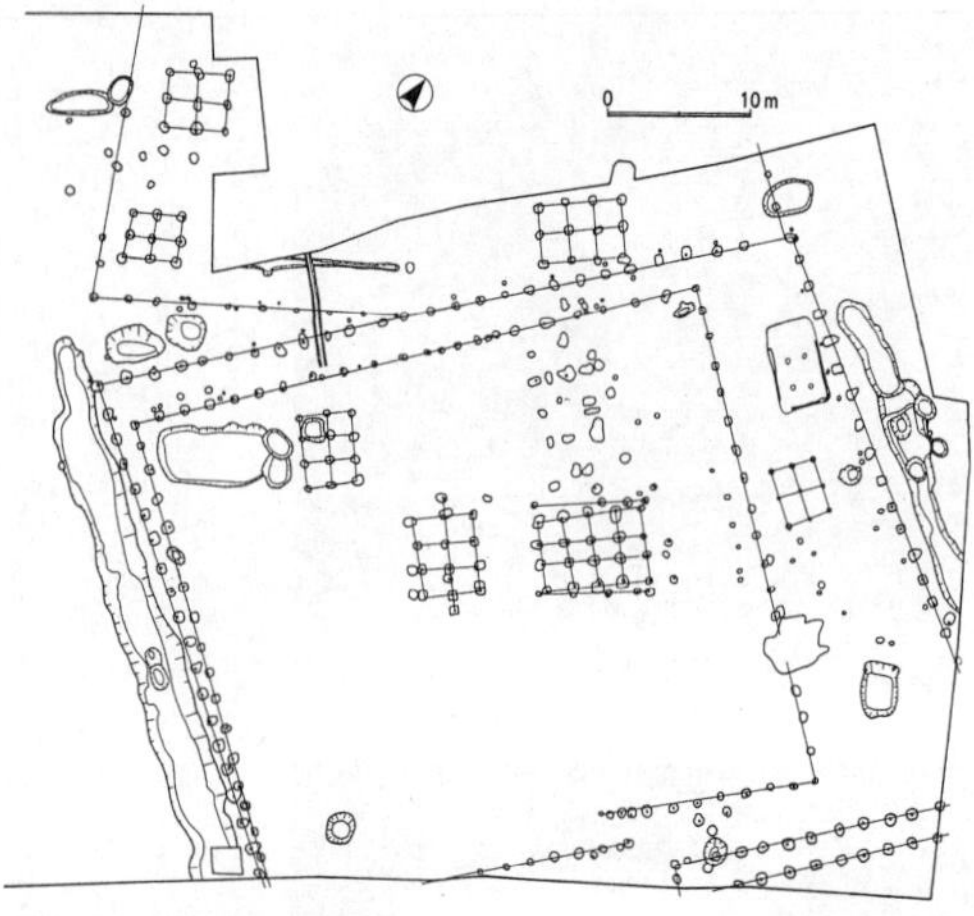

松野遺跡の遺構平面図

な、整った社地の配置を持つことにも注意する必要があろう。伊勢と出雲は相当に作為的な作業の結果出来上がったらしいのである。また伊勢の本殿の妻には法隆寺金堂と共通のデザインも見受けられる。

伊勢の式年遷宮が創始された時、片や天皇の祖先神を祀る社殿として、片や国つ神を象徴する社殿としてともに新たにデザインされたのであろう。それは七世紀後半、天武・持統両天皇によって律令など新たな国家制度が整備されつつある時であった。新たな宗教としてきらびやかな伽藍を誇った仏教に対し、日本の神を祀る制度と建築が整備されたのである。

そう考えると、それぞれの形に特殊な意味が込められていることがわかる。当時最も高級な建築は宮殿と寺院であった。宮殿の姿はどうであっただろうか。それは掘立柱の柱をもち、屋根は板・檜皮などの木質系の材料で葺かれていた。すでに家形埴輪で見たような建築である。その構造は少しずつ進歩していたのであるから、古い時期に見られるような棟持柱はすでに必要がなくなっていた。しかし、両社殿には棟持柱がわざわざ設けられたのである。また伊勢では倉がデザインモチーフとなった。

一方、寺院建築との対比では、左右対称の整った配置を持つ伊勢神宮が寺院の伽藍配置を意図的に引用したものであろうし、出雲大社の高さは塔の高さを引用した、との見解もある。

神社建築の起源

伊勢や出雲の形式が登場する少し前、古墳時代の状況を知る手がかりとして古墳に安置された家形埴輪が少なからず残されている。それは古墳に埋葬された首長たちの生前の屋敷をかたどったものと考えられている。しかしそれらには後の神社建築に登場する特徴的な飾り——屋根の上の千木や堅魚木——は発見できても、全体で神社そのものと断定できるような姿はほとんどないのである。後に神社と呼ぶような形式はその段階ではまだ出来上がっていなかった、というに尽きるであろう。

しかしその祖形を探す努力は続けられている。古墳時代後期の松野《まつの》遺跡（兵庫県神戸市）からは二重の柵列に囲まれた棟持柱をもつ建築跡が発見された。これは伊勢神宮本殿の祖形とも言えるという。また古墳時代前期から中期にかけての長瀬高浜《ながせたかはま》遺跡（鳥取県東伯郡羽合町）からも、柵列に囲まれた大規模な高床建築の遺跡が発見された。高さは一五メートルになろうか、とも推定されている。それがどのような形式をもっていたのか、克明に知ることは出来ないけれども、祭祀とそれに関係深い建築の新しい発見には注意しておく必要があろう。

古京の調査と藤原京

古京の調査と保存

藤原京そして平城京など、現在よく知られた古代の都市（都城《とじょう》あるいは宮都《ぐうと》と呼ばれる）の実態が明らかにされるようになったのは、そう古いことではない。都市が遷都によって放置されて千年を越える年月がたつ間に、そこは水田などの耕地になって、地表を見るだけではほとんどその痕跡を見つけることも困難になっていた。明治になってから先駆者たちが古京の保存に立ち上がるが、ただでさえ広い遺跡を個人的な努力で探ることには大きな困難があった。その学術的な調査が始まったのは、大正年間になって組織的な発掘が可能になってからである。

戦前に大きな成果があったのは藤原京の発掘である。歴史家黒板勝美《くろいたかつみ》・建築史家足立康が主導した日本古文化研究所は、一九三四年から四二年にかけて藤原宮の発掘を行った。「大宮《おおみや》土壇」とよばれるマウンドが大極殿《だいごくでん》の跡であることを明らかにし、引き続いて朝堂院の十二の建築跡を発見した。地表面からほとんど失われていた藤原宮の姿が発掘調査に

大官大寺九重塔の発掘現場　古代の塔としては圧倒的なスケールを誇る心礎の穴。遠く南右方に甘樫丘がみえる。

よって呼び起こされたのである。

また、平城京については明治の中ごろから末にかけて、建築史家関野貞や歴史家喜田貞吉らが地表にのこされた僅かな痕跡をたどり、平城宮跡を中心にその復元を試みた。両者の華やかな論争の影響を受けた棚田嘉十朗は、その宮域の保存運動を思いたち「奈良大極殿保存会」を設立し、ほとんど独力で一〇ヘクタールの土地を保存会のものとしたが、棚田自身は赤貧のまま一九二一年に没した。平城京の中心部である平城宮の発掘調査が行われたのは一九二四年からである。数次の調査によって、宮殿が平安宮とは異なった形式であること、宮殿の外側に役所群が広がっていることなどが確認された。

戦後になって調査は再開されるが、その契機となったのは新たな都市開発のために京域、宮域に道路、鉄道が計画されたことである。事前調査として実施された発掘はそのたびに大きな事実を明らかにし、しかもそれは以後全国的に広がった遺跡の破壊と保存の問題を提起することになったのである。

まず平城京では、一九五三年に平城宮の北部を東西に貫通する道路が計画された。緊急に実施された調査では長さ百メートルを越える建築が発見され、地下遺跡の広がりと重要性が改めて確認された。そして一九五二年に新設されていた奈良国立文化財研究所が一九五九年以後、平城宮跡を継続して調査することとなった。さらに、一九六一年には平城宮跡の西側三分の一が私鉄の車庫として買収されそうになる事態が起きた。文化人、研究者たちはそれに対して大規模な反対保存運動を展開し、結局政府が平城宮跡の全域を買い上げることになった。

藤原宮では、一九六六年、国道一六五号線のバイパスが計画され、それが宮域を通過すると予測されたために、緊急に事前調査が行われた。その結果、藤原宮の宮域がかなり明らかとなり、しかも大量の木簡が出土し、遺跡の重要な価値が改めて認識されたのである。そして、一九七〇年からは平城京と同様に奈良国立文化財研究所が継続して発掘にあたることになった。

このように、現在では我々の貴重な文化遺跡として保存されている都市遺跡も、一歩間違えば徹底的な破壊を招きかねないきわどい事態を、かろうじてまぬがれてきたのである。これは、現在進行しつつある国土の開発を考える上でも、いつも念頭に置いておかねばならないことである。

古代の宮都と藤原京

七世紀半ば、宮都難波京が難波（現在の大阪）の地に初めてつくられ、その後の百五十年間に、大津宮、藤原京、平城京、恭仁《くに》京、紫香楽宮《しがらきのみや》、保良宮《ほらのみや》、由義宮《ゆげのみや》、長岡京、平安京が次々と設けられた。これらの都市は全体では長方形の形をもち、内部は格子状の道路によって整然と区画されていた。このような都市の形式と制度は、古代の中国に起源をもち唐の時代には高度に発達していた。それが国内で造られるようになったのは、中国に政治制度の規範を求めていた日本が相応の国力を備え、それを実現する段階に達したことを示す。難波に中国風の都市が最初に設けられたのは、大化改新（六四五年）のあと難波に遷都したことに端を発するが、それは大陸との外交上、軍事上の必要からであったのである。

七世紀の政治の中心地は飛鳥であった。歴代の天皇は飛鳥に宮殿を設け、そこに住み、政治をおこなった。有力な貴族たちもその近くに居を構えていた。しかし中国で既に出来上がっていた、整然とした政治都市の様相とは程遠いものであった。

飛鳥を脱して新しい宮都「藤原京」の建設が確認されるのは、『日本書紀』持統四（六九〇）年のことである。持統天皇は十年ほど前から新京の建設にとりかかっていたのだが、この年に藤原宮の地を視察し、翌年には新京の鎮祭と宅地の班給が行われた。天武天皇は壬申の乱（六七二年）ののち即位し、中央集権体制国家の確立に精力を傾けたが、宮都建設はそれを受け継いだ持統天皇によって実施に移されたのである。持統八（六九四）年、飛鳥浄御原《きよみはら》宮から遷都が行われた。すでに宮都としては難波京があったが、政治の中心地として中国の制度を全面的に取り入れた都市では最初のものと言えよう。

藤原京の計画

藤原京の京域はそれ以前からあった奈良盆地の古道によって規定されている。岸俊男氏の推定によれば、東端が中ツ道、西端が下ツ道、北端が横大路である。そして京域に東西・南北の大路を等間隔に通して大きな区画が決められた。大路の間隔は当時の土地を測る基準尺高麗尺（約三五・四センチメートル）で七百五十尺すなわち約二六五メートルである。大路によって囲まれる一つ一つの正方形の区画は、内部にさ

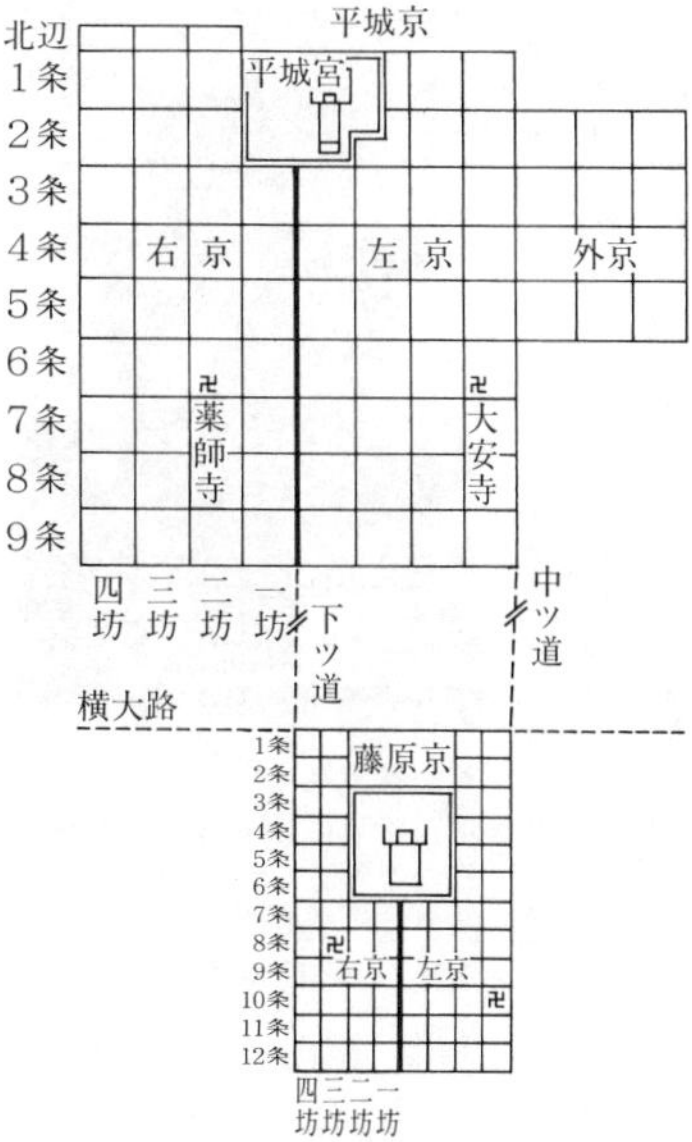

藤原京と平城京の模式図　奈良盆地の古道と藤原京・平城京の関係、規模の大きさがわかる。

薬師寺東塔（平城京）
現在の東塔は平城京で造られたと考えられているが、藤原京の薬師寺からの移建建築かどうかを巡って論争があった。

らに小路という細い道が東西・南北方向に一本ずつ通り、四等分される。その区画は道路の幅が引かれるので結果的に約一二〇〜一三〇メートル四方となるが、「坪」あるいは「町」と呼ばれ土地の班給の基準単位となった。

このような都市の中に主要な施設が配置される。天皇の宮殿と政治の中心地である大極殿・朝堂院、そして天皇の住宅である内裏が中央北にあった。大極殿・朝堂院はそれまでのものとは異なり、中国風の建築であった。すなわち礎石を用い、瓦を使い、建築部材には丹・青などの華やかな彩色が施された。またその周囲に広がる官庁建築も同様であったと推定される。

朝堂院の南門を起点として朱雀大路《すざくおおじ》が南に延びる。朱雀大路の東側は左京、西側は右京と大きく二分割された。また主要な寺院であった大官大寺《だいかんだいじ》と薬師寺はそれぞれ左京、右京の南方に置かれた。そしてそれ以外の多くの区画はさらに小路によって細分され、貴族や一般庶民の住宅地として配分されたのである。また当然のことながら生活物資の流通の場として市があった。

藤原京の住宅地の広さは、『日本書紀』によれば、右大臣は四町、四位以上は二町、五位は一町、六位以下は一町～四分の一町と規定されている。現実にはさらにこれより小さい十六分の一町のものまであった。一町は約一四、四〇〇平方メートル、十六分の一町は九〇〇平方メートルである。大臣に昇任した上級貴族は、広大な屋敷地のなかに自分の住宅を中心に家族や使用人、各種の倉庫など多くの建築をつくっていた。小さな土地に住む一般庶民は小規模な主屋《しゅおく》と納屋をもち、残りの土地を菜園などに用いていた。

次に都市の重要な施設として寺院が設けられた。藤原京の大寺院として薬師寺（木殿《きどの》所在、本《もと》薬師寺）と大官大寺があげられる。薬師寺は天武九（六八〇）年に天武天皇が后（後の持統天皇）の病気平癒のために発願し持統二（六八八）年にはかなり出来上がっていたようだ。ところが、薬師寺の伽藍の中央線が藤原京の条坊の中心線とほぼ一致していることが発掘調査で確認された。だから藤原京の計画も六九〇年をかなり遡るときに実施に移されていたことを窺わせる。

薬師寺は金堂の前方に二つの三重塔が配置された新しい形式をもつ伽藍として特記されるべきものだが、建築の形においても新しい要素をもつ。平城京にのこる薬師寺三重塔で見られるような裳階付きの建築であった。これは中国にも確かな前例はないようで、とても優雅なデザインである。

大官大寺は、もともと舒明天皇の発願で七世紀中ごろに創立されたようだが、数回の移転ののち、藤原京内、香具山の南側に新たな伽藍が建設された。巨大な寺院であり、薬師

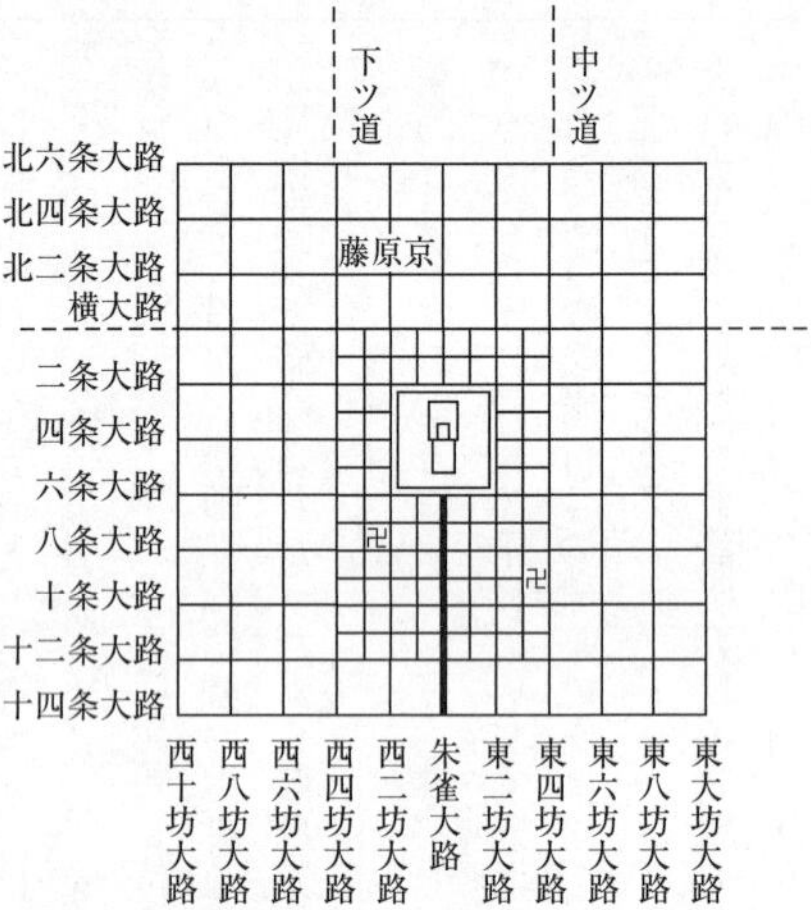

寺と同じく金堂の前方に二つの塔が計画されたようで、また九重と伝えられる塔は、発掘調査で初重が方五間、各辺五〇尺であったことが明らかにされた。古代の塔でこれほど大規模なものは他には知られていない。

このように初めての宮都であった藤原京も、遷都の十六年後の七一〇（和銅三）年には、奈良盆地の中央に新たに造られた平城京に遷都する。実にあわただしい年月であった。国家の大寺院であった大官大寺は、発掘結果によれば、造営はまだ半ばでありその状態で放棄されたようだ。

（附記）藤原京の発掘調査は継続的に進んでいるが、岸俊男氏の推定した京域の外側から条坊の道路遺跡が多数発見されて、さらに広い京域を持つことが確かになった。現在では、藤原宮を取り囲む、広い京域を持つ案が有力である（図）。これは、中国の古書『周礼』「考工記」に載せる都市図に通ずる。

奈良の都——平城京

平城京の都市計画

藤原京から平城京への遷都計画は七〇七年から始まり、翌年に遷都の詔が出された。この年から実際に奈良の地で新都の建設が開始されたようで、二年後の七一〇年三月に平城遷都の運びとなった。

都が遷《うつ》るといっても、その時に都市としての平城京が完成していたわけではない。巨大な土木事業であったので、多くの人々の労力を必要としたであろうし、そのために必要な石、材木などの材料は想像を絶するほどの量であっただろう。またかなりの建築と施設は藤原京から解体されて運ばれてきたらしい。おそらく、遷都の時点では、天皇の住宅である内裏《だいり》、そして政治の中心建築である大極殿《だいごくでん》・朝堂院《ちょうどういん》、さらにその周囲を取り囲む官衙《かんが》群が実際の使用に耐えるほどに出来上がっていた程度と想像される。都市の重要な施設である寺院が藤原京から移って平城京に揃うのは約十年後のことであるし、貴族や官人たちの住宅も当初から完備されていたとは思えない。平城京の造営は徐々にそして断続的に進ん

平城京の模型　縦横に通る大路に区画された都市計画。奥に大規模な宮域と官庁群があり、その南に住宅地が広がり、寺院が点在する（奈良市広報公聴課提供、奈良市役所蔵）。

でいったのである。

平城京は他の古代都市と同様に、全体として長方形の形をもった。そして中央の南北道路――朱雀大路――によって西側の右京、東側の左京に分けられ、左京のさらに東側のなだらかな傾斜地に外京がもうけられた。内部は東西・南北の方向に通る大路によって格子状に区画されていた。東西に通る大路は総計十本でそれぞれの間が北から一条、二条と呼ばれ、南は九条までであった。南北の大路は中心の朱雀大路を含めて九本あって、それぞれの間が左京であれば中央から左京一坊、左京二坊、……左京四坊、右京であれば右京一坊、……右京四坊と呼ばれた。大路と大路の間隔は千八百尺（約五三二メートル）である。そして大路の両脇には水路と築地《ついじ》を設けた。築地に囲まれた大きな区画「坊」の内部にはさらに東西・南北に三本ずつの小路が通り、十六の小さな区画「町（坪）」に分割されていた。したがって「町」の計算上の大きさは四百五十尺（約一三三メートル）四方になる。大路間の距離は道路の中心から中心までであり、また小路の幅もあるから、実際の区画の大きさはこれよりかなり小さく、しかも道路によって幅が異なるので、区画の場所によってはかなりの大小があった。

中央北部に大極殿・朝堂院・内裏・官庁建築が設けられた宮域があることなどは他の都城と同じ形式だが、その位置と京域の設定方法について、岸俊男氏によって藤原京との強い相互関係が指摘されている。すなわち、平城京の京域を決める時、奈良盆地を南北に通る二本の古道（中ツ道と下ツ道）をやはり基準としたのである。藤原京ではこの二本の古道を東西の両端としたのだが、平城京は東西に二倍の規模であるので、中ツ道と下ツ道に挟まれた区域が左京とされ、同じ大きさの幅を西側にとって右京としたという。これは、「平城京は中国唐の首都長安を模した」という単純な従来の説に対し、都市の設計方法を想定した新しい見解であり、日本の都城制の発達過程を考える上でも重要な意味をもっている。

平城宮——政治施設と天皇の宮殿

巨大な都市平城京の北の中心に、大極殿をはじめとする政治のための施設と天皇の宮殿、すなわち平城宮が置かれた。大極殿の一画は、平城京の中心の南北道路朱雀大路の北の突き当たりにある。平城京の南の端にある羅城門《らじょうもん》をくぐると、広い九〇メートル幅の朱雀大路のはるかかなた朱雀門の向こうに、巨大な甍が望めたであろう。

平城宮の大極殿の位置については、発掘の進展にともない幾つかの推論が提出されてい

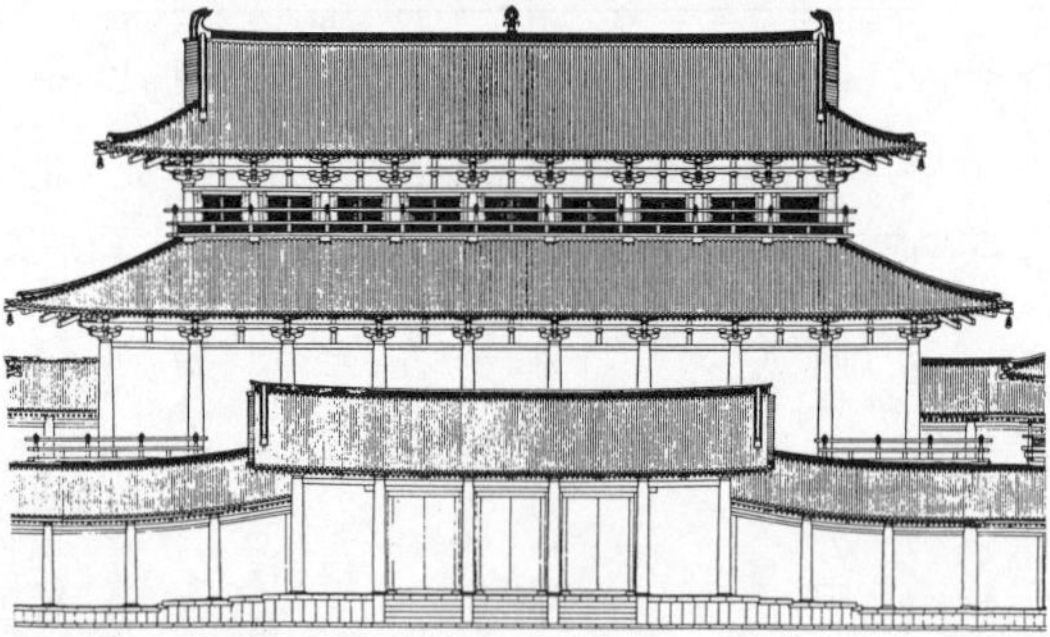

平城宮第一次大極殿　二層の規模をもつ壮大な建築。後に恭仁京に移建。また藤原京大極殿が移建された可能性もある（『平城京発掘調査報告XI』より）。

る。というのは、朱雀門の北側とその東側にほぼ同じ大きさの大きな長方形の区画があって、それぞれから大極殿・朝堂院の跡が発見されたからである。現在での一応の結論は次のようである。まず中心の区画が平城京遷都直後に建設された（第一次）が、それは七四〇年に恭仁京への移転に際して運び去られた、五年後になって平城京は再び都となるが、その時に建設されたもの（第二次）が東側の一画である、と。

天皇の住宅である内裏は奈良時代を通じて同じ位置に設けられた。すなわち第一次では大極殿の東側にあり、第二次では大極殿の北側になる。正殿を中央に、左右に小規模な建築を対称に配置し、小さな幾つかの区画で構成されている。

これらの中心部を囲んで、東西北の三方に、官庁建築が建てられていた。また、東のはずれには東院と呼ばれる区画があって、池と一風かわった楼閣建築が建てられていた。それは天皇・皇族に関わる遊興施設であったようだ。

住宅地の姿

次に平城京の細部に注目しよう。住宅地は藤原京の時と同じように住人の位によって宅地が配分されていた。発掘調査によって確認された大きさは四町、二町、一町、二分の一町、四分の一町、八分の一町、十六分の一町、三十二分の一町である。最も大きい四町は三位以上（大臣に相当する）の貴族が住み面積は二万坪を越え、庶民の住んだ最も小さい六十四分の一町は約八十坪ほどである。

発掘調査が進む以前は、遺構がわずかしかないために奈良時代の住宅建築についてはほとんど様子が分かっていなかった。光明《こうみょう》皇后の母　橘《たちばなの》三《み》千《ち》代《よ》の家から施入された法隆寺の東院伝法堂、また関野克氏が正倉院文書を用いて復元した紫《し》香《が》楽宮《らきのみや》の右大臣藤原豊成《とよなり》殿、の二つしか参照するべき建築がなかったのである。しかもいずれも極めて高い位の貴族住宅である。しかし戦後になって実施された京内の発掘調査では、実にさまざまな階層の住宅が発見されたのである。発掘調査は一定の範囲をくまなく調査をするので、その中心の主屋と同時に敷地内にあった倉、雑舎、そして垣、井戸など関連の施設も多く発見され、当時の生活を知る上で極めて重要な情報を提供したのである。

左京三条二坊十五坪の住宅遺跡は一町の敷地規模をもつから四～五位の貴族住宅と推定

平城京の住宅　平城京左京三条二坊十五坪にあった住宅を復元したもの（『平城京展図録』より）。

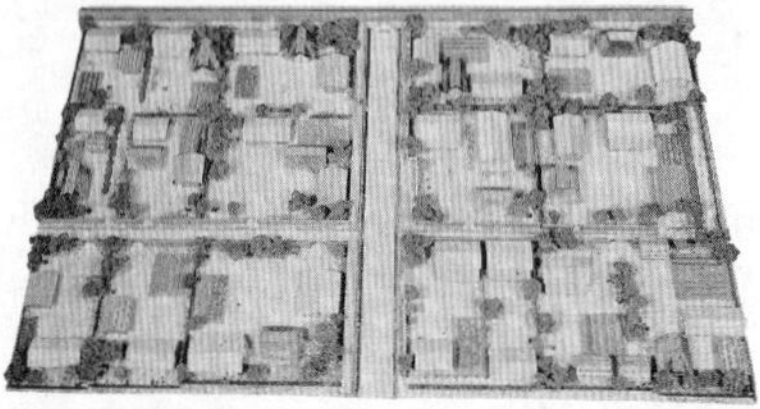

平城京の住宅地　（右京八条一坊十三・十四坪）一町（約120メートル四方）が細分された庶民の住宅地。主屋と付属屋そして菜園という構成である（奈良国立文化財研究所許可済）。

される。全体を垣でもって大きく二つの区画に分け、それぞれ九間×四間、七間×四間の主屋が中心にあり、その周辺に使用人の住居・倉・雑舎などが配置されている。近年発掘調査で明らかにされた長屋王の住宅は、さらに大きな敷地を占め、多くの建築が立ちならんでいる。一口に住宅といっても、家族と多くの使用人がいてその中ですべての人が生活するわけだから、多くの施設が必要になるのは当然のことであろう。

次に右京八条一坊十三坪・十四坪の遺跡を見よう。一町が幾つにも分割された小さい庶民住宅の様子をうかがうことができる。最も小さい宅地は三十二分の一町であって、そこには小規模な主屋一棟と納屋に類する建築があるだけで、のこりの土地は菜園である。宮域に近い場所には大規模な住宅が多く、それから遠くなるにしたがい小規模な住宅が広く分布したことも明らかにされている。

寺院の建築

平城京には多くの寺院があった。藤原京にあった国家の大寺が移転してきたのは勿論のこと、貴族の氏寺も多く移転してきたので、それは相当な数にのぼる。規模が一町程度の小さい寺院もあるが、大きな寺院の敷地は二つ以上の坊にまたがり、十六町以上を占拠したものも幾つかある（薬師寺・興福寺・元興寺・西大寺など）。平坦な古代の都市において三重塔、五重塔などはランドマークとして歩く人々の目を楽しませたであろう。

すでに藤原京の時代から寺院制度が進展しており、「四大寺」として飛鳥寺（法興寺）・大官大寺・川原寺（弘福寺）・薬師寺があった。これらは平城遷都とともに平城京へ移建されてゆく。移転の最も早いのが大官大寺で、七一六年に移って大安寺《だいあんじ》と改名した。七一八年には薬師寺と飛鳥寺が移転した。飛鳥寺は以後元興寺《がんごうじ》と呼ばれる。川原寺は移転せず、藤原氏の氏寺である興福寺が新たに大寺に加わった。藤原京からの移転に際して大きな論争があったのが薬師寺である。薬師寺は藤原京と同じ伽藍配置をもつので建築を移建したのではないかと考えられたのである。現存する薬師寺東塔から移建された痕跡が見つからないこと、そして古い記録に薬師寺には塔が四基ある、と記されていることから、結局のところ古い形式を踏襲して新しく建立されたと判断されている。しかし藤原京で使われた瓦が運ばれたことも確かで、その移転に際して複雑な事情があったらしい。大安寺も同様に、藤原京と同様の伽藍が計画されたらしいが、七一八年に帰国した留学僧道慈《どうじ》が中国の最新の建築技術を伝え、大きく計画変更されたようだ。中国の先進的技術は八世紀にも遣唐使などの交流を通して、日本に強い影響を与え続けたのである。

七五二年には聖武天皇の発願で、東大寺の大仏毘盧舎那仏《びるしゃなぶつ》が開眼供養された。東大寺は巨大な寺院で、全国に計画された国分寺の総国分寺としての性格をもつ。新しい役所造東《ぞうとう》大寺司《だいじし》が設けられ、そこで土木・建築の実務、そして写経などの事業が推進された。大事業を遂行した造東大寺司の持つ技術力は高く、また強大な組織力をもったので、奈良時代後半の官営工事の多くが造東大寺司の手にかかることになった。

奈良時代の最後を飾るのが七六五年に発願された西大寺《さいだいじ》である。藤原仲麻呂の乱の戦勝を祈って発願された大寺院であるが、中心に二棟の中国風の金堂を持つ他に、二つの建築を軒を接して並べた子院十一面堂院、四王院をつくった。奥行の深い建築を造る傾向は奈良時代の小規模寺院、子院建築からはじまり、平安時代の新しい寺院に流布してゆくのである。

元興寺極楽坊本堂・禅室
奈良時代の僧房の一部が鎌倉時代に大修理を受けながらも、現代にまで伝わったもの。転用されていた当初の古材の痕跡から奈良時代の僧房が復元された。

西大寺東塔跡　奈良時代の最後を飾る大寺院の跡。当初は八角七重塔の計画であったが四角五重で実現した。造営担当者の藤原永手はそのために死後地獄に落ちたという（『日本霊異記』）。

東大寺大仏殿　現在の大仏殿は江戸時代中期に再建されたもの。創建当初は左右にさらに二間ずつ大きく壮大な規模を誇った。

平安遷都

奈良から平安へ

奈良時代から平安時代への大きな転換は、政治的な刷新が当初の目的であったことは言うまでもない。そして新しく建設された平安京《へいあんきょう》を舞台として、社会は大きく転換してゆく。平安京は都市と建築においても、新しい場面を提供することになる。

すでに平城京《へいじょうきょう》においては、活発な中国唐との交流の結果、充実した都市制度そして建築が実現されていた。しかしそれを放棄して新都の建設へと向かったのである。七八四年には山背国《やましろ》長岡の地に新しい京――長岡京《ながおかきょう》――がつくられてまず第一回の遷都が行われた。しかし、それを主導した桓武《かんむ》天皇は身辺の不安のために、再び遷都を計画し、十年後の七九四年には平安京へ移ったのである。平安京はそれ以後、明治維新まで天皇の宮殿の所在地として、約千年の間日本の中心地としての役割をはたすことになった。

長岡京の発掘

長岡京は山背国葛野《かどの》郡長岡村（現在の京都市の南西、長岡京市を中心とする一帯）に建設された。規模は南北九条、東西八坊であり、平城京とは外京を別にすればほぼ同じ大きさである。その中央北部の六坊に宮域が設けられた。造営はかなり早く進められたようで、遷都の翌年（七八五年）の正月にはすでに朝堂院や内裏が完成していた。長岡京の建設に際しては、難波《なにわ》宮と平城宮からかなり多くの建物が移建されたことが明らかにされている。大極殿や朝堂院の発掘調査によれば、その区域から出土する瓦は約九〇パーセントが難波宮と同じ形式をもっていて、それはすなわち難波宮から主要建築が移建されたことを意味するのである。また朝堂院西方の官衙西部・内裏南方官衙や第二次内裏の区域では、約五〇パーセントの瓦が平城宮式であって、平城宮からの移建建築も多かったことを示している。長岡宮特有の瓦の形式はもっとも多い率を示す第二次内裏地区でも二七パーセントに過ぎない。迅速に建設が進んだ背景にはこのような事情があったのである。

なお難波京は七世紀半ばに建設されて以来、港に接した外交都市として、あるいは一時期遷都されるなど古代史のなかで重要な役割をになってきたが、長岡京が建設された時にその機能をほぼ失った。

長岡京全体の設計方法には平城京での不都合を解消させようとした努力がうかがえる。

土地の区画単位「町」の大きさだが、宮域の南面では東西三百五十尺、南北四百尺、二条大路以上では東西四百尺、南北三百五十尺または三百七十五尺、それ以外では四百尺四方に決められた。朱雀大路に面した区画が狭いのは平城京的だが、それ以外の区画の広さを揃えようとしている。この区画の内部をさらに小さく分割して貴族や庶民の住宅地を設定したのだが、近年の発掘調査からは最大二町、最小三十二分の一町の住宅地が発見されており、平城京とほぼ同じ基準であったことが確認されている。また大規模な宅地が宮域に近く、小規模なものはその外側から発見されることも同様である。

長岡京の発掘調査は一九五四年以来断続的に実施されている。当初は大極殿・朝堂院・内裏地区に限られていたが、一九七〇年代になってから京都府教育委員会が主体となり、宮域の官衙地区そして京域での広範な地域が手掛けられるようになった。もっとも、遺跡の大部分はすでに市街地となっており、大規模な発掘調査は困難な状況であるが、断片的な地味な調査が積み重ねられつつあって、次第に住宅地などの様子が明らかになってきた。また木簡の出土もあって、各個の遺跡の性格も明らかにされつつある。遺跡の保存は遅れ、史跡に指定された面積は、京域全体のわずか〇・〇〇二パーセントにすぎず、大きな課題をのこしている。

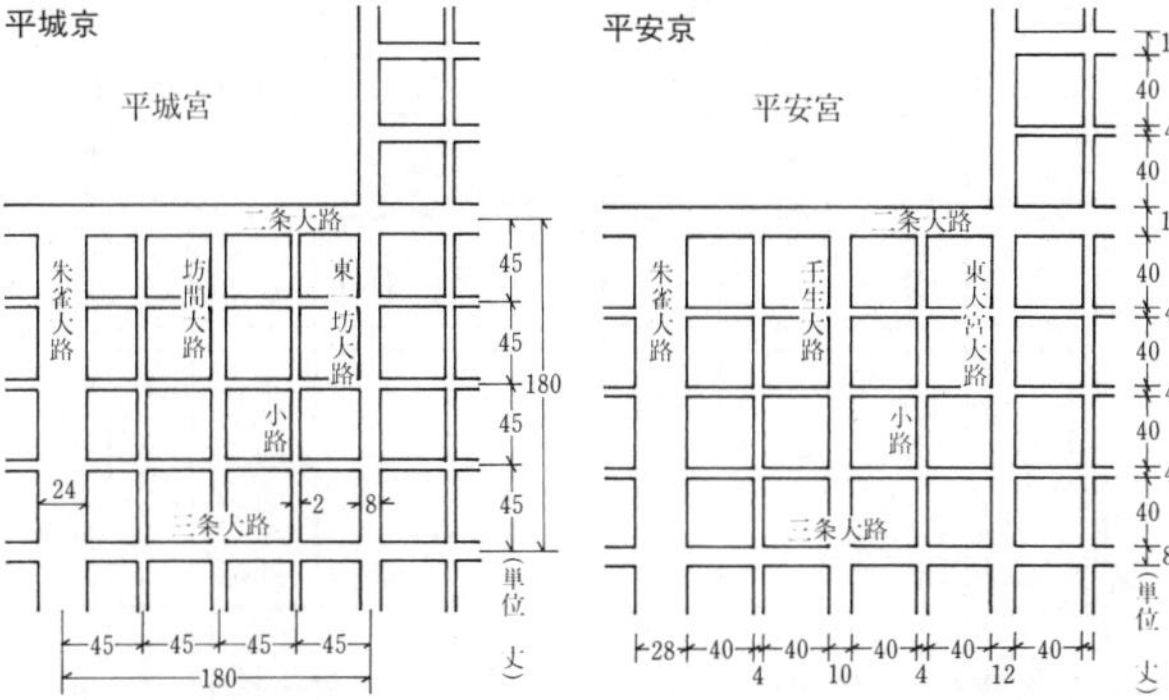

平城京と平安京の地割　平安京では最小の区画「町」が道路の幅の大小に関わらず、四百尺四方となる。平城京までとは大きく異なる新しい特徴である。

平安京の遺跡

七九四年、わずか十年しか存続しなかった長岡京から平安京へと遷都が行われた。造営は順次実行されていったようだが、十一年後の八〇五年になると、桓武天皇は貴族の意見を汲み、造営事業を中止した。それはたび重なる新都の建設、そして蝦夷《えぞ》への軍隊派遣によって、民衆が疲弊していたためであるという。以後の平安京の建設がどのように進んだか明らかではないが、約二百年後に慶滋保《よししげのやす》胤《たね》の記した『池亭記《ちていき》』によれば、東側の左京がその外側に張り出して発展し、西側の右京はすでに荒廃していたらしい。このような傾向は中世・近世を通じても見られる特徴である。長い年月にわたる発展を蓄積してきた平安京は、それぞれの時代の特徴を土地に刻み

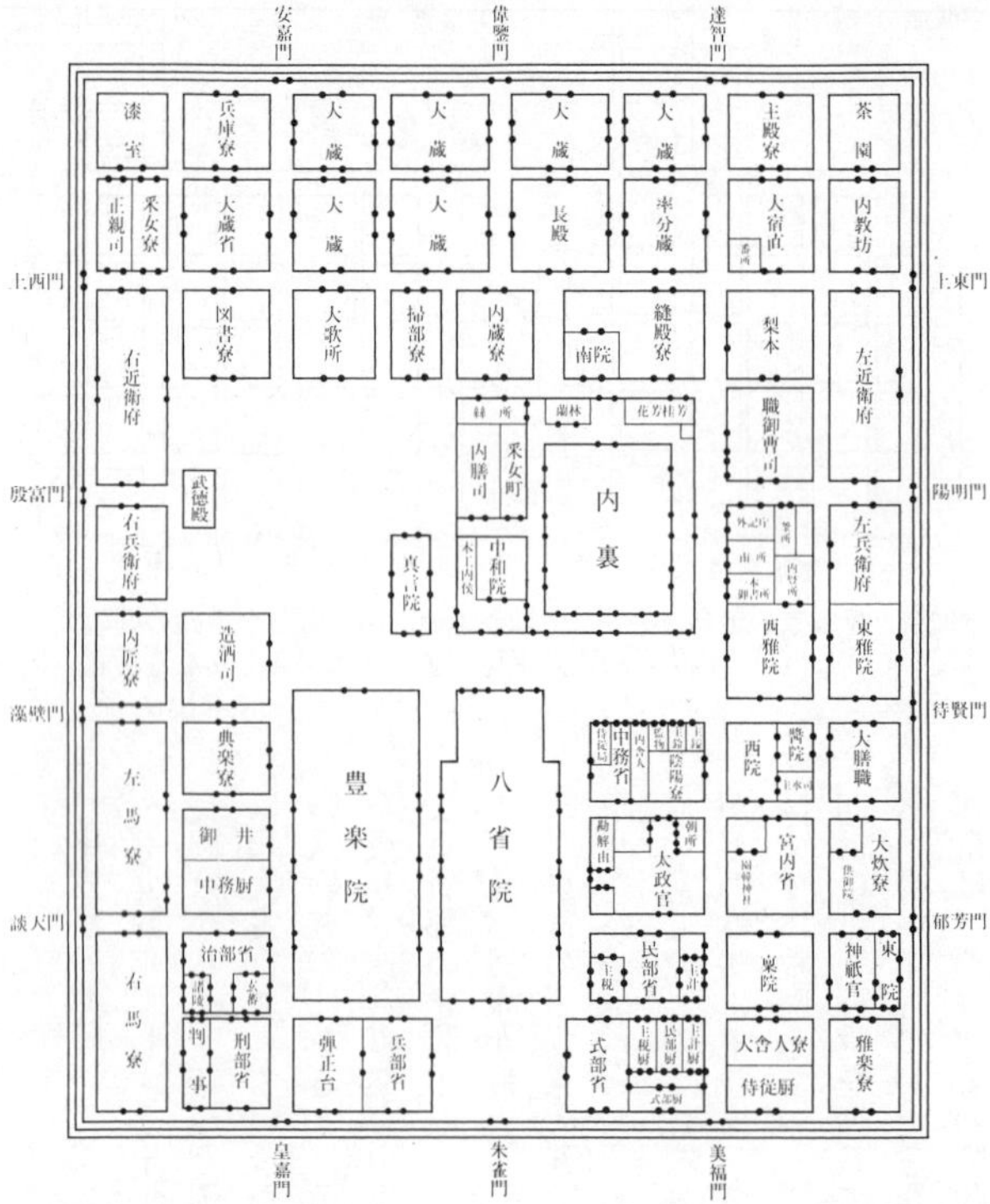

平安京の大内裏　中心に八省院・豊楽院・内裏があり、その周囲を官衙が取り囲んでいる。

込み、古代のうちに役割を終えた他の宮都とは異なった様相を示すのは、むしろ当然のことと言えよう。

平安京では遺跡がほとんど市街地のなかに埋れていたために、まとまった発掘は多くはないが、開発にともなった小規模の事例は多く蓄積されてきた。特に一九七〇年以後、市

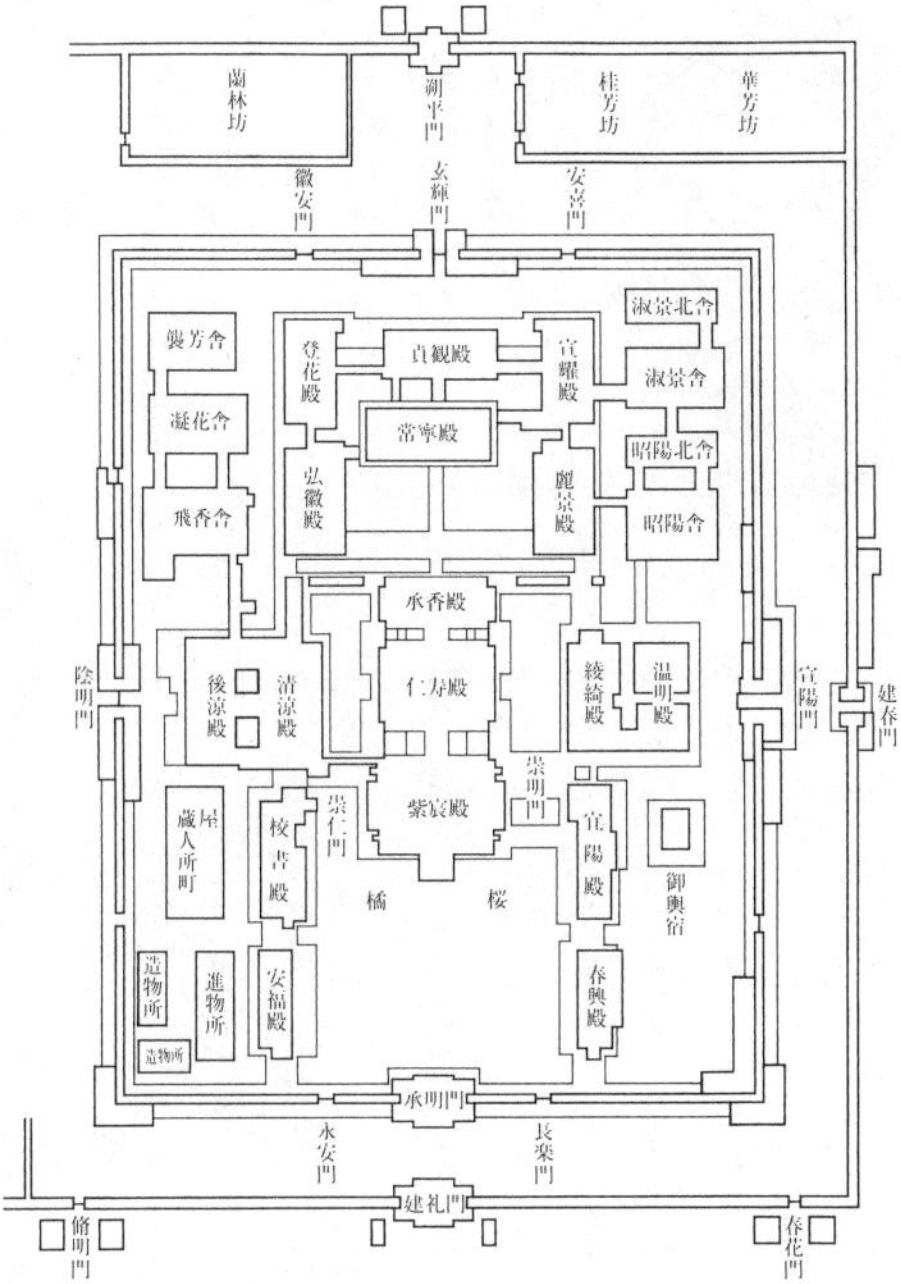

平安京の内裏　紫宸殿を中心に多くの建築がほぼ左右対称に配置されている。いずれも、素木、檜皮葺の伝統的な建築意匠が用いられた。

域内の周知の遺跡にかかる開発に際して、事前の行政指導が行われるようになり、調査件数はさらに拡大していった。大路・小路関係遺跡は七十二条分あるはずだが、そのうち五十条以上が検出されている。そして近年では、右京一条三坊九町、同六条一坊五町から貴族住宅寝殿造の先行形態を示す遺跡が発見された。徐々にではあるが、遺跡の調査は着実に進展しており、今後の発見に大きな期待が寄せられている。

平安京の規模と建築

平安京の規模は長岡京とほぼ同じであり、南北九条、東西八坊、南北約五・二キロメートル、東西約四・五キロメートルである。その中央北部に宮域があって、東西二坊、南北三条の計六坊があてられている。

都市の設計という点においては、長岡京でみられた方法がさらに徹底された。平安京はまず「町」の大きさを四百尺（約一二〇メートル）四方と設定し、それを動かさざる基準とし、あとは道路幅を足していったのである。最小の土地単位「町」の大きさが一定でない、すなわち、住民に与えられる土地の面積が一定でないという今までの矛盾が完全に解消されたのである。

さて、平安京の中心部の大極殿・朝堂院・内裏やそれを

平安京の大極殿（『年中行事絵巻』より、田中家蔵）　朱塗りの柱、瓦葺など中国的なデザインをみる。特に回廊の屋根の上の蒼龍楼に注意。

取り囲む官衙街については江戸時代の有職故実《ゆうそくこじつ》家裏松《うらまつ》固禅《こぜん》の大著『大内裏図考証』などにより、明らかにされている。それによれば、中央に大極殿・朝堂院（八省院）があって、その左に豊楽院《ぶらくいん》があり、内裏は大極殿の東北にある。そして全体を取り囲むようにして官衙街が占地し、全体として矩形《くけい》をとるのである。朝堂院は今までに比べると小規模になり、ほぼ同じ規模の豊楽院が並んでいた。朝堂院での政治が儀礼的になり、宴会の場としての豊楽院が登場したのである。

また『大内裏図考証』の内裏図によって、平安朝の内裏の詳細を知ることが出来る。内裏は紫宸殿《ししんでん》を中心に各種の建築がほぼ左右対称に立ち並んでいた。このような構成は中国の住宅建築群の影響を強く受けているという。しかし、当初のこのような内裏の構成は徐々に簡略化され、中世では儀式の場としての紫宸殿、そして天皇の住宅としての清《せい》涼殿《りょうでん》だけになってしまうのである。また宮殿の建築の姿は平安後期の様子を示す『年中行事絵巻』によってかなりのことが判る。内裏を除く大内裏は、瓦を葺き、朱塗りの柱を持ち、中国的な伝統を強く受けたデザインが用いられていた。しかし内裏に限っては、屋根は檜皮葺《ひわだぶき》、柱は素木《しらき》である。この対照的な意匠の選択は、七世紀の仏教建築の登場以来続いてきた、住宅建築の伝統を守ったものと言わねばならない。

密教の建築と空間

最澄と空海

奈良時代が終りに近づいたころ、二人の僧侶が誕生した。最澄《さいちょう》と空海《くうかい》である。それぞれの生年は七六六（天平神護二）年、七七四（宝亀五）年だから、奈良時代末期の空気を吸っていたことになる。

奈良時代の末は政治にとって大きな転換点である。七七〇（神護景雲四）年に称徳《しょうとく》天皇が没し、光仁《こうにん》天皇が即位する。光仁天皇はそれまでの仏教偏重を改め、強力な統制政策を実施し、それは桓武天皇に引き継がれた。壬申の乱（六七二年）の結果即位した天武天皇以後、すべての天皇は天武天皇の系統から出ていたが、光仁天皇は天智天皇の孫であり、以後その系統から天皇が即位することになる。

奈良の政治・宗教からの離脱を図り、遷都が計画される。まず七八四（延暦三）年に山城国の長岡京へ都がうつされた。十年後の七九四（延暦十三）年にはさらに平安京への遷都が行われた。平安京では仏教の統制が厳しく、国の大寺として東寺・西寺の二つの寺院

延暦寺根本中堂　最澄の草庵が発展した一乗止観院の後身建築。現在のものは1640（寛永17）年の再建。

のみが建設され、京内にはほかの寺院の建立が禁止されたのである。当然のことながら、仏教はいままでとは大きく異なった展開を示すことになる。

　最澄は十二歳で近江国分寺に入り、十四歳で得度し、十九歳の時に東大寺戒壇院《かいだんいん》で受戒した。ここまでは僧侶の歩むべき通例の道であったが、しかし最澄は受戒の後に一人比叡山に登って草庵を結び、厳しい修行と天台学の修学を開始したのである。以後、八〇四（延暦二十三）年から翌年にかけての中国唐への留学をはさみ、従来の奈良仏教において欠けていた宗教的な主体性を求めて、八二二（弘仁十三）年に五十六歳で没するまで、比叡山を拠点に天台宗を開き大きな足跡をのこすことになる。

　空海は讃岐《さぬき》国に生れた。十五歳で上京し、三年後に大学の明経道《みょうきょうどう》の科試に及第し官僚への一歩を踏み出すが、在学中に一人の行者との運命的な出会いが待ち受けていた。空海は行者から虚空蔵求聞持法《こくうぞうぐもんじほう》を伝授され密教への関心を強く持った。この修法《しゅほう》は奈良時代に流行した密教行法の一つで、強力な記憶力の獲得を目的とする、代表的な山中修行の一つである。空海はその後、唐から請来されていた大日経《だいにちきょう》に接し、密教の世界に惹き込まれていく。八〇四（延暦二十三）年から二年間中国に留学した空海は、唐長安の青龍寺《せいりゅうじ》恵果《けいか》に師事し、密教――真言宗――の奥義を伝授され、帰国後貴族社会に大きな影響をあたえることになる。

天台宗の建築

最澄は八一八（弘仁九）年に比叡山の全体計画を書き残している。在世中には大乗戒壇の設置、新しい宗教の確立をめぐって奈良の仏教と激しい論争を起すなど、当時の社会に必ずしも充分理解されなかったためにいつも財政上の問題を抱えていた。だから、草庵から発展した根本一乗《こんぽんいちじょう》止観院《しかんいん》・法華三昧院《ほっけさんまいいん》・宝幢院《ほうどういん》のほかはほとん

延暦寺総持院多宝塔　二重の塔で、下層方五間、上層方三間である。近年、古い史料を参考にして復元し再建された。

延暦寺西塔法華堂　1595（文禄4）年に再建されたもの。もとの方五間、宝形の姿をよく伝える。同形式の常行堂と並ぶ。

ど建築物を建てることができなかったのである。しかしこの計画によって、最澄が意図していた比叡山の伽藍とそれぞれの建築の特徴を見ることができる。それには、根本一乗止観院・法華三昧院・一行《いちぎょう》三昧院・般若《はんにゃ》三昧院・覚意《かくい》三昧院・東塔院・西塔院・宝幢院・菩薩戒壇院・護国院・総持《そうじ》院・根本法華院・浄土《じょうど》院・禅林《ぜんりん》院・脱俗《だつぞく》院・向真《こうしん》院の十六の院が列挙されている。

個々の「院」でもって寺院全体を構成するなど、従来とは異なる新しい考え方をうかがうことができるが、そのなかでもとくに興味を惹かれるのは四つの三昧院があげられていることである。天台宗の修行の目的はその特有な仏教境地「止観」を成就することだが、そのために四種の三昧行が定められている。そしてその「行」のための建築が四つの三昧院なのである。八一二（弘仁三）年に完成した法華三昧院では五、六人以上の僧侶がこもり、昼夜絶えず法華経を奉読したという。建築の形式は正方形で正面・奥行ともに五間、屋根は宝形《ほうぎょう》であった。内部は中央の一間四方だけに仏像を安置し、他は修行のための空間とされた。後に完成した常行《じょうぎょう》三昧院も同様の内部空間を持っており、最澄が重視した「行」のための建築がまさにこれであった。

最澄没後には大乗戒壇院・四王院《しのういん》などが建立されたが、いずれも平面は正方形である。これらの建築は正方形の形式である必然性に乏しく、むし

後七日御修法（『年中行事絵巻』より　田中家蔵）　平安時代後期の御修法の様子が示されている。左側が壇場で右にはそれを主催する阿闍梨の宿房がある。

ろこの形式に天台宗建築を特徴づける象徴的な意味がこめられていたことがわかる。

また最澄時代には真言宗に遅れをとっていた密教も、円仁《えんにん》の唐への留学（八三八〜八四七年）によってより進んだものが請来され、八六二（貞観四）年には天台密教の道場として総持院も完成した。中央に法華経を安置する二重の多宝塔《たほうとう》、左右の五間四方の灌頂堂《かんじょうどう》・真言堂の三棟で構成されており、華やかな伽藍であった。

真言宗の建築

空海は中国から帰国の後、しばらくして洛北の神護寺《じんごじ》に入りそこを拠点として活躍する。神護寺は本来和気《わけ》氏の氏寺であったが、空海はそこに密教特有の幾つかの建築物を建立した。その一つが天長年間（八二四〜八三三年）に創建された真言堂であり、もう一つがしばらく後の多宝塔であ

高野山金剛三昧院多宝塔　1223（貞応2）年建立。塔身はお椀を伏せた形で屋根がかかり、下には正方形平面の裳階が付くという特徴的な姿である。多宝塔は中世には天台・真言両宗に広く流布した。

る。真言堂の内部に胎蔵《たいぞう》界《かい》、金剛界《こんごうかい》の両界曼荼羅《まんだら》を東西に対面させて掛け、それに挟まれた空間で真言僧はさまざまな修法を行ったのである。この形式は密教的な空間をつくる時の原則となり、密教の奥義を伝授する灌頂儀式に永く用いられた。空海は深山の高野山《こうやさん》に修行の道場を計画すると同時に、密教の呪術性を大いに強調し、天皇・貴族への加持祈禱をしばしば行い、貴族社会への浸透をはかったが、その結果、八二一（弘仁十二）年に東寺を真言宗寺院とし、さらに八三五（承和二）年、密教特有の修法を宮中の年中行事――後七日御修法《ごしちにちのみしほ》――とすることに成功し、あわせてその道場として宮中真言院《きゅうちゅうしんごんいん》を創設した。宮中真言院や東寺灌頂院の中心建築の内部空間は神護寺真言堂で実現していたものと同じ形式をもつ。

また高野山に計画された二基の多宝塔は空海没（八三五年）までには完成しなかった

が、それぞれ高さ十六丈（約四八メートル）、九丈（約二七メートル）という大規模な建築で、各々胎蔵界、金剛界の五仏を安置した。

最澄・空海の平安仏教の祖師たちが企画した新しい建築と空間は、それぞれに固有の仏教境地のため、空間を「行」と結びつけて構想したことに求められる。これは奈良時代の仏堂が本尊を中心とした浄土の表現であったことに対し、はるかに流動的な空間であり、その空間の質が「行」を行う僧侶の主体性に委ねられたことになる。また新しい形式の塔――多宝塔《たほうとう》――には法華経または大日如来を象徴させた。この二つの特徴的な建築形式は、以後、天台・真言両宗に引き継がれてゆくのである。

平安京の神社建築

平安京と神社

七九四（延暦十三）年の平安遷都は、政治史、仏教史において大きな転換をもたらしたが、それと同時に神と社をとりまく状況も大きな変化をみせる。本来、山城国の賀茂氏の氏神であった賀茂社《かもしや》は、遷都にしたがって朝廷との関係を深め、平安京の鎮護社としての性格を強くしてゆき、八〇七年には正一位という神位があたえられ、神社としては皇祖神をまつる伊勢神宮につぐものとなった。朝廷の神祇《じんぎ》関係行事のなかでも、賀茂社の祭祀は天皇の即位後の大嘗祭《だいじょうさい》につぐ重要な位置をしめることになった。

このような、国家的な神社と祭祀の再編成に対し、市民を中心とした新しい都市は、都市ゆえの新しい神と祭礼を必要とした。この現象は八六三年五月二十日に大内裏南方の神泉苑《しんせんえん》でひらかれた御霊会《ごりょうえ》に象徴的にみることができる。この日、神泉苑では「霊座《たまざ》」を六座ならべ置き、花で飾り立てた。そして経典の講読、雅楽寮《ががく》の楽人の音楽、大唐舞《だいとう》、高麗舞《こま》などの舞、雑伎《ざつぎ》・散楽《さんがく》などを盛り込んだ大規模な供養をもよおした。天皇の勅命によ

上賀茂社（賀茂別雷神社）　鴨川上流右岸に位置する社地

る法会であったが、神泉苑の四門を開き市民も自由に見ることができた。まつられた御霊とは崇道《すどう》天皇以下の六名の霊であり、それぞれ謀反の嫌疑をかけられて非業の死をとげた人々である。この年の春以来都にはやっていた疫病が、これらの御霊のひきおこすところであるので、それを鎮めようという主旨の法会であった。

しかもこのような御霊会はそれ以前から市民によって京のなかで修されていて、仏をまつり経を誦《じゅ》し、さらに歌舞・演劇・相撲・騎射など、にぎやかに歓を尽くすことが行われていたという。その時の御霊は必ずしも特定の人物の怨霊でなく、正体のわからない「あるもの」であったらしい（柴田實『日本庶民信仰史Ⅲ　神道篇』）。

これは都市において毎年起る伝染性の強い疫病に対する一種の対応策なのであった。その遠因を手厚く葬られなかった御霊の怒りに求め、それを祀り慰めることによって解決しようとしたのであろう。このような信仰はやがて牛頭《ごず》天王《てんのう》、蘇民将来《そみんしょうらい》の説話と重なりあい、祇園社《ぎおんしゃ》（八坂神社）

円成寺春日堂　鎌倉初期の春日造社殿の代表例。土台の上に建物がのる。

の誕生へとむかい、御霊会は盛大な祇園祭へと姿をかえてゆく。

また御霊信仰が特定の個人と結びついた例としては、大宰府《だざいふ》へ流されて非業の死をとげた菅原道真《みちざね》の御霊を代表とすることができ、その結果北野天満宮《きたのてんまんぐう》が創建されることになる。

それでは、賀茂社、祇園社、北野天満宮を中心に平安時代の代表的な神社の建築を見てゆくことにしよう。

賀茂社の建築――流造

賀茂社で用いられている本殿の形式は「流造《ながれづくり》」とよばれる。また春日社での形式は「春日造《かすがづくり》」という。それぞれの形式のもっとも小規模な社殿は、平面が一間四方で屋根は切妻《きりづま》とする建築で、棟木《むなぎ》に横にむかって礼拝するように庇《ひさし》を葺きおろして向拝《こうはい》としたものが流造、妻にむかって礼拝するように向拝を取り付けたものが春日造である。流造は棟木を横に継ぎ足せば、正面はいくらでも横にのばすことができる。賀茂社の形式は正面を三間に造るので「三間社流造《さんげんしゃながれづくり》」という。時には住吉《すみよし》神社（国宝・山口県）のように、「十一間社流造」というものまである。

この二種の神社形式だけに見られる顕著な特徴は、地面の上に「土台《どだい》」という材料を井《い》桁《げた》に組み、その上から柱を立て社殿《しゃでん》をつくることである。土台の上に社殿があるということは、それを持ち上げれば社殿を動かすことができることを意味する。

この特徴は大変古い時期の社殿の在りかたに由来していることが稲垣栄三氏によって指摘されている。すなわち、元来神は固定した場所に社殿をもっていなかった。祭礼があるときには、神は祭場に招来されそこにわずかの間だけ滞在し、祭が終るとともに再びどこかに送り返されたのである。従って、神が宿る施設は常設のものではなかったのである。社殿が動くことを前提とした形式をもつのは、その時代の痕跡を留めていることになる。また土台の材を社殿の範囲からすこしのばせば、それは神輿の姿に酷似することにも注意する必要があろう。流造と春日造がもっとも広く分布する社殿形式であることを考慮するならば、祭礼での神の在りかたの一般性すら推察することができよう。

北野天満宮境内の摂社　土台にのる流造の小社

上賀茂《かみがも》社《しゃ》（賀茂《かも》別《わけ》雷《いかずち》神社）と下賀茂《しもがも》社《しゃ》（賀茂《かも》御祖《みおや》神社）の本殿はいずれも一八六三（文久三）年のものである。下

八坂神社本殿　大きな入母屋屋根、周囲に付設された部屋など仏堂と類似した形をとる（京都府教育委員会「八坂神社本殿修理工事報告書」より）。

賀茂社では古代末以来三十年に一度建て替える慣例（式《しき》年造替《ねんぞうたい》）があった。これは伊勢神宮に見られる二十年に一度の遷宮《せんぐう》と同じもので、日本の神社建築に特有な建築の更新方法である。

八坂神社の建築——仏堂風本殿

現在の八坂《やさか》神社は、一八六八（明治元）年の神仏分離までは「祇園社」とよばれ、神社・寺院いずれにも峻別できない特殊な形態をもっていた。本殿を中心に、広い境内には多くの建築が立ち並び、一六九一（元禄四）年には、社が四十三、仏閣が二（薬師堂・塔）、社僧の住坊十軒があったという。明治初年に社殿以外の建築がとりこわされ、境内地も約四分の一になった。

現在の本殿は一六五四（承応三）年に再建されたものだが、仏堂と似通った姿をもち、神社というイメージからほど遠い。本殿は、正面五間、奥行二間の中心部に庇を一間幅でめぐらし、その前方に正面七間、奥行二間の礼堂《らいどう》を接続させた形をとり、全体の両側面、背面にさらに庇を葺きおろして部屋をもうけている。このような平面形式は中世の仏堂《ぶつどう》に見られるものとほとんど同じといってよい。

祇園社の創立に詳しい史料『二十二社註式』によれば、当初の祇園社は観慶寺《かんぎょうじ》の境内に建てられた、五間檜皮葺神殿と五間の檜皮葺礼堂であるらしい。その時の建築構成は現代までよく伝えられている。また一〇七〇（延久二）年の火災後の再建の時に一つの大きな屋根で覆われたようだ。また平安初期の文献には「祇園天神堂《ぎおんてんじんどう》」とも記されており、当初から仏堂的な姿であったことが改めて確認される。

このような特徴は、御霊会が神事、仏事の双方を含む行事として発展したことに起因するようで、祇園社の祭神（本尊か）である牛頭天王（現在は素戔嗚尊《すさのおのみこと》）も従来の供養法に対応しない新しい神である。

北野天満宮　拝殿正面の千鳥破風、唐破風に再建された慶長12（1607）年の様式をみることができる。

北野天満宮の建築——権現造

北野天満宮は十世紀前期に連続しておきた災異を発端として創設される。菅原道真は九〇一（延喜元）年、藤原時《とき》平《ひら》の讒言《ざんげん》によって大宰府に流され、失意のうちに二年後没した。その後、時平、保明《やすあきら》親王、慶頼《よしのり》王らが続いて早逝し、さらに九三〇（延長八）年には清涼殿に落雷があり、おりしも会議中の大納言藤原清貫《きよつら》らが死亡した。それは道真の御霊のなせる仕業と考えられたのである。しばらくして、多治比文子《たじひのあやこ》に北野右近馬場に祭るべく託宣があり、さらに九四七（天暦元）年に再度の託宣により、現在の北野の地に遷されたという。そして、九五九（天徳三）年には藤原師輔《もろすけ》が神殿を造営した。天満宮、天満天神、北野天神などのほかに、当初から北野寺、北野聖廟《きたのせいびょう》ともよばれており、神仏習合的な性格の強い神社であったようだ。

さて現在の本殿は一六〇七（慶長十二）年、豊臣秀頼の再建にかかるものである。本殿は正面三間奥行二間の中心部に四面に庇を回したもので、その正面側に少し離して正面七間、奥行三間の拝殿を置き、本殿、拝殿の間に屋根をかける。この部分には石を敷くので、石の間《いしのま》とよばれる。「権現造《ごんげんづくり》」または「石の間造」とよばれるこの形式は古くまでさかのぼり、平安時代末に石の間がすでにあったことが確認される。

この北野天満宮に特有の形式であった権現造は、豊臣秀吉が祀られた豊国廟《ほうこくびょう》を始めとし、近世初期には廟建築の代表的な形式として普及した。徳川家康のために各地に建てられた東照宮、二代将軍秀忠の台徳院霊廟《たいとくいんれいびょう》、三代将軍家光の大猷院《だいゆういん》霊廟などが代表的な例である。

平安貴族の邸宅——寝殿造

平安京の宅地

平安京は古代最後の計画都市であったが、そこでは伝統に従って、東西、南北の大路・小路がとおり、格子状に土地が区画されていた。北部に政治のための施設である大内裏《だいだいり》があり、その南にひろがる南北九条、東西八坊の市街地は都市に集った貴族、官僚、一般住民のための住宅地であった。土地の区画の単位は、小路で囲まれる四十丈（約一二〇メートル）四方の「町」であり、それが碁盤の目のように並べられて大きな都市をつくりあげていた。一町が上級貴族邸宅の大きさの基準であったが、摂政・関白などの邸宅はさらに大きく、南北二町を占めたものも少なくないし、四町というものさえあった。平安前期には西側の右京にも上皇、貴族の邸宅が建設されたようだが、中期以降は東側の左京の一条から三条にかけて多くの邸宅が集中した。なかでも大内裏の正門朱雀門に通ずる二条大路の南側には東三条殿《とうさんじょうでん》、堀川院《ほりかわいん》、閑院《かんいん》など南北二町の大規模な邸宅が立ち並んでいた。また、貴族邸宅は築地の内部で完結していたわけではない。貴族の生活を支える家人《けにん》たちの住居は築地の外にも多くあったのであり、邸宅を中心とした様々な活動はその外側にまで溢れだしていた。

『年中行事絵巻』などの絵画資料によれば、建築の屋根は檜皮で葺き、柱は彩色せずに素木《しらき》であった。初期は掘立柱であったようだが、中期ころから礎石を使うようになったらしい。また各建築は板敷で、四周には縁がめぐっていた。このような特徴は、天皇の住宅である内裏でも見たとおり、伝統的な住宅のデザインを守ったものである。

寝殿造の典型像

このような貴族邸宅は一般に「寝殿造《しんでんづくり》」とよばれる。寝殿造の実例は一つものこっていないので、貴族の日記などの文献でしか知ることができないが、おおむね次のようなものであったと考えられている。

まず、四十丈（約一二〇メートル）四方の一町の区画があり、外側は築地塀で囲まれていた。敷地の中心のやや北側に中心建築である寝殿があり、その東西には少し小さい規模の対屋《たいのや》（東対・西対）があった。寝殿と東西の対屋の北側にはさらに多くの対屋（北対・東北対・西北対）があることもあった。寝殿と対屋の間には廊《ろう》、渡殿《わたどの》が渡されていて、沓《くつ》をはかずに渡ることが出来た。東西の対屋からは南に中門廊《ちゅうもんろう》が延び、途中に中門をあけ、さらに南方に延びて、先端には泉殿《いずみどの》、釣殿《つりどの》が設けられていた。建築群は全体としてほぼ東

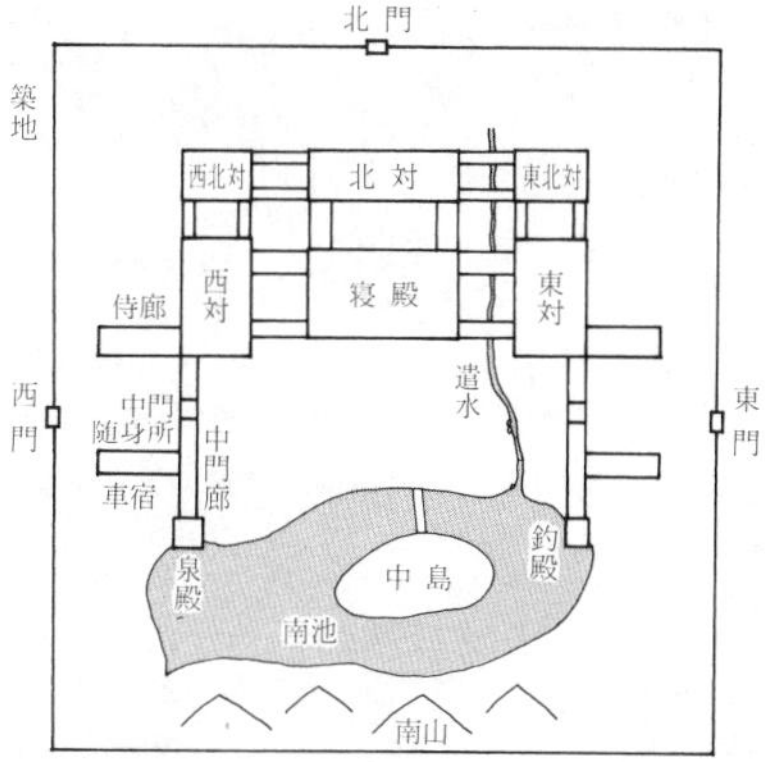

寝殿造概念図　方一町の築地に囲まれた内部に、寝殿・東西の対屋・中門廊などの諸建築が東西対称に並んでいた。

西対称に配置されていた。寝殿の前は庭になっていて、南方には中島《なかじま》をもつ池があった。そしてさらに南方には築山《つきやま》が設けられて、視覚的に完結した庭となっていた。

平安時代後期の貴族藤原宗忠《むねただ》は日記『中右記《ちゅうゆうき》』に、東西の対屋、東西の中門を持つ住宅が、法の如き「一町家《いっちょうや》」である、と記している。当時の人々がこのような形式の住宅を典型的なものと考えていたことをよく示している。

しかし、このような寝殿造の全体像に疑問がないわけではない。それは寝殿造の全盛期である平安時代後期に左右対称のものが実際には見つかっていないためである。平安前期の寝殿造では、最も重要な儀式であった正月大饗《たいきょう》が寝殿を中心の会場としたのに対し、平安中期からは臨時客という儀式が多く行われるようになり、その時には東西どちらかの対屋が主要な会場となったという。従って、寝殿造は一方の対屋が大きくなり、反対側の対屋が縮小されていったらしい。来客が寝殿造へはいる時は、築地に開かれた東西の門から敷地にはいり、中

↘の南庭まで様々な形の建築がつながり、そこに多種の階層の人々を見ることができる。南庭では鶏合が行われている。

門から上がって中門廊を通って対屋、寝殿に至ったのである。東西どちらから入るかは、東西の道路の性格、幅などによってまちまちだが、大体それは決っていたようで、使われる頻度の大きい方に各種の施設が集中して、反対側は漸次縮小されるようになったのである。寝殿造の代表的なものとされる藤原氏の東三条殿では西対がなく、東側の中門廊に整った侍廊《さむらいろう》・随身所《ずいじんどころ》、車宿《くるまやどり》などが付設されて、大きく東側にかたよった構成をとっていた。

内部の空間と室礼

さてそれでは寝殿造はどのように使われたのだろうか。住宅であるからその中に人が住んだのは当然であるが、現代とはかなりことなった生活様式であったことは間違いない。現代住宅に比べれば寝殿造ははるかに広いし、多くの建築でもってなりたっている。まず家族の形態は、原則として妻のもとに夫が通う招婿婚《しょうせいこん》であるから、夫婦が同じ場所に起居することはない。同居する場合でも、それぞれ別の場所であっ

絵巻物に描かれた寝殿造（『年中行事絵巻』より）　右側の路から寝殿↗

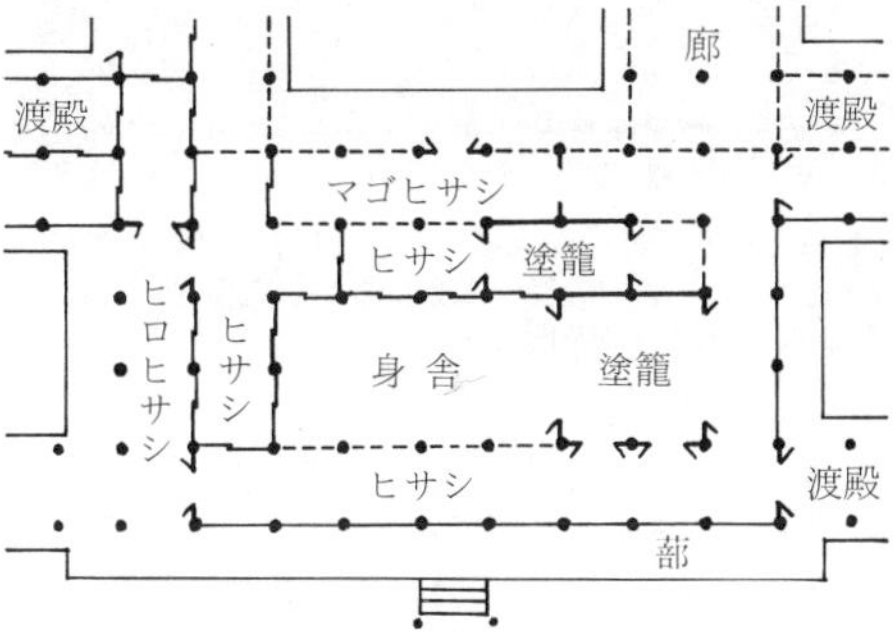

東三条殿の寝殿平面図　平安中期以降、藤原氏の最有力者に伝えられた代表的な寝殿造邸宅の寝殿。中心部は開放的な部分と閉鎖的な部分（塗籠）で構成され、その周辺を庇、孫庇で囲んでいた。

た。夫が寝殿で生活すれば、妻は西対という具合である。子供は妻と一緒に生活するが、成人すれば他の場所を与えられ、事実上の別居生活となる。多くの家人がいてそれぞれの生活を支えるのであって、もちろん一人で住むというわけではな

二条院の寝殿の一隅（『源氏物語絵巻　東屋（二）』より）　縁の高欄、丸い柱、長押に吊られた御簾、室内の畳、風景の描かれた障子などに、寝殿造のデザインを見る（徳川美術館蔵）。

い。広い寝殿造の建築群を家族の一人一人が住みわけている状態である。そして貴族たちの生活は政治に関する公式のものから私生活にいたるまで、現代からは想像できないほど形式が定められており、様式化していたものと思われる。

次に建築内部の様子をみてみよう。図には東三条殿の寝殿の平面図をあげた。寝殿の中心部は正面六間、奥行二間の母屋《もや》であり、その東端二間四方に「塗籠《ぬりごめ》」と呼ばれる一画があった。塗籠とは建物のなかを壁で仕切った閉鎖的な一区画であり、外には妻戸《つまど》（板の開き戸）が開きそれを中から閉めてしまうと、外に対し全く閉鎖されてしまうところである。農家の建築にあった納《なん》戸《ど》も同じ性格で、主として寝所として使われた。それは天皇の日常の住宅であった清涼殿内の「夜御殿《よるのおとど》」と同じでもある。そして、その母屋を囲んで庇がめぐり、一部には「孫庇」「広庇」が設けられた。

外側の建具は格子に板を裏から打ちつけた「蔀《しとみ》」をもちい、昼間は上に吊り上げていた。夜になって降ろせば内部は真っ暗になる。ただし蔀を上げたら、その柱間が自由に通れるというわけではない。そこには御簾《みす》をかけて、外と内とを微妙に隔てていた。それは半透明の幕であり、外の風の揺らぎも伝わって来る。しかし内部の人々の姿は外からは見えることはない。

一方寝殿の内部は、いろいろな装置によって内部空間が作り上げられていた。本来とても単純な構成の建築であり、建具が固定的にはいることはない。公的なものから私的なものまで、さまざまな儀式にあわせて、その時々に内部空間を構成しなおしたのである。儀式の会場の設営にあわせて御簾、そして屏風《びょうぶ》、几帳《きちょう》、衝立障子《ついたてしょうじ》などで空間を仕切り、さらに多くの調度品を置いた。板敷の床には畳や円座《えんざ》を置いて参加する人々の座とした。畳の縁には様々な色や紋の布を用い、位や儀式での役割を示したのである。また寝る場所として帳台《ちょうだい》も持ち込まれていた。

すなわち、建築は広い儀式、生活の場を提供したが、内部の空間は様々な可動性の高い小さな調度品が、その豊かな表情でもって構成したと言うべきであり、それは形や色や絵柄・文様によって、多くのことを意味する象徴性の強い空間であったはずである。

南の庭

寝殿の南には必ず庭が設けられていた。住宅建築における庭は、すでに飛鳥・奈良時代の宮殿遺跡に発見されており、遊饗施設として重要な位置をしめていた。南庭が平安貴族住宅に必要不可欠な施設となっていった過程は明らかにされていないけれど、遅くとも十世紀にはそうなっていたことは確かであろう。貴族住宅が曲水《きょくすい》の宴など歌の会の場として使用されたならば、当然そこには当時の最もすぐれた美的感覚を誘発すべき装置がなくてはならなかったはずであり、それが日本の自然を取り込んだ庭であったといっても過言ではなかろう。

庭には四季折々に花を開く様々な植物が植えられ、さらに北方から遣水《やりみず》を通して水を引き込んで池が造られていた。池をつくることは奈良時代以前からの作法である。そして石組をこらし、汀《なぎさ》には洲浜《すはま》や荒磯《あらいそ》などが配されていた。水をテーマとした庭には各地の名所の風景が写されていた。和歌浦《わかのうら》、須磨《すま》、明石《あかし》、天橋立《あまのはしだて》、塩釜《しおがま》などのミニチュアが京の寝殿造の庭に集中していたのである。これらはしばしば和歌に詠み込まれた風景であり、いながらにして自然を観賞できる装置として、大きな役割を果したものと思われる。

浄土教の建築

浄土教の発生

平安時代を代表する建築としてだれしも思い浮べるのは宇治《うじ》の平等院《びょうどういん》であろう。池を前に翼廊《よくろう》をひろげた華麗な姿は、極楽浄土を地上に再現したものとして賞讃されてきた。当時の貴族たちをはじめとし現在にいたるまで、訪れた人々は一様に感嘆の声をあげ、恍惚の世界にひきずりこまれたのである。

平安時代の後期に大きな影響をもった思想は浄土教である。浄土教とは阿弥陀如来《あみだにょらい》をたのみ、極楽浄土への往生を願う信仰である。その成立は古く、インドでおこり中国で発展したが、日本にも早くからもたらされていた。奈良時代中期に制作された有名な当麻曼荼羅《たいままんだら》は、浄土教の経典『観無量寿経《かんむりょうじゅきょう》』の内容を描いた極楽浄土図であるが、その下辺に極楽浄土に往生する方法、すなわち臨終に際して阿弥陀仏の来迎《らいごう》する様が、九通りの絵画にあらわされている。往生には上品《じょうぼん》・中品《ちゅうぼん》・下品《げぼん》の三種類があり、それぞれがさらに上生《じょうしょう》・中生《ちゅうしょう》・下生《げしょう》の三種類に細分されて合計九品《くほん》となるのである。

地獄草紙　部分（東京国立博物館蔵）源信の『往生要集』などに記された地獄を描いた絵巻も多く制作された。

浄土教が隆盛へむかうのは平安中期、天台僧源信《げんしん》の『往生要集《おうじょうようしゅう》』が九八五（寛和元）年に完成するころからである。同書は、前半で人生の不浄・苦・無常を示し、その結果おちてゆく地獄のさまを克明かつ深刻に描く。そして後半では極楽浄土へ往生できるための修行、とくに念仏について説明し、それがすべての人に容易な方法であることを強調する。

まず中級貴族やさらに下の階層のなかから念仏を励行する人々がでた。現世の栄華を期待できなければ、死後の世界に期待するのは当然のことかもしれない。『往生要集』とほぼ同じころ、慶滋保胤は『日本往生極楽記《おうじょうごくらくき》』を著して、極楽往生した僧俗の人々の信仰生活をつづっており、すでに浄土教がかなり広まっていたことを知ることができる。

そして、藤原道長が登場し、そのための仏像と建築を造立することになり、浄土教は一挙に仏教芸術の中心テーマとなる。大規模な無量寿院《むりょうじゅいん》（後の法《ほう》成寺《じょうじ》）がその第一弾である。

道長と法成寺

藤原道長（九六六～一〇二七年）は権力と富を集中し、栄華を極めたが、晩年は病の発作に悩まされていた。一〇一九（寛仁三）年には出家して、そのための寺院として無量寿院を発願した。敷地は邸宅の一つであった土御門殿《つちみかどでん》の東側、京極大路《きょうごくおおじ》と鴨川にはさまれた場所である。規模は東西南北各二町、約二四〇メートル四方であった。その西南にまず阿弥陀堂を建立する。完成は翌年の三月であった。

阿弥陀堂は池の西側に東を正面にして配置され、堂内には九体の金色丈六阿弥陀如来像、観音《かんのん》・勢至《せいし》両観音像、彩色四天王《してんのう》像が安置された。建築は正面十一間、奥行四間という大きな規模をもった。九体の丈六仏を中央の仏壇に、柱間一間に一体ずつ安置するので、横に長い形となる。建築内部の装飾には、大きな力がそそがれていた。扉の内側には九品の往生の様が描かれており、さらに犬防《いぬふせぎ》（仏壇の前の低い格子の衝立か）には螺鈿《らでん》が施され、さまざまな玉《ぎょく》が埋め込まれていた。また花机《はなづくえ》など各種の道具は螺鈿・蒔絵《まきえ》などでかざられていた。九体の阿弥陀仏を並べるのは九品の往生に対応すると考えられるが、以前にはなく道長の発案した新しい構成法であったようだ。

これ以後、法成寺（無量寿院は阿弥陀堂の院号となる）には、道長の没する一〇二七（万

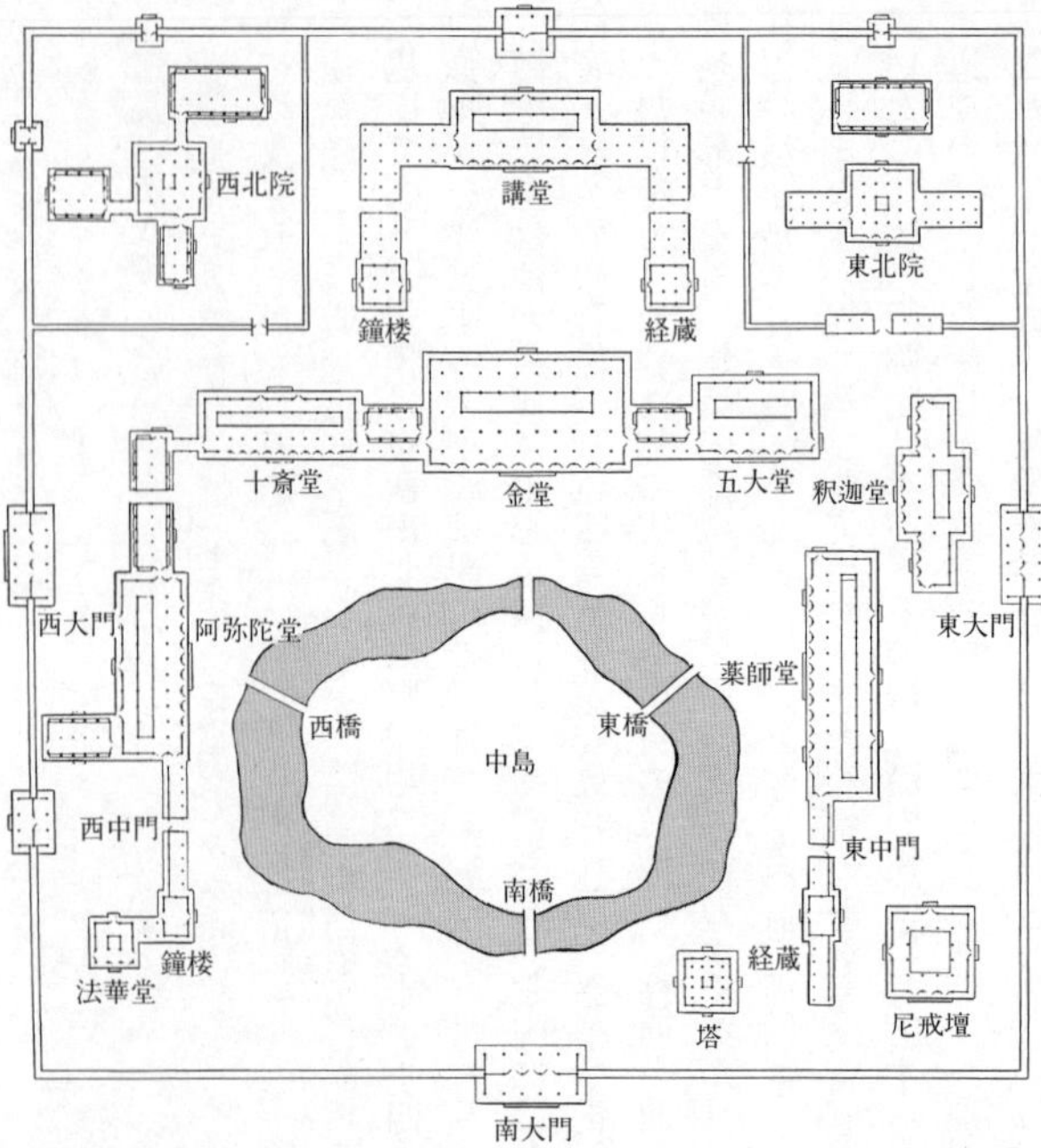

法成寺伽藍復元図（清水擴氏による） 1020（寛仁４）年に阿弥陀堂が供養され、その後金堂以下の多くの建築が次々と建ち、壮大な伽藍を造り上げた。

寿四）年までに鐘楼《しょうろう》、十斎堂《じっさいどう》、三昧堂《さんまいどう》、経蔵《きょうぞう》、西北院《せいほくいん》、金堂《こんどう》、五大堂《ごだいどう》、薬師堂《やくしどう》、尼戒壇《にかいだん》、釈迦堂《しゃかどう》が次々と建てられ、金堂を中心に池を取り囲む、おおむね東西対称の伽藍が出来上がった。金堂には三丈二尺（約九・六メートル）の金色大日《だいにち》如来像を安置したように、密教系の仏教が多く、さまざまな現世利益《げんせりやく》をも大いに期待したことが窺われる。道長はこの年十二月四日、阿弥陀堂内の九体阿弥陀仏の前に床をとり、中尊の手から引かれた五色の組紐をにぎり、多勢の僧侶の唱和する阿弥陀経に包まれながら、息を引き取った。

平等院鳳凰堂

道長が新しく発案した九体阿弥陀堂に対し、その息子頼通《よりみち》は宇治に極楽浄土を現世に造ろうとした。宇治はもともと藤原氏の別荘のあった風光明媚の地である。宇治川の豊かな水を引き込んで池をつくり、その中島のうちに阿弥陀堂を計画したのである。屋根の上に二羽の鳳凰《ほうおう》をのせることから鳳凰堂とよばれるこの建築は、一〇五三（天喜元）年に供養された。当時、極楽浄土を描いた図は中国から多くもたらされていたようだ。そこには、蓮池のなかに浮び上がった宮殿に阿弥陀如来が座り、両脇に翼廊が延びる図柄をみることができる。事実、鳳凰堂の両脇から延びる翼廊には床が高い所に張られていて大変に軽快だが、そこを歩くことはできない。それはこの特殊な建築形式が、外から眺めるためのデザインであることを示している。鳳凰堂の前の池の対岸には小御所《こごしょ》という建築があったこ

平等院鳳凰堂　宇治の別荘を寺院に改めて平等院とし、そこに1053（天喜元）年に鳳凰堂（阿弥陀堂）が建立された。

とが知られている。それは池に浮ぶ鳳凰堂全体を眺望しようという目的のための施設であろう。

鳳凰堂の内部には中央に丈六の金色阿弥陀如来像が安置される。当時の最も優れた仏師定朝《じょうちょう》の代表作の一つである。そして上には金色の天蓋《てんがい》が下がる。堂内の扉、壁には見事なやまと絵が描かれ、柱には諸尊がちりばめられ、さらに上部の壁には木彫雲中《うんちゅう》供養《くよう》菩《ぼ》薩《さつ》、飛天《ひてん》が舞っている。また長押《なげし》や梁《はり》から組物細部にいたるまで、建築部材にも鮮やかな彩色が施されていた。

九体阿弥陀堂

道長が最初に造り上げた九体の阿弥陀如来を一堂内に安置する九体阿弥陀堂は、一〇七七（承暦元）年、白河天皇が法勝寺《ほっしょうじ》にそれを再び建立して以後流行し、平安時代が終るまでに三十余りの例を確認することができる。多くは無量寿院の規模と同じ程度で、時にもっと大きいものもあった。天皇、法皇、女院や受領《ずりょう》層など富を集中した階層が発願したもので、浄土信仰の貴族社会への浸透をみることができると同時に、道長からの強い影響関係を推察することができよう。なおこの九体阿弥陀堂の唯一の現存遺構として、浄瑠《じょうる》璃寺《りじ》阿弥陀堂が知られている。一一〇七（嘉承二）年に建立され、池をはさんで三重塔とむかいあっている。しかしながら、浄瑠璃寺は興福寺《こうふくじ》系の浄土教僧が開いた別所であって、有力な施主がいたわけではない。京の九体阿弥陀堂と比べるならば、装飾性という意味においては、ほとんど比較することはできないであろう。

浄瑠璃寺阿弥陀堂　1107年建立。九体の阿弥陀仏を安置する九体阿弥陀堂の唯一の遺構。池をはさんで東側に三重塔がある（便利堂提供）。

浄土教建築の背景

道長からはじまる阿弥陀堂の系譜は、このように従来の建築とは異なる特異な状況をつくりあげたが、それでは何故これほどまで多くの富をそこに傾けたのだろうか。しばしば、一〇五二（永承七）年をもって仏法が消滅する末法《まっぽう》の時代になったので、ひたすら極楽往生を願ったため、そして当時の貴族社会に相応の富が蓄積されていたため、といわれる。しかしそれだけでは、浄土教以外の仏教建築もそれ以上多く建立されたことを説明できない。道長の法成寺でみたように、建立されたのは阿弥陀堂だけでなく、他の建築にその何倍かの富が投下されていたのである。近年、それを仏教者側の問題意識の表れとしてとらえようとする見解がある。すなわち、「末法の克服＝仏教興隆」は寺院の経済的保護を意味するのである。仏教寺院をつくれば、それを供養し、維持管理する僧侶が必要であり、また多くの財源が必要となる。発願者は建築を造立するのと同時に、寺院に多くの荘園を寄進する。したがって末法思想は寺院の経済危機を乗り切るために意識的に喧伝されたイデオロギーであったのではないか、というのである。貴族社会が平安時代が終ると経済力を失ってしまうのに対し、天台・真言宗の寺院が中世に隆盛を迎えてゆくことを考えれば、極めて示唆に富む指摘といえよう。

六勝寺と鳥羽離宮

院政期の寺院

院政期は、天皇が退位したのちに院として国政に大きな権力をもった時代である。この時期には洛東白河《らくとうしらかわ》の地に法勝寺をはじめとする「勝」という字を含む六つの寺院「六勝《ろくしょう》寺《じ》」が建立され、同時に洛南には広い区域を庭園につくり仏教建築と御所を一体化した鳥《と》羽《ば》離宮《りきゅう》が設けられた。白河にも、同じように仏堂と住宅が共に設けられた御所が少なからず創建されていった。この時期の京における建設量は日本の歴史の内でも有数のものである。これらの造営活動が大きな経済力を前提にするものであったことは言うまでもないが、それを駆り立てた原動力はなんだったのだろうか。前項でもふれたように、それを単純な「信仰」という枠組みだけで理解することはできない。これらの壮大な建築群が天皇、院やその近親者によって発願されたことを考えると、それは復活した強力な王権の超越性を誇示するものであり、さらに王権による仏教の再編成まで意図したものであったのである。この時期に壮大な伽藍で開かれた新しい仏教法会は、それ以前の伝統的な枠組みで継承されていたものを大幅に踏みだし、新しい秩序を与えることになったのである。

六勝寺の伽藍と法会

藤原氏を外戚としない後三条天皇《ごさんじょう》（在位一〇六八～七二年）は親政を行い、新たな政策を進め、一〇七〇（延久二）年に仁和寺《にんなじ》の南傍に円宗寺《えんしゅうじ》を創建した。金堂・講堂・法華堂などが建立されたのち、翌年にはさらに常行堂《じょうぎょうどう》と灌頂堂が供養された。残された指図によれば、金堂の前庭を取り囲む回廊があったことが確認されるので、奈良時代以来の復古的な伽藍形式を下敷とし、それに灌頂堂・法華堂・常行堂など平安新仏教の建築が付加されたものであったことがわかる。円宗寺に引き続いて洛東白河の地に六勝寺が次々と創建される。まず発願者と寺院を列挙しておこう。

法勝寺	白河天皇	一〇七七（承暦元）年供養
尊勝寺《そんしょう》	堀河天皇	一一〇二（康和四）年供養
最勝寺《さいしょう》	鳥羽天皇	一一一八（元永元）年供養
円勝寺《えんしょう》	待賢門院《たいけんもんいん》	一一二八（大治三）年供養
成勝寺《じょうしょう》	崇徳《すとく》天皇	一一三九（保延五）年供養
延勝寺《えんしょう》	近衛《このえ》天皇	一一四六（久安二）年供養

これらのうち、実際には法勝寺から円勝寺までの四寺は白河院、成勝寺・延勝寺の二寺

は鳥羽院の発意であったという（竹内理三『律令制と貴族政権』Ⅱ）。

白河院の発願による法勝寺は六勝寺のうちでも最も大きく、しかも奇抜であって、院の権力を象徴するに充分であった。敷地の規模は東西二町、南北は二町を越える。中央に七間四面裳階《もこし》付きの金堂があって、その両脇から二階の廊が延び、中途で南に折れ曲り、その先に鐘楼《しょうろう》・経楼《きょうろう》があった。南には池があり、中島には八角九重塔が建っていた。高さは二十七丈（約八一メートル）と伝える。そして池の西には九体《くたい》の阿弥陀仏を安置する九体阿弥陀堂があった。金堂の北側には講堂・薬師堂・五大堂・北斗堂《ほくとどう》・愛染堂《あいぜんどう》・法華堂などがあり、東側の池が延びたところに常行堂と寝殿が回廊に囲まれて一画をつくっていた。金堂の本尊は三丈二尺（約九・六メートル）の巨大

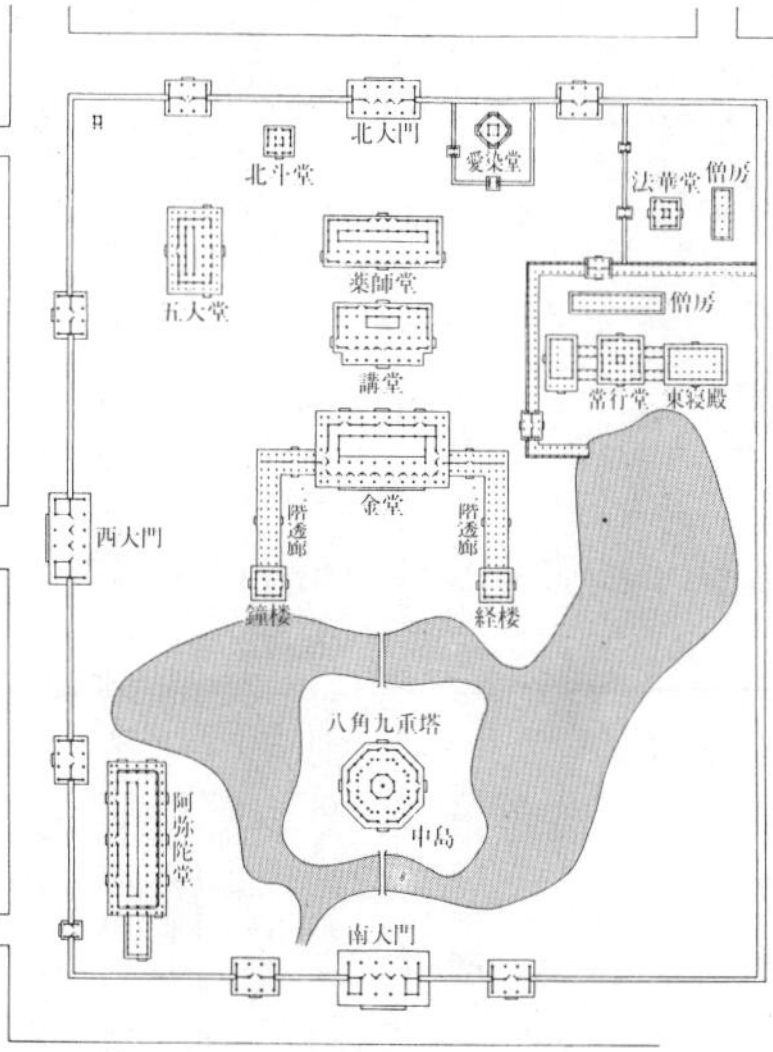

法勝寺伽藍復元図（清水擴氏による）　四町を越える広い敷地の中に金堂を中心に様々な建築がちりばめられ、南庭の池の中島に八角九重塔、西汀には九体阿弥陀堂があった。

な胎蔵界大日如来であり、九重塔には金剛界の五智《ごち》如来が安置されていた。

尊勝寺は南北、東西ともに二町の規模で、法勝寺よりひとまわり小さい。回廊で前庭を取り囲んだ金堂を中心に東西の塔があり、さらに講堂・阿弥陀堂・薬師堂・灌頂堂・五大堂・法華堂などがあった。池はなく、全体構成は奈良時代のものに非常に近い。以下の四寺院は一町もしくは二町の規模であり、池はなく法勝寺を縮小、省略した形式をもった。

これらの寺院では様々な法会《ほうえ》が創設された。円宗寺では法華会《ほっけえ》、最勝会《さいしょうえ》が設けられ、さらに法勝寺の大乗会《だいじょうえ》とあわせて北京三会と呼ばれ、それに参加することが僧侶の昇進の条件とされた。従来、南都三会（興福寺維摩会《ゆいまえ》・宮中御斎会《ごさいえ》・薬師寺最勝会）がその役割を果していたのだが、それに対して新しく加わった制度である。また円宗寺の灌頂堂では後三条の発願で結縁灌頂《けちえんかんじょう》が行われたが、尊勝寺・最勝寺にもそれぞれ灌頂堂が創設され、そこでの結縁灌頂で小阿闍梨《しょうあじゃり》を勤めることが僧侶の昇進の条件とされたのである。

鳥羽離宮

鳥羽の地は、京の南方、朱雀大路の真南に

推定法勝寺金堂図（鷹司本『年中行事絵巻』より、宮内庁書陵部蔵）
正面十一間の裳階を持つ建築で、華やかな法会が開催されている。両脇には回廊が取りつけられている。福山敏男氏によって法勝寺金堂で開催された大乗会を描いたものと推定された。

あたり、北側から流れてきた鴨川と桂川《かつら》の合流点に近い。風光明媚の地であって、古くから宮廷人は狩猟や遊楽に赴くことがあった。

十一世紀には藤原季綱《すえつな》が山荘をつくっていたが、季綱はこの地を白河天皇に献上し、一〇八六（応徳三）年から離宮の造営が始まった。全体の敷地は百八十町（一町は約一二〇メートル四方）にもおよぶ。ここに池を掘り山を築き、幾つもの御所と御堂が次々と設けられていった。池は南北八町、東西六町という広大なもので、深さは八尺余り、蒼海《そうかい》を模して島を造り、蓬萊山《ほうらいさん》を写して巌《いわお》を畳み、水面は渺々《びょうびょう》として霞むようであった、という。

白河院はまず南殿御所を造り、翌一〇八七（寛治元）年御幸があった。引き続いて北殿御所、馬場、馬場殿御所、泉殿御所（後に改造され東殿御所となる）が造営された。そし

鳥羽離宮東殿の釣殿（『融通念仏縁起』より、シカゴ美術館蔵）　白河院によってつくられた鳥羽離宮東殿を描く。寝殿造風の建築と庭の関係をよく見ることができる。

て自らの墓所として東殿御所の近傍に三重塔を建て、さらに多宝塔二基も追加された。引き続いて御所の近くに仏堂が計画され、南殿御所には証金剛院《しょうこんごういん》（一一〇一）、北殿御所には勝光明《しょうこうみょう》院（一一三六）、東殿御所には成《じょう》菩提《ぼだい》院（一一三二）が完成した。多くは阿弥陀如来を安置する浄土教系の仏堂である。白河院没（一一二九）後に鳥羽離宮を引き継いだ鳥羽院は、自らの墓所として安楽寿《あんらくじゅ》院を東殿御所に設け（一一三七）、さらに新たに田中殿御所を計画し、そこには金剛心《こんごうしん》院を建てた（一一五四）。九間四面の九体阿弥陀堂、三間四面の釈迦堂という二棟の仏堂と、住宅としての寝殿がつくられた。

　多くが院の御所と阿弥陀如来を安置する仏堂の組合せであり、平安時代の住宅建築である寝殿造の手法を引用しつつ、仏教的色彩をかさねていったものと判断できる。いずれの仏堂も華やかな荘厳がほどこされていた。

白河の御堂と法住寺殿

鳥羽離宮ほど大規模ではないが、同じような構成の建築群は、白河の六勝寺付近と、左京七条の辺りにも多く創建された。

白河院は法勝寺での法会におもむくとき、大僧正覚円《かくえん》の坊舎《ぼうしゃ》を臨時の御所としていたが、やがてそこを譲り受け御所を造営する。一〇九五（嘉保二）年には泉殿（後の南殿御所）が完成した。そして大きな池をはさんで、九体阿弥陀堂（後の蓮華蔵院《れんげぞういん》）が造営された。以後白河の地には、鳥羽院が蓮華蔵院に三重塔をくわえ、宝荘厳院《ほうしょうごんいん》（九体阿弥陀堂）、得長寿院《とくちょうじゅいん》（千一体観音堂、三十三間の規模）、美福門院《びふくもんいん》得子が歓喜光院《かんきこういん》、金剛勝院《こんごうしょういん》を、高《か》陽《や》院《いん》泰子が福勝院《ふくしょういん》（九体阿弥陀堂、三重塔など）を発願した。

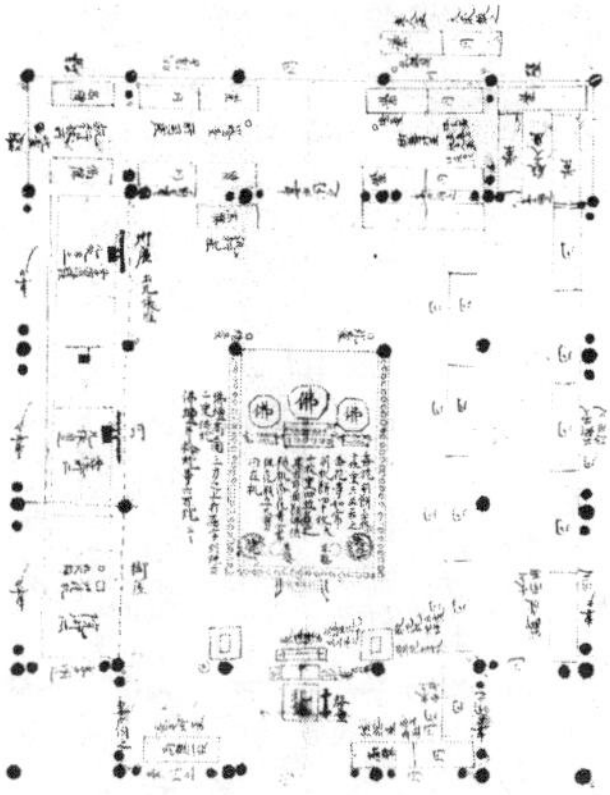

最勝光院修二月の指図（称名寺蔵・神奈川県立金沢文庫保管）　後白河法皇の皇后建春門院の御願で、1173年（承安3）年の建立。三間×三間の内陣に一間幅の庇が巡らされている。図は修二月の法会の指図だが、院・女院の参詣所が脇の庇にあることが興味深い。

十二世紀後期になると、後白河院は右京七条から八条にかけての法住寺《ほうじゅうじ》の跡地に院政の拠点となる法住寺殿をつくり、その周囲に同様に多くの仏教建築を設けた。一一六四（長寛二）年に建立された蓮華王院《れんげおういん》は千一体の観音像を安置し、三十三間堂として特に有名である。現在の建築は一二四九（建長元）年焼失後、一二六六（文永三）年再建のものであるが、大概旧形式を守って再建されている。また一一七三（承安三）年には建春門院《けんしゅんもんいん》滋子の発願で最勝光院《さいしょうこういん》が建立された。最勝光院は「土木之壮麗荘厳之花美、天下第一之仏閣」と伝えられ、当時の粋を集めたものであったらしい。

院の御所とその周辺に建立された多くの仏教建築は、九体阿弥陀堂、千一体観音堂、各種の塔などである。院政期は多数の大規模な建築が集中的に造営された数少ない特殊な時期といえよう。多くの建築を院近臣が請負って建立し、その恩賞として官位が与えられた（これを成功《じょうごう》という）。受領層が地方から集積した富をもってそれに応えたのであり、まさにこの時代でなければできない、特異な建築群であったということができようか。

平泉の建築と遺跡

地方の建築

いままで平安期の京都を中心に建築の概況を紹介してきたが、今回は地方の状況をすこしばかり検討してみることにしよう。京都の場合と同様に建築遺構の残存状況があまりよくないのは確かである。だから文献を使って実態をさぐりたいところだが、それすら恵まれている地方はほとんどないのである。いったい地方には豊かな建築文化が育っていたのであろうか。地方で遺構が少ないということは、中心都市であった京都が後世の戦乱や災害で建築を失ったのとは事情を異にするだろう。

当時、地方にどの程度の建築技術がありえたのだろうか。すでに奈良時代には全国に国分寺・国分尼寺が計画され、かなりの数が実現されたことが発掘調査などで確認されている。そこには金堂、七重塔などの諸建築が相当に高級な技術でもって建立されたのである。しかしその技術が地方に根づき、それ以後の建築を造り上げる原動力になったのかどうか、それは疑問としか言いようがない。地方の有力な階層がどのような消長を経て古代から中

富貴寺大堂外観　天台系の山岳道場として栄えた国東半島にある。平安末期の建立。一間四面堂を前面に一間だけのばし礼拝部を大きくしている。阿弥陀如来を本尊とし内部壁に諸尊を描く。

世へと進んだのか、さまざまな経緯があったであろうが、かつての高度な技術はいったん断絶したと考えた方がよさそうである。

　平安末期になって登場する幾つかの遺構や遺跡――白水《しらみず》の庭園と阿弥陀堂（福島県）・三仏寺投入堂《さんぶつじなげいれどう》（鳥取県）・富貴寺大堂《ふきじおおどう》（大分県）など――は平安後期から富と力を身につけた階層が、中央からの強い影響の下で造営したものと考えられる。その代表的な例として岩手県平泉《ひらいずみ》の建築と遺跡がある。

平泉の遺跡

　平泉が奥州藤原氏三代によって築かれた東北の都であったことはよく知られている。前《ぜん》九年《くねん》の役《えき》（一〇五一～六二年）、後三年《ごさんねん》の役（一〇八三～八七年）の後に奥六郡《おくろくぐん》を実質的に勢力下に収めた藤原清衡《きよひら》は十一世紀末に江刺《えさし》郡豊田《とよだ》から北上川の西岸、平泉の地に居館を移した。これ以後百数十年の間、平泉は奥州の中心地として豊かな文化の栄えるところとなり、庭園をもつ多くの寺院、そしてそれを取り囲むようにして藤原氏一族の居館が数多く建立された。

『吾妻鏡《あづまかがみ》』文治五（一一八九）年九月十七日条に収められた「寺塔已下注文」に従ってその概要を探ってみよう。清衡はまず白河関《しらかわのせき》（福島県）から外《そと》ケ浜《はま》（青森県）まで街道筋の一町ごとに、金色の阿弥陀如来を表に描いた笠卒塔婆《かさそとうば》を立てた。そして平泉の関山《かんざん》の中心に塔を一基設け、次に多宝寺《たほうじ》を建立した。その建築には釈迦・多宝の両像を左右に分けて安置し、その間を通路としたという。その他、釈迦堂には百余体の釈迦像を安置し、両界堂《りょうかいどう》には両界の曼荼羅諸仏を彫刻で造り、さらに高さ五丈（約一五メートル）の二階大堂《にかいおおどう》（大長寿院《だいちょうじゅいん》）、金色堂《こんじきどう》、宋版一切経《そうはんいっさいきょう》を収める経蔵など、多くの建築を関山山中に設けたという。清衡の後をついだ基衡《もとひら》は中尊寺《ちゅうそんじ》の南方に毛越寺《もうつうじ》を創建しそこに金堂（円隆寺《えんりゅうじ》と号す）、講堂、回廊などを造り、同時にその前方を大きな池をもつ庭園とした。基衡没後は秀衡《ひでひら》にひきつがれ、円隆寺の西側に少し小さな嘉勝寺《かしょうじ》（後に嘉祥寺とする）が完成した。このほかにも、基衡の妻による観自在王院《かんじざいおういん》、秀衡の無量光院などがあった。

これらの寺院群に加え、秀衡の居館平泉館が無量光院の北にあり、嫡子国衡《くにひら》・四男隆衡《たかひら》の家が軒を連ね、さらに三男忠衡《ただひら》の家が泉屋《いずみや》の東にあった。秀衡は「常居所《つねのきょしょ》」

毛越寺庭園　大きな池を前に翼廊つきの金堂が建立された。中門から金堂前まで、中島を経由して橋がかけられていた。

として無量光院東門の外に加羅御所《からのごしょ》を構えた。後には泰衡《やすひら》が相続し居所とした。観自在王院の南には東西数十町（一町は一二〇メートル）に倉町がならび、数十宇の高屋《たかや》があった。また同院の西側、毛越寺をはさみ道路に面して数十宇の車宿が置かれていた。

文献に示されたこのような建築のほとんどは火災などで退転し、地上には中尊寺金色堂や毛越寺庭園などわずかな痕跡しかのこされていなかった。これらが一気に脚光を浴びることになったのは、昭和二十（一九四五）年代から三十年代にかけての発掘調査である。一九五二（昭和二十七）年の無量光院の調査では、中央の阿弥陀堂から両翼にひろがる廊建築、そして前方の池が検出され、伝承どおり平等院鳳凰堂を模したものであることが確認された。引き続いて行われた毛越寺・観自在王院の調査ではそれぞれの多くの建築群の様子が明らかにされていった。

最近では一九八八年から行われた北上川西岸の柳之御所《やなぎのごしょ》跡の発掘で大きな成果があった。ここから堀・塀・溝に囲まれた広大な居館の跡が発見されたのである。同時に、大量の土器（かわらけ）、国産、中国産の陶磁器、木製生活用具、金属製品、さらに建築の絵、絹の目録、衣装の注文などの墨書のある折敷《おしき》などが出土した。この地は秀衡の常居所である加羅御所の伝承地と無量光院などに隣接しており、秀衡の居館平泉館、そして国衡、隆衡の宅に比定されつつある。この新たな発見は平泉全体の都市構造を解明するに大きな刺激を与え、活発な議論を引き起している。全貌の解明には他の要所の発掘などまだ時間が

中尊寺金色堂内部（「修理工事報告書」より）　中央部分の柱、仏壇に螺鈿、蒔絵など粋をつくした工芸技術でもって装飾が施された。

中尊寺金色堂全景（「修理工事報告書」より）　1962～68年の解体修理で当初の姿が復元され、空気調節の完備された鉄筋コンクリート造覆屋に収められた。

かかるが、一つの発掘が歴史研究に大きな衝撃をあたえた事例として、長く記憶に留められるであろう。

中尊寺金色堂

中尊寺は清衡の発願にかかり、平泉で最初に計画された寺院であるが実はその全体像が明らかでない。前に紹介した『吾妻鏡』でしかその初期の様子はわからないが、寺院が山中にあって、建築は点在しており、戦後になって継続的に行われた発掘調査でも、ところどころに建築跡が発見されはするものの、まとまった全体像を明らかにするには至っていない。多くの美術工芸品と金色堂など幾つかの建築だけが、かつての繁栄を知るわずかな手懸りである。

金色堂は、金箔を建築部材の全面に貼り付けるなど過度の装飾を持つ、仏壇内部に藤原氏三代の遺体を安置するという二つの意味で、極めて特徴的な性格を持つ特異な建築である。棟木《むなぎ》に記された墨書銘により一一二四（天治元）年、清衡によって建立されたことが確かである。平面は平安中期以降、小規模な仏堂にしばしば用いられた一間四面（方一間の中心部の周囲に庇が巡る形式）である。屋根は宝形《ほうぎょう》であって、木材をもって瓦の形につくる木瓦葺《こがわらぶき》、組物《くみもの》は簡単な三斗組《みつどぐみ》で、各柱間には蟇股《かえるまた》をおいている。内部では柱、仏壇などに螺鈿・蒔絵などの技法で多彩な装飾がほどこされ、特に中央四本の柱には月輪のなかに四十八体の諸尊が描かれており、工芸的な建築の極致を見る思いがする。中央の方一間の仏壇内部には清衡の棺を収め、さらに左右それぞれの後方に仏壇があって内部にはやはり棺が収められており、基衡と秀衡のものと推定されている。

本尊は阿弥陀如来座像だが、このように阿弥陀堂内部に遺体が安置された例は他になく、葬送儀礼上特異な方式として位置づけられている。

毛越寺と観自在王院

前述の発掘調査で最も大きな成果があったのは、毛越寺と観自在王院である。『吾妻鏡』によれば基衡の建立した円隆寺には金堂・講堂・常行堂・二階総門・鐘楼・経蔵などがあった。本仏は丈六薬師如来像であり、十二神将がそれを取り囲んでいた。京の「仏師雲慶《うんけい》」に制作を依頼し、金百両や山海珍物などの多くの禄物を授けたという。また円隆寺につづく嘉勝寺も基衡の発願であったが、造営半ばにして基衡が没したため、秀衡が引き継いで完成した。

発掘調査によれば、毛越寺の大泉池の正面にある建築跡から東西へ延び、さらに南に折れる回廊が検出され、これが翼廊をもつ寺院跡であることが明らかとなり、円隆寺に比定された。そしてその西側からももう少し小規模だが、やはり翼廊をもつ建築跡が発掘されて、それが嘉勝寺跡と判断された。このような形式は京都の法勝寺に先例をみることができ、それを真似たことと推定される。池の周辺地区も継続的に調査が進められており、一九八四（昭和五十九）年に円隆寺金堂の東側、常行堂との間から遣水《やりみず》が発見されたのは記憶に新しい。また池の汀から遣水のひかれた地域一帯は拳《こぶし》大の白石が敷かれており、いままで白砂と推定されていた庭園の仕上と随分異なっていたことが明らかになった。観自在王院は発掘調査で阿弥陀堂とその南側の大きな池が明らかになった。京都では遺跡の後世の破壊が大きいのに対し、いずれの遺跡でもほぼ完

毛越寺庭園の遣水　1984年の発掘調査で発見された。淀みや瀬を巧みに組み合わせ、汀の各所に石組がおかれている。滝口も面白い。

全な形が地中に埋れていたのであり、平安期の寺院・庭園遺跡として稀有な価値をもつのはいうまでもない。

平泉の遺跡は京都を中心とした文化を積極的に摂取したものであることが、実際の調査からもうらづけられたのだが、奥州藤原氏は豊かな富の蓄積を背景にそれを強力に推し進めたのである。同時期の国内では他にこのような地域はないが、地方の有力な階層が持っていた中央文化への接し方の典型例の一つとして考えることができるように思う。

第二章　中世

東大寺の炎上と再興

中世の開幕

西暦一一八〇（治承四）年十二月二十六日、京を発った平重衡《しげひら》率いる数百騎は、迎え討つ興福寺大衆《だいしゅ》を木津《きづ》川に破り南都へと進んだ。二十八日、南都へ攻め入った平家の軍勢は、東大寺、興福寺に火を放った。反平家の勢力についた南都諸寺に壊滅的打撃をあたえるためである。そして奈良時代の創建以来、壮大な伽藍を誇った両寺院は一日のうちに焼き尽くされてしまったのである。

平家による南都焼討は、南都の仏教勢力にとって大きな打撃であった。しかし、間髪を入れずに開始された再建事業は、中世の建築の第一歩として大きな意味をもった。特に東大寺の再興において、中国系の新しい様式・技術――大仏様《だいぶつよう》（天竺《てんじく》様）――が用いられることになり、禅宗《ぜんしゅう》の請来にともなう禅宗様（唐《から》様）とともに、以後の日本の建築に大きな影響を及ぼすことになるのである。

俊乗坊重源の登場

東大寺の再興には克服すべき大きな課題があった。まず巨大な大仏を再興し、それを覆う大仏殿を造らねばならない。技術上の困難さに加えて、東大寺の経済もそれを達成するには程遠い状態であった。

そこに俊乗坊重源《しゅんじょうぼうちょうげん》が登場する。重源は東大寺炎上の翌一一八一（養和元）年八月に再建のための勧進《かんじん》の宣旨を賜ると、さっそくそのために一輪車を六両つくり、浄財を求めて七道諸国を巡ったという。勧進とは、造営の財源を得るために、特定の檀越《だんおつ》だけでなく広く一般に喜捨《きしゃ》を集めることである。その結果、再興された大仏には勧進に応じたすべての人々との縁が結ばれたのであり、誰もがその大事業に参加したことになるのである。勧進はこれ以後中世の一般的な財源の調達方法となってゆく。

重源はこの時すでに六十一歳、相当の高齢に達していた。重源が歴史の表舞台に登場するのはこの年からである。以前には醍醐寺《だいごじ》に止住していたことなどわずかな足跡しか明らかでない。しかし浄土教を信ずる僧侶として、同行の多くの僧侶・俗人に囲まれていたことと想像される。そのような組織を前提としなければ、このような大事業に取り組むことはとうていできなかったはずである。もう一つ、技術的な問題をあげておこう。重源はみずから中国宋に渡ること三度という。その真偽はさておくとして、中国宋の技術に精通していたことも確かである。そして、これ以後の超人的な活躍を知れば知るほど驚嘆するのみである。

大仏殿再建と大仏様

東大寺の再興はまず大仏を鋳直すことから始まった。さっそく頭部の螺髪《らほつ》から鋳造が始められたが、重源は日本の技術の限界を感じていたのであろう。西暦一一八三（寿永二）年、宋から来ていた中国人の鋳物師陳和卿《ちんなけい》らの一行九人を大仏再鋳のために登用した。大きく破損した大仏の修繕は順調に進み、まず右手そして頭部から始め、翌年にほぼ完成した。供養は一一八五（文治元）年八月二十八日に執り行われた。来臨した後白河法皇はみずから一尺余りの筆をとり大仏を開眼せしめた。

大仏殿は大仏再鋳の作業が完了するのをまたずに準備が始められたが、一一八六（文治二）年に周防国《すおう》が東大寺造営料に宛てられ、重源が国務を管理することになり、困難な巨木の入手がかなうこととなった。重源は工匠を率いて周防国へ行き、自ら杣《そま》へ入った。一一九〇（建久元）年に大仏殿は上棟し、造作などの工事の完成を待って供養が行われたのは、さらに五年後の一一九五（建久六）年三月十二日であった。

大仏殿の技術的課題は巨大な建築をいかに強固に、しかも能率よく造るかということであった。まず第一に全体の構造を強固にすること、そして伝統的建築技術（和様《わよう》）の大きな欠陥である軒先の下がることをいかに防ぐか、そこに大きな努力が払われた。柱を屋根の直下まで延ばし、柱と柱はそれぞれそれを貫通する貫《ぬき》で連結する。柱を抜かねばならない建築の中央部は従来どおり虹梁《こうりょう》を渡すが、それは断面円形の太い大きなものを重ねる。組物《くみもの》は柱に挿し込んだ肘木《ひじき》を何重にも重ね、深い軒を支える。また隅の垂木《たるき》は内部から扇状に配する。部材の細部には雲形《くもがた》など装飾彫刻をほどこす。これらがおおまかなその特徴である。また貫や肘木に同じ大きさの断面の材料を用いて、大量の部材の木取り作業を能率化したことも大きな特質である。

このような特徴は、当時の宋の福建付近の技術に似通っていることが指摘されており、重源が積極的に中国の技術を取り入れようとしたことがうかがわれる。鎌倉再建大仏殿は室町時代末に焼失して現存しないが、重源の関係した東大寺南大門《なんだいもん》・僧正堂《そうじょうどう》・法華堂《ほっけどう》礼堂《らいどう》(以上東大寺内)、浄土寺《じょうどじ》浄土堂などに同じ特徴をみることができる。しかしながら、それぞれの建築によって技術の取り入れ方がさまざまであり、建築全体の形式の規範となるような考え方があったとは考えにくい。

東大寺南大門

南大門は一一九九(正治元)年に上棟されたが、巨大な建築であって大仏殿に用いられた技術を髣髴《ほうふつ》させる。形式は二重門であるが太い柱が上層の屋根の下まで延びており、下

東大寺南大門　1199（正治元）年上棟。奈良時代創建時の規模を踏襲する。巨大な大仏様建築の唯一の遺構。

東大寺南大門・内部の貫と肘木　挿肘木が内部に引き込まれて貫となり、縦横に組まれている。

東大寺南大門・組物　柱に挿し込まれた肘木が七重に重ねられて、深い軒を支える。組物と組物は通肘木で繫ぎ、横ぶれをふせぐ。

層の屋根は側面に取り付けただけのものである。貫は柱と柱を縦横に連結しており、下から見上げると壮観である。最近の調査では、柱の上部の二重虹梁に比べるとそれ以下の組物等の仕事の精度がかなり低いことが明らかにされている。精度の要求される部分と必ずしもそうでない部分とを分けて、作業の能率化を図ったのではないかと想像される。

浄土寺浄土堂

浄土寺は東大寺の荘園播磨《はりま》国大部《おおべ》荘（現兵庫県小野市）にある。重源は東大寺再建のために、高野山《こうやさん》、伊賀、周防など各地に別所を設け、そこに浄土教の同行僧《どうぎょうそう》（同朋衆《どうぼうしゅう》）を集めてさまざまな宗教・経済活動の拠点としたが、その一つが大部荘の中にある浄土寺であった。

浄土寺浄土堂は、近年本尊阿弥陀如来の胎内の墨書から建久六（一一九五）年の年号が発見され、この頃の建立であることが再確認された。

建築の平面は一間四面であって、平安時代の小規模仏堂に多く用いられた形式だが、一間の寸法が二十尺と大きく、しかも堂内は全体を一つの空間としていて、むしろ方三間といったほうがふさわしい。この中央の一間四方に立像の阿弥陀三尊を安置する。屋根は大きな宝形である。前述したような大仏様の特徴をもつが、ここで注目されるのは、中央の四本の柱に断面が円形の太い虹梁が三重に重ねて渡されていることである。そして内部の

浄土寺浄土堂　1195（建久6）年頃の建立。直線的な屋根、軒、扉（桟唐戸）、組物に、和様とは全く異なった手法をみる。

浄土寺浄土堂内部　三重に重ねられた梁、梁を支える持送りが、見事なデザインとなっている。

空間は中央の阿弥陀如来へと求心的な構成をとるのである。

広々とした空間に入ると、重源を取りまく多くの同行僧たちがここに集い、阿弥陀仏に向かって念じた姿が髣髴される。内部空間を造り上げる建築構造が、同時に優れた空間デザインとなっている稀な例である。

大仏様以後

東大寺の再興に用いられた大仏様の技術は、東大寺の再建事業が終了に近づき、重源が没すると急速に衰えていった。重源の周辺にいた技術者たちが、居場所を失って離散したためと考えられている。以後このようなダイナミックな空間構成は二度と見ることが出来ない。しかし、構造材としての貫、細部の雲形の彫刻などは、中世の奈良の建築を中心に、伝統的な和様建築に取り入れられていった。そしてこれが新しい刺激となって、鎌倉時代中期以降の和様建築のさまざまな新しい展開——新和様・折衷様《せっちゅうよう》——を誘発するのである。それは大仏様の技術を充分に咀嚼《そしゃく》した次の世代の工匠たちにゆだねられたのである。

中世都市・鎌倉

鎌倉の登場

西暦一一八〇（治承四）年平家追討の令旨《りょうじ》を受けた源頼朝《よりとも》は、石橋山《いしばしやま》で平家被官の大庭《おおば》景親《かげちか》らの軍勢に敗走したが、安房《あわ》に逃れたのち近国の武士に参集を呼びかけ、結集した軍勢約三万を従えて鎌倉に入った。このようにして鎌倉は歴史の表舞台に登場した。これから鎌倉の地は鎌倉時代を通じて政治都市として発展を遂げることになる。そして一三三三（元弘三）年の幕府滅亡後も、室町幕府の東国支配のための拠点鎌倉府となって、捨て去られる十五世紀半ばまで、多くの武士とそれを支えた人々の生活の場となったのである。

そもそも鎌倉は清和《せいわ》天皇の流れを受けた源氏にゆかりの深い土地であった。頼朝から六代さかのぼる頼義《よりよし》は一〇六三（康平六）年鎌倉の由比《ゆい》に石清水八幡宮《いわしみずはちまんぐう》を勧請《かんじょう》し、また頼朝の父義朝《よしとも》は一一四五（天養二）年ごろ、鎌倉の楯（館）に住んでいたと伝えられる。源氏の守護神となった八幡宮を勧請したことからも窺えるように、鎌倉は彼らの軍事的な拠点として重要な場所であったようだ。標高は高くはないが周囲を山の稜に囲まれ、その内側

鎌倉全景　周囲の山、鶴岡八幡宮から南へ延びる若宮大路、それを中心に広がる街の様子がよく判る（水産航空提供）。

に平坦な土地が広がるという地形は天然の要害というべき立地条件に恵まれていた。ここが新しい東国の政治の地として選ばれたのは、当然のことであったのかもしれない。

鎌倉は十五世紀半ば以降さびれた寒村と化したために、中世都市の痕跡は地中に埋れ、ほとんど判らなくなっていた。しかも近代になってからは東京近郊の別荘地あるいは住宅地としての開発が進み、さらにその状況を探ることは難しくなっている。戦後、周辺の寺院跡から開始された発掘調査は、近年には市街地でも徐々に進められるようになった。既に開発された地区なので断片的調査にならざるをえないが、御成《おなり》小学校校庭から武士住宅の跡が検出された今小路西遺跡《いまこうじにし》など画期的な発見も少なくない。

都市の状況

頼朝は鎌倉に入ると、都市を造るべき事業を即刻開始した。まず自らの邸宅の地を大倉《おおくら》郷に決め、次に頼義が由比に勧請していた八幡宮を小林郷の北の山麓に移した。これが現在の鶴岡八幡宮の地である。一一八〇（治承四）年末には邸宅が完成し、移徙《いし》の儀式が行われ、御家人となった武士三一一人が列席した。これらの武士たちはそれぞれが鎌倉に宿館を設けたという。

鶴岡八幡宮模型　源氏の守護神を祀る。建築群の大概の様子は天正年間の再興計画を示した「目論見絵図」に従っている（鶴岡八幡宮蔵）。

都市としての整備は、鶴岡八幡宮を起点とし海に向かって直線に引かれた若宮大路《わかみやおおじ》を造ることから始められた。京都の場合と同様に丈尺を使用して土地の区画を整備するようになったのは、一二二五（嘉禄元）年、北条泰時《やすとき》が若宮大路などを巡検して丈尺を打たせてからという。おそらくこれ以後整備された地割をもとにして、続々と新しい住宅や施設が設けられていったのであろう。地割の具体的な状況は大三輪龍彦《おおみわたつひこ》氏によって推定されている。まず若宮大路を基準に碁盤目状に道路が縦横に引かれ、大きな区画が構成された。都市域全体では南北三百丈（一丈を一割増しとして約一キロメートル）、東西百七十五丈（若宮大路の西側に百丈、東側に七十五丈）の範囲であり、それが二十三個の五十丈四方の正方形区画に分割されていた。

また鎌倉の都市制度に、戸主《へぬし》制があり一戸主は五丈×十丈（約百四十坪）の大きさで、一区画はちょうど五十戸主に分けることができ都合がいいという。このような方法は京都で実施された都市の構成方法を引用したものである。一戸主の大きさは京都では庶民住宅の最小の単位であるが、鎌倉では一般武士の住宅がその大きさであるので、随分小さな面積しか供給されなかったのである。例外的に大きいのは将軍の邸宅、幕府の政治施設だけであった。鎌倉末の例では北条氏嫡流の有力者でも八戸主であった。もっとも、武士の都といっても武士だけで都市が成立するわけではない。商人やさまざまな職人が都市生活者の生活を支えていた。また労働力を提供する下層のひとびとも少なくなかったであろう。石井進氏の推定によれば、最盛期には寺院を除いて七万〜一〇万人が住んでいたようだ。相当に高い人口密度であり、都市としての活況を思い浮べることができよう。

一方、市街地の周辺から山麓にかけて多くの寺院、神社が創建された。鶴岡八幡宮が都の北端に置かれ都市計画の基準となったのは前述の通りだが、八幡宮には神職と同時に別《べっ》当《とう》・供僧《ぐそう》を置き、当初から強い神仏習合的性格を持った。戦勝祈願などの神事・仏事が開かれ、また舞楽などが京都から移され、各種の饗宴の場ともなった。一一九一（建久二）

年焼失後の再建で、本殿は奥の一段高い場所に移され、現状に近い構成となった。

大寺院では、頼朝はまず亡父義朝のために一一八四（元暦元）年に勝長寿院《しょうちょうじゅいん》を建て、更に続いた合戦の死者の供養のために永福寺《ようふくじ》を設けた。平泉の文化の華麗さに心を惹かれ、中尊寺大長寿院《だいちょうじゅいん》の二階大堂《にかいおおどう》を模したという。近年の発掘では三棟の仏堂が廊で連なり、前方に苑池の広がる遺跡が確認され、注目を集めた。禅宗では寿福寺《じゅふくじ》・建長寺《けんちょうじ》以下の大規模な五山寺院が、谷間をけずって造られ、また日蓮・一遍らの鎌倉新仏教の祖師らは布教の場を求めて訪れている。幕府と関係の深い真言律宗は極楽寺《ごくらくじ》を構え、さまざまな経済活動に参与していた。

都市の住宅地――遺跡からの発見など

㈠　将軍邸

頼朝が最初に建立した大倉御所などは、おおむね正方形の敷地を占め、南側に池をもち、建築では寝殿・対屋《たいのや》を中心に、西釣殿《つりどの》・東侍所《さむらいどころ》・西侍所・大御所・小御所・御仏堂が配置され、さらに馬場が設けられていた。京都の貴族邸宅であった寝殿造に比べれば、対屋が省略される一方で「御所」と呼ばれる建築が幾つか建てられていて、新しい傾向を見ることができる。しかし大概は貴族や院の邸宅からの形式を借用し、侍所のような施設を大きくするといった部分的な改変に限られたようだ。鎌倉時代初期から武士たちが新しい

一遍上人絵伝　1282（弘安5）年一遍の一行が鎌倉に入ろうとして追い返される場面。町家と庶民住居を知る数少ない史料である（清浄光寺・歓喜光寺蔵）。

建築文化を創造する力があったとは考えにくいから、当然のことであろう。

御成小学校校庭の発掘現場　二軒の大規模な武士住宅、周辺の庶民住居が発見された。

㈡　武士住宅

前述のように現在の鎌倉の中心地は商店や住宅が密集していて武士住宅の様子はほとんど知ることができないが、一九八四（昭和五十九）年から翌年にかけて行われた御成小学校校庭の発掘は鎌倉時代末期の大規模な武士住宅地を二つ含んでおり、大きな成果をあげた。北側の地区からは大小一〇棟の建築跡が検出され、そのうち七棟が礎石をもち、二棟が掘立柱であった。そして特筆されるのは溝や井戸のなかから中国元より輸入されたと目される最高級の青磁が幾つも発見されたことである。しかも全体に生活の痕跡が乏しいことから、通常の武士住宅ではなく権力の中枢にあった北条得宗家《とくそうけ》に関係する人物の家か、または得宗家の別荘という可能性が指摘されている。南側の敷地は東西・南北約六〇メートルほどで、鎌倉としてはかなり大規模な住宅地である。中心建築は柱間七尺で南北五間、東西四間の礎石建築であって、その東側は広い前庭とされていた。また裏側には数棟の小規模建築があった。敷地規模の大きいことから、時々鎌倉に出仕するような地方の御家人ではなく、鎌倉に常住し政治に参画する有力な「役付」の武士の館であったと推定されている。

㈢　庶民住宅

庶民の住宅は断片的な発掘調査からもしばしば発見されている。今小路西遺跡でも数棟発見された。他の地方でもみられる掘立柱の小規模なものが多いが、そうでない特殊な形式のものが注目されている。これらは矩形に地面を掘り込み、その下に木で枠を作り（土台という）そこから柱を立ち上げるのである。そしてその形式から「方形竪穴」建築趾と呼ばれている。庶民の住居なのか、あるいは倉庫のようなものであったか結論は出ていない。全般に庶民住居は道路に面した場所に建ち、武士住宅はその奥に位置したらしい。

都市としての鎌倉の調査、研究はまだ第一歩を踏み出したにすぎない。今後の新しい発見、研究の進展に大いに期待することにしよう。

中世本堂の成立

地方の時代

平安時代の建築についていままで数回にわたって紹介してきたが、それらは主として京都を舞台とし、しかも天皇・院や有力な貴族たちが施主であり、経済力を惜しみなく投下することのできた建築群であった。寺院は立派な伽藍をもち、しかも一つ一つの建築には華麗な装飾が施され、工芸的な建築として極致にまで達したものさえあった。

ところがそのかたわらで、主として中小の寺院を舞台として、次の中世において主流となる礼堂《らいどう》を持つ建築が、試行錯誤を繰り返しながら作り上げられていた。平安時代が終ると、政治権力は武士に取って代られる。しかも承久《じょうきゅう》の乱（一二二一年）で京都の貴族政権は経済力を失ない、従来のような建築を建てることが出来なくなる。そして新たな施主として武士が登場する。彼らは、鎌倉に巨大な禅宗寺院を幾つも創建すると同時に、地方で実権を握り、各地の寺院に新しい形式の建築を数多く建立した。中世という時代には優れた建築を生み出す土壌が一挙に全国にまで広がったのである。多くの中世寺院は天台・真言の両宗に属しており、中世はまさに密教の時代であった（浄土真宗、日蓮宗などの新仏教の建築の流布は室町後期までまたねばならない）。そしてその中心建築――いわゆる中世密教本堂、ここでは中世本堂と呼ぶ――はすべて礼堂を備える、新しい形式をとったのである。

礼堂の発生

今まで大規模な寺院の建築については詳しく述べてきたのだが、それではもう少し小さい建築はどのような状況のなかにあったのだろうか。再び奈良時代にもどって概観してみよう。奈良時代の大寺院は金堂・講堂があって、これらを回廊が取り囲み、さらに東西両塔・食堂《じきどう》・僧房などがあった。しかし、一方で小規模な寺院建築も多く建立された。これらは金堂・講堂といった複数の大きな建築をもつことはない。中心となる仏堂に幾つかの付属建築が設けられるといった程度である。これは大寺院の周辺に設けられた子院でも同じ状況であった。そこで注目されるのは、しばしば「礼堂」が仏堂の前方に設けられたことである。

このような仏堂の前方に建築を置くという形式は、かなり広く行われた方法であったらしい。例えば法隆寺では政所《まんどころ》の庁屋の前方に細殿《ほそどの》があったし、興福寺でも食堂の前に同じような建築があったのである。古代の建築は梁の長さに限界があるから、奥行の大きな建築を造ることが難しく、そのために前方に同じ正面幅の建築を置くことによってその課題を解決したのである。このような建築の建て方は二つの建築がならぶので「双堂《ならびどう》」と呼ばれている。

庇礼堂の誕生

この建築形式に続いて、平安時代の初め頃からは、仏堂の前に庇を葺き下ろして礼堂とする「庇礼堂《ひさしらいどう》」が登場する。庇を建築の前に付ける方法は、前方を広く造りたい、という要求があれば必然的に生まれるだろう。住宅建築の場合では、すでに奈良時代からよく使われている。しかしそれが仏堂に採用されたのはこの頃からであるらしい。住宅では屋根が切妻造であることが多く、そうであれば庇を葺き下ろすのに何の抵抗もないだろう。しかし仏堂は屋根を入母屋造《いりもやづくり》あるいは寄棟造《よせむねづくり》とするのが一般的であり、それに同じ正面幅の庇を付けると軒先が少し変形して、いくらかの工夫をしないとうまく納めることができないのである。無理を承知でこのような手法が仏堂に持ち込まれたのは、なんらかの建築意識の転換があったことを前提とせねばならないが、これについては明らかになっていない。しかし、これ以後庇礼堂は従来の双堂に比べ、多く用いられるようになったらしい。古代の文献にはそれが「孫庇《まごひさし》」などという表現でしばしば登場する。

そして、このような建築は平安時代の約四百年を経る間に、幾つか技術的課題を克服し、鎌倉時代には中世寺院の本堂建築として整った建築形式となって登場するのである。中世の本堂は内部が内陣《ないじん》・礼堂で構成されており、複合的な機能を集約的にまとめると同時に、デザインとしても極めて優れている。

当麻寺曼荼羅堂

このような中世本堂建築の成立過程をよく示すのが当麻寺曼荼羅堂《たいまでらまんだらどう》である。当麻寺は古代以来の寺院であり、浄土曼荼羅の代表である当麻曼荼羅を伝える寺院として極めて有名である。しかも、その曼荼羅を安置する曼荼羅堂（本堂）は、建築史において中世の本堂建築を理解するために無くてはならない貴重な建築なのである。

一九五七（昭和三十二）年から一九六〇年にかけて全面的な解体修理がなされたが、そこで幾つかの重大な発見があった。現在の建築は室町時代に完成したものだが、多くの古材が再利用されており、奈良時代末の創建以来の数回にわたる大改造を知るに充分な情報を得ることができた。そしてこれらを用いた復元的な考察から、①創建時、②平安初期の第一次改造時、③平安時代末期の第二次改造時、④それ以後の部分的改造、の四段階の発展過程が明らかにされたのである。一つの建築において奈良時代の創建以来の改造の過程がこれほど明確に追跡できるのは極めて稀なことであり、しかもそれが古代的な建築から中世的な建築への発展過程を克明に語ったのだから、大変に驚くべき成果だったのである。

図に示したように、創建建築は古代的平面を持つが、平安時代初期に前方にまず庇礼堂

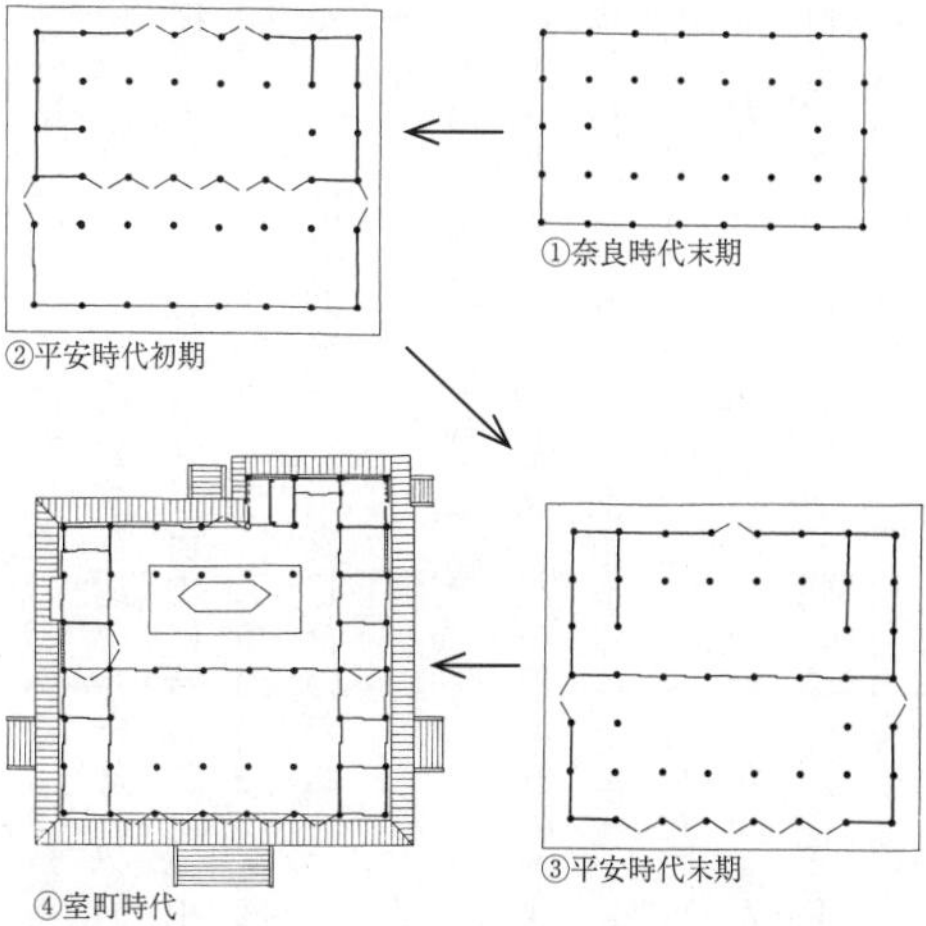

当麻寺曼荼羅堂の発展過程（平面図）　当初の古代的な平面に「庇礼堂」が付き、さらに礼堂部が整備され中世的な平面が出来上がる。

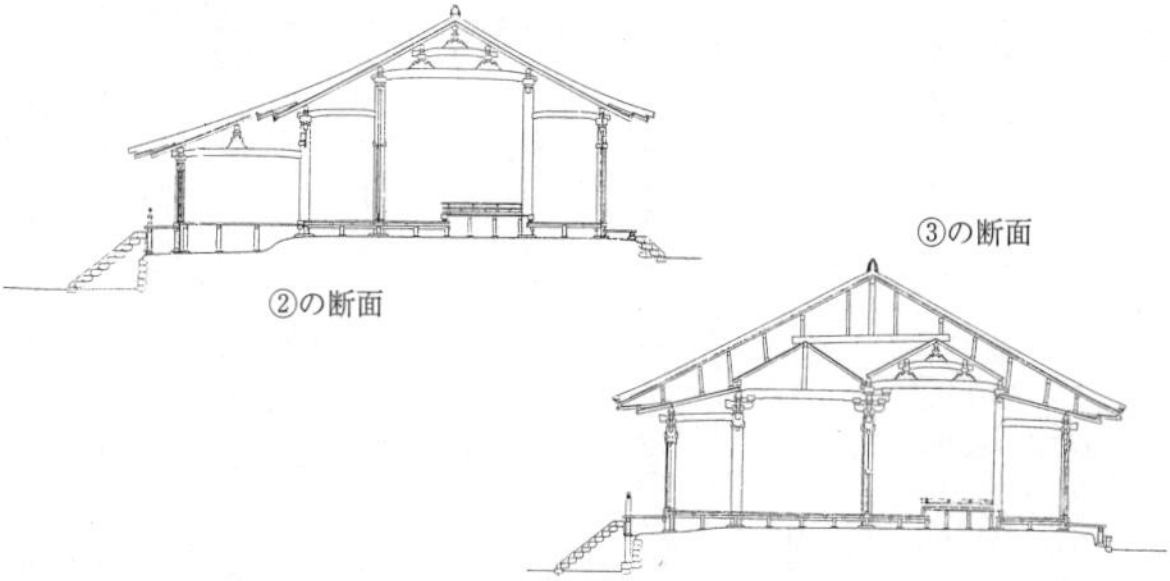

最初の改造では屋根を前方に葺き下ろして「庇礼堂」ができ（左図）、平安後期の改造では、複雑な平面の建築を大きな一つの屋根で覆うようになった（右図）。

が増設される。そして平安時代末、十二世紀半ばの大改造で、礼堂と内陣が一列の柱列——そこには透した格子をはめる——を境に接するように置かれ、その全体を一列の庇部分が取り囲むようになったのである。建築全体を覆う屋根もこの時に造られたという。古代では垂木の上に板を置き瓦などを葺いていたが、平安時代中ごろから屋根が二重になり、屋根と平面を独立させて自由に造ることが出来るようになったという技術の発達も大いに関係している。このように二つの異なった性格の空間を一つの建築の内部に構成することが、十二世紀の半ばで完成したのである。

大報恩寺本堂と長寿寺本堂

当麻寺曼荼羅堂で完成した中世本堂の形式が、別の建築で確認されるにはあと数十年を待たねばならない。京都市上京区にある大報恩寺《だいほうおんじ》本堂（千本釈迦堂）はそれらの建築群のなかで最も古く、西暦一二二七（安貞元）年に上棟されたことが確かである。建築の平面は、方一間の中心部に庇がついた一間四面が内陣で、前方に正面三間、奥行一間の孫庇が付き、さらにその周囲を一間幅の庇が巡るという形式である。建築全体では正面五間、奥行六間の規模となる。一間四面の規模は平安時代の小規模仏堂によく見られるもので、それを中心に、孫庇をつけて前方を広げ、さらに整備したものと考えることが出来る。新しい建築形式を造り上げた過程の痕跡をよく見ることが出来る。内陣の前方では、孫庇とその外側を巡る庇があるので奥行は二間となり、そこに大虹梁を渡して二本の柱を省略し、一体感のある礼堂空間を造りあげている。屋根は檜皮葺の入母屋造。外観の大きな特徴は外側の軒の組物が、一手《ひとて》だけ軒を持ち出した出組《でぐみ》という簡素な形式をもつことである。平安京の寺院の中心建築では高級な三手先《みてさき》などを用いたと思われるが、中世本堂建築ではそのようなことがない。

大報恩寺本堂外観　千本釈迦堂として親しまれている。鎌倉時代初期の建立（1227年の上棟）。初期の中世本堂の代表例。京都で最も古い建築としても貴重である。

長寿寺本堂外観　鎌倉時代初期の建立とされる。初期の中世本堂の代表例。屋根の曲線がゆるやかでゆったりしている。

もう一つ、鎌倉時代前期の建築として滋賀県石部町にある長寿寺《ちょうじゅじ》本堂をあげておこう。こちらは全体では正面、奥行ともに五間というほぼ正方形の平面をもつ。しかし内部は前方二間が礼堂、その奥二間が内陣、そして一間の後陣で構成されている。そして天井を見上げると、礼堂は中央長手方向に棟木があって、五間×二間の寄棟の建築、内陣も同様に五間×二間の入母屋の建築を示している。これはもともと別棟であった二つの建築が一棟の屋根の建築に納められて、その痕跡を天井で表現しているとも考えられるのである。しかし、内陣と礼堂が接し、透格子《すかしごうし》で仕切られて、一つの屋根で覆われているという点では、当麻寺曼荼羅堂や大報恩寺本堂と同じ構成と考えられる。

中世には各地でこのような形式の本堂建築が続々と造りあげられていった。そして鎌倉時代中期ごろから大仏様や禅宗様の新技術が取り込まれて、多くのバリエーションが誕生することになる。

禅宗寺院と禅宗様

栄西と道元

鎌倉時代から始まる新しい宗教といえば、法然《ほうねん》の浄土宗、親鸞《しんらん》の浄土真宗、一遍《いっぺん》の時宗《じしゅう》、日蓮《にちれん》の法華宗《ほっけしゅう》などが即座に思い浮べられよう。これらの新しい宗教は、祖師たちの新しい宗教理念とその実践によって、旧来の仏教に決別し、新しい世界を切り拓いていったのは確かである。しかし残念ながら中世前期での影響力は極めて小さいものであって、国内は天台・真言の両密教の世界が続き、奈良においては旧仏教が大きな勢力であったことは言うまでもない。

ところで、鎌倉新仏教としてもう一つ、禅宗をあげなくてはならない。これは天台宗から出た栄西《えいさい》そして道元《どうげん》という二人の祖師によって開かれた新しい宗派だが、他の新仏教とは異なり大きな影響を鎌倉時代から持ち続けた。特に栄西による臨済宗《りんざいしゅう》は京の貴族、鎌倉の武士の双方から厚い帰依《きえ》を受け、大規模な寺院を造り、以後の宗教、政治、文化のなかで主導的な役割を果したのである。

東大寺鐘楼　重源没後に東大寺大勧進になった栄西のもとで建立され、大仏様とも異なる技法が使われている。

栄西（一一四一～一二一五年）は最初比叡山で天台宗を学んだが、中国宋へ渡り臨済宗の教えを受け、日本に新しい禅宗をもたらした。一一九四（建久五）年の禅宗の弾圧に巻き込まれたが、四年後に『興禅《こうぜん》護国論《ごこくろん》』を著して禅を興隆すべきことを主張した。そして一二〇〇（正治二）年には源頼朝の妻北条政《まさ》子《こ》の招きによって、鎌倉の寿福寺《じゅふくじ》開山となった。二年後には二代将軍の頼家《よりいえ》から土地の寄進を受けて京都に建仁寺《けんにんじ》を開き、天台・密教・禅の兼修道場を造った。栄西の鎌倉での宗教活動は祈禱のためなど密教僧としての期待にそうもので、禅宗がどの程度理解されたものであったか確かではない。また京の建仁寺も創建当初は経済的に苦しい状態で、僧堂、重閣講堂《じゅうかくこうどう》、真言院、止観院《しかんいん》（本尊丈六阿弥陀）などがあったことが確認されるだけである。建築群の構成からは、諸宗派を兼修した様子を窺うことができる。

栄西は中国へ渡った際に寺院の造営にも関係したようで、新しい建築様式と技術を国内に持ち帰っていたらしい。栄西の開創した寺院は幾度もの火災に遭って当初からの建築はのこっていない。しかし、重源没後、栄西が東大寺大勧進であったときに完成した東大寺鐘楼が、その手にかかったものと考えられている。重い梵鐘《ぼんしょう》を吊るために特殊な構造を持ち、重源の大仏様《だいぶつよう》にも近いが、細部をみるとそれとはかなり異なり、しかも後に発展する禅宗様とも異なる独特な手法を見ることができる。しかしながら、それは国内に定着、普及するほど組織化、体系化されなかったようで、これ以後の建築に影響をあたえた痕跡はない。

道元（一二〇〇〜五三年）は、栄西の門下から出たが、西暦一二二三（貞応二）年に宋におもむき曹洞宗《そうとうしゅう》を学んで帰国した。帰国後は洛南深草《らくなんふかくさ》に興聖寺《こうしょうじ》を建立し禅の道場としたが、一二四四（寛元二）年に俗塵をさけて越前の大仏寺《だいぶつじ》（後の永平寺《えいへいじ》）に移りひたすら禅にはげんだ。宗教家として道元は後世に大きな影響を与えたが、建築の世界で足跡をたどることはできない。徹底した脱俗を理念に掲げた彼の思想は、華美な伽藍を造るという世俗的なことから乖離していたためである。

東福寺の創建

京の禅宗寺院として建仁寺に続くのは、当時の最も有力な貴族藤原道家《みちいえ》によって発願された東福寺《とうふくじ》である。西暦一二三六（嘉禎二）年に創立され、三年後に仏殿が上棟した。一二四三（寛元元）年には中国で禅宗を修めた円爾弁円《えんにべんえん》に東福寺が委ねられ、寺院の性格が

東福寺三門　15世紀初期の再建建築だが、大仏様系の架構法を見ることができる。

大きく転換した。すなわち当初は顕密兼学の寺院の予定であったが、禅宗が加えられ三宗兼学となったのである。円爾によって指導された伽藍は仏殿に加え二階楼門《にかいろうもん》、法堂、僧堂、衆寮《しゅうりょう》など禅宗特有の建築群で構成され、建築の様子からも禅宗を重視した寺院へ転換したことが確認される。もちろん天台宗系の建築や真言堂なども整備され、顕密兼学の性格も強く残されていた。

　東福寺で注目されるのは、俊乗房重源が用いた大仏様系の技術が使われたらしいことである。最初の建築である仏殿の大工は物部為国《ためくに》であり、一字違いの工匠物部為《ため》里《さと》は、南都焼打ちの後の東大寺再建事業で活躍した工匠であった。為国は為里の血縁かあるいは師弟関係であったと想像され、従って巨大建築である仏殿には大仏様系の技術が使われた可能性が指摘されている。東福寺の創建建築は一三一九（元応元）年の火災で失われ、現存する三門《さんもん》は十五世紀初頭ころの再建だが、全体の架構に大仏様の方法を採用し禅宗様の技法を巧妙に混じえている。再建当時は純粋な禅宗様が流行していたはずであるから、大仏様系の技術を用いるにはなんらかの特殊な理由がなければならない。当初の建築に大仏様が用いられていて、再建にあたって当初の形式を踏襲したということになろう。

建長寺の創建

鎌倉の本格的禅宗寺院である建長寺は、西暦一二四八（宝治二）年、宋僧蘭渓道隆《らんけいどうりゅう》を招いて開創された。中心建築である仏殿は一二五一（建長三）年から造営が開始され、二年後に供養された。今までの禅宗（臨済宗）寺院が日本人僧の指導下にあり、しかも密教や天台宗との兼学であったのに対し、建長寺は宋僧の指揮下で初めての純粋な禅宗専修寺院となった。全体の伽藍は鎌倉期の建長寺の姿を示す「建長寺指図」が残されていてその大概が明らかである。狭い谷あいを切り開き、奥の高い傾斜地を造成し、谷口の方から中心軸上に三門、仏殿《ぶつでん》（金堂に相当）、法堂（講堂に相当）を並べ、それらを回廊でつなぎ、その両脇に僧堂（寝、食、坐禅に用いる）、庫院《くいん》（寺務所・庫裏に相当）が向かい合い、奥の方に衆寮、役者寮などがあり、最奥に一山の住持の起居するための方丈《ほうじょう》があった。

おそらく、中国禅宗の教学、儀式、生活規範などが直接導入されたのであって、伽藍の形式もそれを実現するための最も整ったものであったろう。それを造るのに用いられた技術も中国から直接輸入された技術であったと推定される。

塔頭の増加と伽藍

禅宗寺院はこの後続々と建設されていったのだが、それだけでは現在の禅宗寺院の姿を理解することはできない。というのは、やがて中心の伽藍の周囲に小さな寺院――塔頭《たっちゅう》――が出来始め、それが禅宗寺院の姿を変えてゆくのである。ことに京都の大徳寺《だいとくじ》や妙《みょう》心寺《しんじ》となると、塔頭群のなかに仏殿、三門などが埋れてしまい、むしろ塔頭の方が寺院の主体であるかのようにみえる。

本来塔頭は、禅宗寺院の住持の塔所（墓）を祀る施設であった。また一方で退任した住持の隠居所として庵居があった。その双方が合体して門流に引き継がれるようになって、日本の塔頭がうまれた。寺院の経済的危機を救った有力な大名・商人の菩提所として誕生したものもある。またしばしば塔頭には荘園が寄進されて、その支配のために荘園に末寺が造られ、塔頭との本末関係が生じた。やがて門流の修行もこの内部で行われるようになって、本来の僧堂はその機能を失い、本寺は儀式だけの場と化していった。このような経過を経て現在のような禅宗寺院の姿となったのである。

塔頭は開山堂《かいざんどう》、方丈、庫裏などで構成される。開山堂は高僧の墓所とその前方の礼堂の組合せであることが多い。また方丈は住宅的な建築で、表側を儀式のための開放的な部屋、裏側を住持の寝室・居間などを設ける。室町期の方丈は障壁画で飾られており、貴重な建築が少なくない。庫裏は寺務所と炊事場を兼ねたもので、同時に門弟の生活の場でもあった。

禅宗様の建築

京都、鎌倉の五山級の禅宗伽藍の中心にあった仏殿は、方五間裳階《もこし》付きの形式をもつ壮大な建築であった。これらはすべて失われ現在では見ることができない。しかし幸いなことに円覚寺《えんがくじ》仏殿（鎌倉）の一五七三（天正元）年の再建計画図が発見され、その概要がわかるようになった。ひと回り小さい方三間の禅宗様仏殿は全国各地に残るが、円覚寺舎利《しゃり》殿《でん》や正福寺《しょうふくじ》仏殿（東京都）は禅宗様の最も整備された十五世紀初頭の様子を示す代表的な例である。

技術的な特徴は、大仏様と同様に、柱に穴をあけ貫《ぬき》でもって緊結させ、軸部を強く固めること、天秤形式の中国的な組物を使うこと、組物を柱と柱の間にも配置して軒裏を組物で埋めつくすこと、各部の部材にいろいろな形の繰形《くりかた》を施し、細部を装飾的につくること、などがあげられる。内部空間では、天井は垂木を見せ、中心の最上部だけに板を張り（鏡天井《かがみてんじょう》）、床は板を張らずに土間とし、間仕切りの建具を設けない、などの特徴がある。中国において主流であった建築様式が輸入され、さらに日本国内で洗練されて、このような様式が完成したものと考えられている。

円覚寺仏殿模型　16世紀の円覚寺仏殿の再建計画図から復元したもの。五山級の大規模仏殿の姿を知る唯一の例（神奈川県立博物館蔵）。

中国建築の組物（潘徳華著『斗栱』東南大学出版社刊）宋代の建築書『営造法式』をもとにした模型。小さな斗、肘木でコンパクトに構成された組物で、特徴的な繰形が施される。

善福院釈迦堂の組物（和歌山県）　14世紀の禅宗様建築。詰組の組物、尾垂木の先の繰形などに特徴をみる。

鎌倉と京には五山をはじめとする大規模な禅宗寺院が建立され、さらにこれを真似て地方都市に多くの中、小規模の禅宗寺院が創建された。そして禅宗寺院の普及とともに禅宗様という建築技術も全国に流布されていった。すでに鎌倉後期から和様のなかに禅宗様を巧妙に取り込んだ特異な建築が登場するが（松生院《しょうじょういん》本堂、一二九五年戦災で焼失・鑁阿寺《ばんなじ》本堂、一二九五年）、室町期になると禅宗様は地方でも充分咀嚼され、和様と並んで一般的な建築様式として定着してゆくのである。

奈良の中世建築

はじめに

奈良の中世建築を考えるときに大変興味深いのは、平氏の南都焼討（一一八〇年）後の東大寺再建にあたり「大仏様《だいぶつよう》」という中国系の新しい技術が導入されたことである。大仏様の技術とデザインは日本の伝統的なもの——「和様」という——と比べるならば、相当に異質であったのは確かであり、導入に際してかなりの抵抗があったようだ。しかし、一世代あるいは二世代を経るに従い、日本の伝統的技法に習熟した工匠たちは、それを効果的に取り込んでいったのである。大仏様は構造上幾つかの点において大きなメリットがあったし、デザインにおいてもその新奇さを評価したのである。大仏様の導入が結果的には大きな刺激となって、新しい中世的な建築世界が奈良で誕生する。

中世建築の大きな特徴は、技術的な発達によって頑強な構造をつくることが出来るようになり、デザインを選択する自由が大きくなったことと言えるならば、中国から輸入された大仏様、禅宗様《ぜんしゅうよう》という新技術は極めて大きな役割を果したことになる。

京都では後の戦乱のために鎌倉時代の建築がほとんど失われてしまったのに対し、奈良ではそれが現在も少なからず残されている。それによって、中世建築界の新たな動向をかなりの程度明らかにすることができるのである。

奈良の復興

平氏の焼討にあってほとんど全焼という壊滅的な打撃を受けた興福寺と東大寺は、困難な再建事業を開始したのだが、東大寺では俊乗房重源が登場し、中国から輸入した新しい様式・大仏様をもって、再建を果したことは既に述べた。一方、興福寺は平安時代に全盛をきわめた藤原氏の氏寺でもあり、東大寺に比べれば順調に再建活動が行われたと言ってよい。焼失の翌年に被災状況の調査があり、しばらくしてから再建が開始された。金堂・回廊・経蔵・鐘楼の中心部は朝廷が各国に費用を負担させる公家沙汰《こうけさた》で、講堂・南円堂《なんえんどう》・南大門は藤原氏の氏長者《うじのちょうじゃ》が負担する氏長者沙汰、食堂《じきどう》などは興福寺が負担する寺家沙汰《じけさた》であった。講堂・食堂・西金堂・東金堂は西暦一一八四（元暦元）年までに完成し、最も遅れた中金堂は一一九五（建久六）年に供養された。もちろんそれ以後も再興事業は継続され、五重塔・北円堂《ほくえんどう》・僧房・春日東西塔が十三世紀半ばまでに完成した。

再建事業の大きな特徴は、京都と興福寺の工匠が共に参加したことである。公家沙汰の中金堂や氏長者沙汰の講堂などを京都からの工匠が、食堂以下の建築を奈良の工匠が担当したのである。仕事の場で技術交流があったことは充分考えられ、少なくとも興福寺には当時の最もすぐれた技術が蓄積されたことは確かであろう。

以後奈良の中世は各寺院で旧仏教の再生とも言える盛んな仏教再興の活動が開始される。各寺院では法会の興隆と建築の修造が相つぎ、古典的な建築に中世的な造形が重ねられてゆくのである。古来からの建築を守ってきた法隆寺でも、中世初頭から聖徳太子信仰に関わる法会が開始され、もともと僧房であった建築が修造されて、聖霊院《しょうれいいん》・三経院《さんぎょういん》が新しく造られた。また傷みが激しかった東院では、夢殿《ゆめどの》以下の諸建築が根本的な修理を受けていった。元興寺《がんごうじ》では古代以来の僧房が、本堂と僧房に分離修造され、さらに唐招提寺《とうしょうだいじ》では新たに舎利信仰が起こり、鼓楼《ころう》（舎利殿）が創建され、また薬師寺では東院堂が再建された。これらの建築の多くに、東大寺、興福寺を本拠地とする工匠が関わっており、中世初頭から蓄積された新技術が駆使されたことは言うまでもない。そして、古代以来の建築と新しい中世建築が軒を接して立ち並ぶといった状況が生れたのであった。

大仏様の影響・技法の自由化

大仏様の和様に対する影響は、興福寺の北円堂にまず見ることが出来る。東大寺再建では大仏様という革新的な技術が採用される一方で、至近の距離にあった興福寺では同じ時期に再建事業を進めながら専ら伝統的な和様が採用されたのであった。しかし貫《ぬき》という柱と柱を緊結する部材の構造的な利点は、興福寺の工匠にも認識されたようだ。北円堂（一二一〇年頃）は和様建築に貫の用いられた初例だが、表は長押《なげし》で覆い見えないようにされている。これは最も限定的に貫を用いた手法であり、和様というデザインを守りながら、構造の強化に新しい技術を導入したのである。この手法は、以後和様建築の一つの手法として定着していくことになる。しかし、大仏様のもう一つの大きな特徴は、旧来とは全く異なるデザインをもっていたことであって、それは大きな衝撃となったのではないだろうか。

唐招提寺の鼓楼（舎利殿）はその代表的な建築の一つである。一二四〇（仁治元）年に建立されたが、柱頭部《ちゅうとうぶ》で大仏様系の雲形《くもがた》の木鼻《きばな》が飛び出し、そして上層では、隣り合った組物と組物がそれぞれ独立するのでなく、壁付の肘木《ひじき》が一本の材料で結ばれているのである。このようなデザインは和様のなかから出て来るとは考えにくく、新しい工匠の意欲を示すであろう。隣接する金堂が奈良時代の雄大なデザインをもつのに対し、緊張感に溢れ、大仏様の影響を受けた和様系デザインの最も早い秀作と言ってよかろう。

また東大寺の北方、奈良坂の中腹にある般若寺《はんにゃじ》の楼門でも、革新的な工夫が見られる。一間の楼門で、文永年間（一二六四～七五年）の復興事業に際して建立されたと考えられているが、特にユニークなのは上層の組物と架構形式である。組物は一手先《ひとてさき》の簡単な形式だが、蟇股、肘木に大仏様系の彫刻を施し、しかもそれを二重に重ねるのである。上層の

元興寺本堂　1244（寛元２）年建立。古代以来の僧房を改造し仏堂とされた。大仏様の強い影響を受ける。

唐招提寺鼓楼（舎利殿）　1240（仁治元）年建立。内部に舎利を安置する。大仏様を積極的に吸収した早い例。全体の緊張感は鎌倉時代の雰囲気をよく示す。

興福寺北円堂　1210年頃建立。鎌倉再建としては本建築と三重塔だけがのこる。古代風の意匠のなかに、新様式の構造技法が隠されている。

組物は内部には引き込まれておらず、板が三重に重ねられているだけで、それはいわば外側だけの飾りということになる。組物は従来屋根の先を持ち上げる重要な構造的役割をになってきた。外から見える所だけに組物をつくり、実質的な構造を全く別に組むこれほど大胆な建築を他に知ることができない。

このような例が登場することは、構造とデザインが別個の次元とされて、それぞれを自由に構想することが出来るようになったことを意味する。工匠たちは構造から離れて——といっても建物が毀れてはどうしようもないが——新しい冒険ができるようになったのである。

地方への技術の伝播

奈良で確認される新様式の影響は、鎌倉後期に入ると畿内、瀬戸内、関東でも見ることが出来るようになる。奈良には禅宗様は入らなかったようだが、その他の地方では大仏様、禅宗様の双方の影響を受け、しかもそれを巧妙に取り入れた建築が続々と登場するのである。また奈良から工匠が出張して造営にあたった例が幾つか明らかにされており、奈良で蓄積された技術が各地に伝播されたらしい。そのうちで特に面白い例を取り上げてみよう。

大善寺《だいぜんじ》は甲府盆地の東端、勝沼《かつぬま》にある。ここには一二九一（正応四）年ごろ本堂が建立された。「中世本堂の成立」で説明したように、礼堂と内陣が一棟の下に収められた中世

大善寺本堂全景　1291年頃。中世本堂で大仏様、禅宗様双方の影響を強く受けた建築。一見質素な外観に対し内部に巧妙な工夫を見せる。

大善寺本堂外陣組物　二重に組み上げた肘木、肘木の花形の彫刻などに特徴をみる。鏡天井も中世本堂としては珍しい。

本堂の形式をもつ建築である。正面、奥行ともに五間で、正方形の平面をとる。まず、外部は頭貫（柱の頭部に渡された横材）が隅の柱を突き抜けて木鼻となるが、その形が大仏様特有の雲形をとっている。堂内の細部に用いられた組物は、大仏様だけでは解釈のつかない特殊な形の彫刻をもち、禅宗様からの影響も同時にあったと判断される。また外陣の天井は板張りの天井（鏡天井）であって、これも禅宗様からの影響であろう。大仏様の影響を受けながら、禅宗の中心地鎌倉の禅宗様が流れ込んだのであろう。

禅宗様の影響が強い例では、松生院《しょうしょういん》本堂（和歌山市、戦災焼失、一二九五年頃）、鑁阿寺《ばんなじ》本堂（足利市、一二九五年）などがあり、大仏様の影響が強いものでは太山寺《たいさんじ》本堂（松山市、一三〇五年）、浄土寺本堂（尾道市、一三二七年）などがある。いずれにも共通して見られる特徴は、中世本堂として原則的な建築の平面形式をとりながら、架構と細部において自由なデザイン構成をもつことである。伝統的和様から解き放たれた工匠の意欲をつぶさに見ることができる。

寝殿造の変質と庶民住宅

寝殿造の変質

鎌倉時代に入ると、京都の貴族たちの力はかなり衰えてしまう。承久の乱（一二二一年）で後鳥羽上皇以下の貴族政権が敗北した結果、多くの荘園が鎌倉政権に没収され、経済力は極めて乏しいものになった。

平安時代後期まで造り続けられ、盛大な儀式の会場となってきた大規模な貴族住宅——寝殿造——は新たに造営されることはなく、また火災、大風で破損してもそれを復旧する力はもはや残されてはいなかった。もっとも、平安時代末の貴族たちは大規模な寝殿造を以前と同じように造ろうとしていたわけではない。実際に住む住宅として、実用的で小規模な住宅を好みだしたのである。これは住宅に新しい変化をもたらした。盛大な行事のたびに様々な室礼《しつらい》を造り替えていた従来の方法に対し、幾つかの部屋を固定的に仕切り、より住居性の高い住宅が生み出されてゆくのである。この新たな方向は中世を通じて進展し、やがて室町時代中期になると書院造《しょいんづくり》という住宅形式に結実する。

かつて、寝殿造は方一町（約一二〇メートル四方）の区画に、寝殿を中心に東西の対などで構成する建築群、そして広い池を持つ前庭を配置していたが、十二世紀中頃からかなり姿を変えてゆく。例えば、保元の乱（一一五六年）の当事者として有名な藤原頼長《よりなが》（一一二〇～五六年）は、藤原氏の氏長者でもあり当時の最も有力な貴族の一人であったが、主要な住宅としていた宇治の小松殿《こまつどの》は、対屋《たいのや》や対代廊《たいしろう》を持たない、寝殿・二棟廊・中門廊《ちゅうもんろう》だけの、以前と比べるならばかなり小さな規模だっ

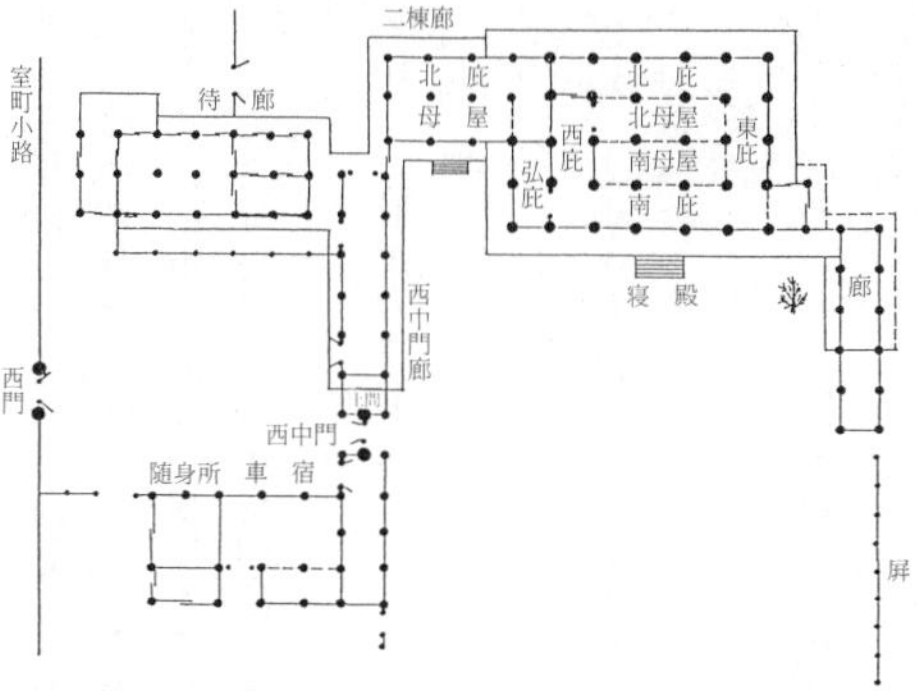

鎌倉中期の近衛殿復元図（太田静六氏による）　左大臣鷹司兼忠の屋敷図。鎌倉期に小規模となった貴族住宅の様子を窺うことができる（図1）。

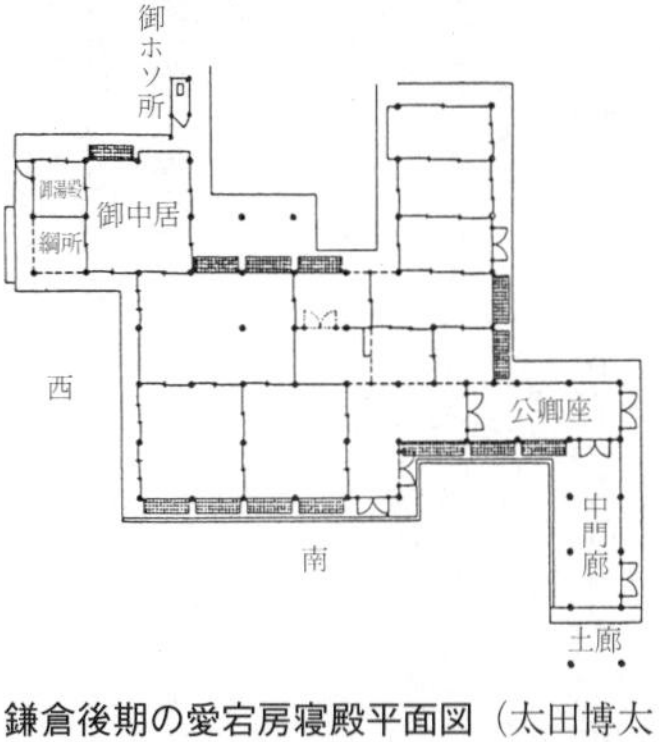

鎌倉後期の愛宕房寝殿平面図（太田博太郎氏による）　中門廊や公卿座をのこし、さらに寝殿内部がいくつもの部屋に区画されている。『門葉記』所収の図面で1295（永仁3）年のもの（図2）。

た。小松殿は父忠実《ただざね》が創建し、頼長に譲った住宅である。もちろん一方で東三条殿《とうさんじょうでん》などの大規模な住宅も所有していたわけだが、それはもっぱら儀式用の建築として使われ、住むためには実用的な小規模の建築を用意したのである。

そのような傾向は鎌倉期に入るとさらに進む。

新しい形式の住宅

鎌倉期で幾つか明らかにされている貴族住宅のなかで、左大臣鷹司兼忠《たかつかさかねただ》(一二六二〜一三〇一年)の住宅を見てみよう。図1は一二八八(正応元)年に内大臣に任じられた時の儀式、大饗《たいきょう》の指図《さしず》から復元された近衛殿《このえどの》の復元図である。西側の室町小路に面する住宅で、そちら側に中門が開き、随身所《ずいじんどころ》・車宿《くるまやどり》・侍廊《さむらいろう》などをもつことは寝殿造の伝統を守ったものだが、寝殿を中心とする部分では対屋や対代廊などが姿を消し、二棟廊があるだけである。また東側には小規模な廊と塀が置かれていて、南の庭を取り囲む手法は古代的な形式を踏襲している。

寝殿造の省略形式というべきこのような建築は、従来の建築群から必要最小限の施設を残したものであり、それがあれば貴族社会特有の儀式をかろうじて維持できるということになる。しかし、これだけ少ない建築ではかつてのように多くの建築群で分担していた機能をまかなうことはできず、寝殿内部はおおむね南北に分割され、表側が儀式を行う晴《はれ》の部分、裏側が日常生活を行う褻《け》の部分というようになり、その間を仕切る建具が常設されていったようだ。

その意味では図2に示した愛宕房《あたごぼう》の寝殿（鎌倉後期）は興味深い。天台宗が京都に置いた活動拠点で、里房と呼ばれる寺院の作房建築であるが、中心部から公卿座《くぎょうざ》、中門廊がでる構成は原則として近衛殿と同じである。従って、これが住宅の基本構成であることは確かなのだが、寝殿の内部が幾つもの部屋に仕切られていること、そして背面側に突出部があることに注意したい。すなわち、建具で仕切られた日常生活の部屋、儀式のための部屋というように明確に分割されているのである。ここまでくると、簡略化されたものでなく、新しい形式が生れつつある状況をみることができよう。

都市の庶民住宅

一方、庶民住宅はどのような形を持っていたであろうか。

もっとも参考になるのは、十二世紀の京都を描いた『年中行事絵巻』に登場する幾つかの町の風景である。図3は祇園御霊会《ごりょうえ》の様子を示す一場面であるが、小規模な住宅とも商店ともいえるような建築が連続しており、都市の賑わいが想い起される画面である。一軒が三間の間口をもち、奥行が四間に描かれている。そして一軒ごとに独立しておらず、隣家と柱を共有するいわゆる長屋形式である。それぞれ右側が入口とされていて、そこか

京都の庶民住宅（『年中行事絵巻』個人蔵）　大路に面した長屋形式の庶民住宅。同じ形式の住宅がいくつも連続している。町家の原型と想定される（図3）。

ら奥に土間が延びている。左側の二間は床が張られ、窓が開いており、壁には網代《あじろ》を張っている。屋根は板葺であまり上等の仕事ではない。

京都の都市は本来、街路に面した敷地境界は築地で造られることに決められていた。従ってこのような小住宅が街路に面すること自体が、その原則から逸脱した新しい大きな転換と考えねばならない。野口徹氏によれば、平安中期ごろから築地が崩されてゆき、そこに奥行の浅い建築がはめ込まれていったらしい。それは『年中行事絵巻』に見るような建築であり、道路で行われた多種多様の祝祭への見物のために、それを桟敷《さじき》として用いたのである。やがてそのような建築が整備されると、町家《まちや》形式の都市住宅として完成する。都市にあった庶民住宅には他にも様々な形態があったと想定されるが、京都で室町時代以降に完成する町家の形式の原点として、このような建築を考えて

地方の武士住宅（『法然上人絵伝』知恩院蔵）　武士の館の構成が判ると同時に、中門廊の存在が貴族住宅からの影響を示している（図4)。

よいという。

農村の武士住宅

都市の様子がある程度わかるのに対し、地方の農村の様子はほとんど知ることができない。その意味で十四世紀初頭に作成された『法然上人絵伝』に描かれた地方武士館の姿（図4）は貴重である。絵の内容は法然の生家である美作《みまさか》国の押《おう》領《りょう》使《し》漆間時国《うるまのときくに》の屋敷であり、鎌倉時代末の様子を示している。

山間に、地方武士の屋敷地の一画が網代垣《あじろがき》で仕切られている。敷地の中央には主屋があり、規模は正面が五間、奥行が三間である。屋根は草葺でその周囲の庇部分を板葺としている。それに唐破風《からはふ》の妻をもつ中門が設けられている。周囲には厩などの付属建築がある。小規模であることや屋根の葺材からは、都とは随分異なる地方の様子を窺うことができるが、注目に値するのは中門を持っていることである。貴族の住宅の形式の一部がここまで普及していたということになるだろう。地方を支配する武士の住宅は、ほかにも幾つかの例が知られるが、いずれもある程度の大きさを垣や濠で囲み、その中に主屋を中心に数棟の建築を置いている。

最後に地方の農民の住宅について簡単に触れておこう。実際の建築として判るものはないが、ほとんど竪穴住宅からそう遠くない、かなり原始的な住宅であったと想像される。多くは掘立柱であり、屋根も地面からあまり離れていず、床も張られていない土間であったであろう。このような農村建築が多少の発達を遂げてゆくのは、室町時代にはいってからである。

絵巻物にみる鎌倉武士の住宅

中世の住宅様式

寝殿造と書院造を日本住宅史における二大様式と呼ぶことがある。寝殿造とは、すでに述べたように、平安貴族の邸宅である。四十丈（約一二〇メートル）四方を標準とする築地塀で囲われた敷地区画の中に、主屋である寝殿を中心に対屋《たいのや》という副屋を廊《ろう》・渡殿《わたどの》でつないで配し、池や築山《つきやま》のある南側の庭には、東西の対屋から中門廊《ちゅうもんろう》が延びている。その途中に出入口である中門を開き、さらに先には泉殿《いずみどの》・釣殿《つりどの》などが設けられる。寝殿、対屋の外回りは蔀戸《しとみど》・妻戸《つまど》の建具が入るが、内部は塗籠《ぬりごめ》という壁で仕切られた閉鎖的な一郭を除けば、間仕切のないがらんとした空間であり、御簾《みす》・屏風《びょうぶ》・几帳《きちょう》・衝立《ついたて》・畳・円座《えんざ》・帳《ちょう》台《だい》・棚などの家具調度類で、儀式などの部屋の用途に応じて室礼《しつらい》を行う必要があった。

それに対して、書院造とは江戸時代の武士の邸宅である。塀で囲われた敷地の一端に開かれた門を入ると、玄関と呼ばれる主屋の正式の出入口がある。主屋を中心に数棟の建物が複合的に配置され、建物内部は襖・明障子《あかりしょうじ》で仕切られ、畳を敷き詰め、天井を張った部屋に分けられる。客を招き入れるための表向きの場所と、台所やそれに付随する日常生活の内向きの場所とが明確に分離され、表向きの中心は、縁側を介して前栽《せんざい》のある庭に面し、床の間、違棚などの座敷飾りを備えた座敷と呼ばれる主室である。この説明でもわかるように、いわゆる和風住宅の基はこの書院造であり、床の間と畳の部屋に象徴される和風の生活様式も、実はこの書院造と共に成立し、やがて普及するにいたったということである。

このような古代の寝殿造、近世の書院造に対して、中世には統一的な住宅の様式が認められない。これは同じ中世といっても、鎌倉・南北朝・室町と時代によって住宅は異なるし、貴族・僧侶・武士・商工業者、農民などの庶民が入り乱れて、どの階層の住宅を中心に考えればよいのかもわからないということがあるのであろう。だからといって、単に寝殿造から書院造への過渡期と簡単に片づけてしまうことはできない。確かに古代の寝殿造が徐々に変化して、最終的に近世の書院造が成立したと考えることはできるが、この中世という時代を通じての、解体・転換・再編過程の中に、現代の住宅にもつながる日本住宅のあり方を考える重要な手がかりがあると考えるからである。中世社会の複雑なあり方に対応して、この過程は単純なものではなく、社会的背景のみではなく、建築生産技術の発展など様々な要因を考える必要があるが、やはり中世に徐々に勢力を拡大していった武士の住宅が重要だということは間違いないだろう。

中世都市鎌倉の発掘にみる武士住宅

ところがこの中世武士の住宅がなかなかわからない。実際の建築遺構はなく、貴族の住宅に比べて関連文献があまり残されていない以上、住宅の具体的な形を明らかにするための手がかりとしては、住宅が地面に残した痕跡である考古学的な発掘史料と、絵巻物などの絵画史料に描かれた住宅を考えなくてはならない。

東国武士の根拠地であった都市・鎌倉については、すでに見たように（「中世都市・鎌倉」の項）、市内各地点で部分的ではあるものの発掘が行われ、武士住宅についても様々な事実が明らかになりつつある。特に御成小学校校庭の発掘によって明らかにされた鎌倉時代末期の武士住宅によれば、敷地は土塁《どるい》（築地）や塀で囲われた方形で、門を構え、敷地内部にも塀や溝があり、ある程度の前庭がある。建物には主屋、倉庫の他に各種付属舎がある。日常生活を支える陶磁器など各種の関連遺物から精神的生活もかなり高いものであった、というような興味深い事実が明らかにされている。これら発掘成果はまだ今後の進展によってさらに蓄積が進むと思われるので、大いに期待することにして、もう一方の絵画史料から鎌倉武士の住宅を考えよう。

『一遍聖絵』に描かれた武士住宅

農村の武士住宅を描いた例として、ここでは鎌倉時代の『一遍聖絵《いっぺんひじりえ》』に描かれた地方武士の住宅を見ることにする。時宗《じしゅう》の開祖一遍の伝記である『一遍聖絵』（聖戒編《しょうかい》）は、没後十年の「正安元年」（一二九九年）の奥書があり、全国各地を行脚《あんぎゃ》した一遍の事績を描いたもので、絵画史料として注目されよく利用されている。ここで取り上げるのは、筑前《ちくぜん》国の武士の館（図①）、信濃《しなの》国小田切《おだぎり》里の武士の館（図②）、信濃国佐久郡大井太郎《おおいたろう》の館（図③）の、いずれも地方の武士住宅の様子を描いた場面である。

この中で、最も武士住宅らしい様相を示すのは、図①の筑前国の館で、周りを溝（堀）で囲って板塀と生垣をめぐらし、弓矢と楯を備えた櫓門《やぐらもん》を設けるという防御的な構えをみせ、敷地内の前面に庭のある開放的な主屋では、鷹が飼われ、堀で仕切られた一郭には、武士には必要な馬屋があり、馬場《ばば》も見える。それに対して他の図②③はやや様相が異なり、外回りにあるはずの塀や、武士の館に必要不可欠である馬屋は見えない。

これらの絵画が現実に存在した住宅を反映しているかどうかはわからないが、一遍の行状の記録としての絵である以上、一遍の実際の行動に具体的に関与した住宅部分の描き方についての信頼性は高いと考えてよいのではないか。となると、図②③については以下のことが読み取れることになる。

①筑前国の武士の館　溝（堀）に渡した橋を渡ると、盾や弓矢を備えた櫓門がある。外回りは板塀をめぐらしているが、屋敷内には生垣や網代塀が設けられる。縁をめぐらした開放的な主屋は板敷で一部に畳を敷いており、仏堂風の板葺の副屋もある。板敷の馬屋があり、裏手には馬場らしい柵も見える。馬、馬屋の猿の他に犬、鷹などの動物も注目される（同前）。

②信濃国の小田切里の武士の館　主屋の縁の上で鉢を叩く一遍に合わせて僧尼と武士たちが輪をつくって踊っており、踊り念仏が初めて踊られたところであるという。庭には副屋と垣がある（同前）。

③信濃国佐久郡大井太郎の館　一遍の一行が踊り念仏を終えて引き揚げるところ。縁板が踏み抜かれているところから、踊りのすさまじさがわかる。板葺の主屋以外に草葺の建物が並び、背後には煙出しがあるところから台所と考えられる建物もつながっている。敷地は生垣や柴垣で区切られている（『一遍上人絵伝（一遍聖絵）』清浄光寺・歓喜光寺蔵）。

図②の信濃国小田切里の武士住宅は、一遍の時宗にとって重要な意味を持つ踊り念仏が初めて踊られた場として描かれている。一遍は、板葺の主屋の縁の上で鉢を叩き、前の庭では僧尼《そうに》と俗人が輪になって踊る。これらを御簾を垂らした主屋の中から館の主人が見ているところである。このようにして始まった踊り念仏は各地で踊られるようになり、図③の信濃国佐久の大井太郎の館は、一遍に率いられた踊り念仏の一行が踊りを終えて立ち去る場面として描かれている。縁の板が踏み抜かれていることから、その踊りは地面を強く踏むエネルギーに満ちたもので、縁と庭の地面を使って踊られたことが

わかる。主屋の御簾の中から一行を見送っているところからみて、主人は主屋の中から踊りを見たに違いない。これら図②③の踊り念仏の場面から、当時の武士住宅の主屋は開放的なもので、庭に面した前面には必ず縁があり、縁と庭とを一体のものとして使うような行事、ないし芸能が普通に行われていたと考えてよいだろう。

開放的な主屋と前面の庭

このような『一遍聖絵』から読み取れる、開放的な住宅と前面の庭、そしてそこで行われる行事との関係は、実は寝殿造に見られた住宅の特徴とよく似ている。寝殿造では寝殿または対屋は開放的な造りで、広庇《ひろびさし》というテラスと縁がある。寝殿造で行われる各種の儀式・行事は、建物内部と前面の庭とを一体のものとして行われるのが通常の姿である。つまり『法然上人絵伝』の漆間時国《うるまのときくに》の館（前項）のように寝殿造固有の中門廊はないものの、これらの武士の住宅は寝殿造の影響を受けているとみてよいのであろう。

さらにつけ加えるならば、『一遍聖絵』の図①②③などの場面から読み取れる武士住宅の敷地は堀や塀で囲われるものがあり、主屋前面に庭があり、敷地内には主屋以外に各種の建築があり、敷地内を区画する塀や垣があることになりそうだが、これらは、先にみた発掘で明らかになっている鎌倉の武士住宅の特徴と共通する部分がかなりあるとみてよいことになる。発掘史料と絵画の総合的な検討は、まだまだ今後の課題であろうが、考古学的発掘の進展や絵画史料への注目により、鎌倉武士の住宅も、やっと住宅史研究の対象になってきたことになる。

中世の庶民住宅

中世の庶民と住宅

前項で取り上げたような武士の住宅に対して、中世には、他にどんな形式の住宅があったのか。中でも、武士・貴族・僧侶のように、中世社会において支配的な地位にあったわけではない、一般庶民の住宅とはどのようなものであったのか。歴史の表舞台にほとんど登場することのない庶民についての史料は少なく、その住宅の実態を明らかにすることは難しいが、前項に引き続き、絵巻物に描かれた住宅を主な手がかりとして考えてみたい。

庶民といっても近世の士・農・工・商というような形で、はっきり制度として身分が定められていたわけではない中世という時代においては、どこからどこまでが庶民であるのか判別は難しい。ここではとりあえず、農業・漁業・商業など、なんらかの形で生業を持っていた、つまり生産に携わり中世社会を支えていた人々を庶民と考えるが、現実には庶民の住宅には多様なものがあった。各地の発掘で確認されている、古代以来あまり変わっていない竪穴住居形式の住宅もあるし、各種の絵巻物に見られる寺院・神社門前の、ほと

猟師の家　表側の棟の板敷吹き放ちの部分に人々が集まっており、住宅の実際の使われ方がわかる（『粉河寺縁起』粉河寺蔵）。

んど屋根をかけただけの掘立小屋なども庶民住宅であろう。このような建築的にみれば最低のものであっても、やはり絵巻物に描かれている寺院の縁の下や、軒下で寝ていた人々に比べると、常住の場所があるだけまだよいということになる。

『粉河寺縁起』に見られる猟師の住宅

このような最低の例からみると、十二世紀後半に成立した絵巻物である『粉河寺縁起《こかわでらえんぎ》』に見られる紀伊国那賀《なか》郡の猟師の家は、最上層クラスの庶民住宅ということになるだろう。獣の皮を張った木枠や、描かれた弓矢からみても、生業はたしかに猟師なのであるが、その住宅はかなり立派にみえる。小川に渡した木橋をわたると、巡らした柵に簡素な冠木門《かぶきもん》が開けられ、網代《あじろ》の扉もみえる。屋敷内には各種の樹木が植えられ、庭も広そうである。住宅は茅葺《かやぶき》の建物が二棟連なったように描かれており、表側の棟《むね》の前面には板葺の下屋《げや》が付き、外回りには横桟の入った舞良戸《まいらど》があり、横軸で外にはね上げる突き上げ窓が見える。絵画表現の関係で壁が取り払ってあると考えられる背後の棟の内部は、結桶《ゆいおけ》やまな板など簡素な家財道具のみで生活は質素であったことが窺える。内部は板敷で、筵《むしろ》ないし畳が敷かれ、壁は土壁と板壁があり、土間は見えない。内部に塗籠があって、間仕切には垂れ布と板戸が使われている。

この猟師の家を中世の庶民住宅の代表とみることはできないかもしれないが、同じ『粉河寺縁起』の中に描かれた河内国讃良《さらら》郡の長者の家は、深い濠と板塀を巡らして櫓門を設け、屋敷内には数多くの建物が並ぶ寝殿造の大邸宅として描かれており、それとの対比からみて、少なくとも貴族や武士ではない庶民の住宅として描かれたと考えてよいだろう。となると、注目すべきは、向かって右手の接客用の庇部分の形態、および使われ方である。すなわち、柱のみの建具のない吹き放ちとして描かれており、床より一段下に沓脱《くつぬぎ》のような板が置かれていることや、框《かまち》部分に人々が腰掛けているという使い方からみて、開放的な縁のような場所であり、板敷の室内と、室外の庭とが一体となって使われていたことになる。

『一遍聖絵』の庶民住宅と『洛中洛外図屏風』の町家

実はこのような板敷の吹き放ちのある建物は、中世の絵巻物にはよく描かれている。十三世紀末の『一遍聖絵』（聖戒本）の琵琶湖岸大津の庶民住宅の並ぶ場面でも、角地にある生垣に囲われた屋敷内の板葺主屋は板敷で、表側前面に建具の入らない吹き放ちがあり、妻戸という寝殿造に用いられる扉も描かれていて、寝殿造の対屋と非常によく似た形式となる。つまり絵巻物に描かれた庶民住宅の中でもある程度上層のものは、武士住宅と同じように寝殿造の影響が大きかったであろうことを想像させる。

この大津の場面の並びには、様々な形式の庶民住宅が見られるが、女性が通りに面した店棚《みせだな》で果物を売っている建物は、町家《まちや》と考えてよいだろう。町家とは都市の庶民住宅の

琵琶湖岸大津の集落　屋敷が生垣で囲われた農家風の住宅と、通りに直接面して建てられた町家風の住宅が並んでいる（『一遍上人絵伝』東京国立博物館蔵）。

町家　「応仁・文明の大乱」後の復興した町家および町並が描かれている。室内に土間が表から裏まで通っている、通土間の近世町家に通じる形式が既に成立している（『洛中洛外図屏風』町田本、国立歴史民俗博物館蔵）。

ことであるが、ここで注目すべきは、この規模の小さい町家の内部は、周辺の農家と同じように、ほとんど土間であるらしいことである。京の町家については、既に『年中行事絵巻』でみたように、古代平安京の通りに面した築地塀の一角を占めた桟敷《さじき》から発展した都市施設が原形として想定され、十六世紀には『洛中洛外図屏風《らくちゅうらくがいずびょうぶ》』（町田本）に見られるような、近世町家と基本的には同じとみてよい形式に発展すると考えられている。しかし、この『一遍聖絵』に描かれた町家は、むしろ農家との近親関係を想定したほうがよさそうで、町家には京の町家とは異なる別の原形もあると考えた方がよいのかもしれない。

中世民家から近世民家へ

町家に対して、もう一方の庶民住宅である農家としてはどのようなものがあったのか。絵巻物には農家とわかる建物は意外に少なく、『洛中洛外図屏風』の農家も、町家ほどははっきりとは描かれていない。ただ幸いなことに、民家の現存遺構の中に中世に建てられたもの、そして、建てられたのは近世であっても中世の形式を継承していると考えられる農家の遺構がある。

「千年家《せんねんや》」と呼ばれてきた箱木家《はこぎ》（兵庫県神戸市）は、現存民家の中では最古のもので、その形式からみて建築年代は十五世紀にまで遡るとされている。近年のダム工事によって移築され当初の形式に復原されているが、軒の低い中世民家の様式がよく窺われる。内部

箱木家主屋全景　江戸時代に既に「千年家」という称号のあった古い民家で、建築年代は室町時代末期までは下らないとされている。棟と直交する側に入口のある「平入」で、「前座敷三間取り」という近畿地方の古い間取り形式である。ダム工事のために移築され、その際に室町時代の姿に復元されている。前面の縁のある側のみが開放的であるが、他は壁も厚く、出入口も小さいので閉鎖的な構成になる。

は一郭に馬屋のある「にわ」と呼ばれる広い土間があり、板敷の床上には「おもて」という主室が前面の庭に面しており、縁が設けられている。

一方の旧泉《いずみ》家（大阪府豊中市）は大阪府の北端の能勢《のせ》地方にあった農家で、建築年代は近世に入ってからのものであるが、「能勢型」とか「摂丹《せったん》型」と呼ばれて中世末の民家形式をよく伝えているとされている。箱木家と同じように馬屋のある土間がある、前面に「おもて」という主室があり「えんげ」という吹き放ちの縁が見られる。

いずれも近畿地方にあった中世以来の古い形式と考えられるこれらの民家遺構に、共通して前面に縁があり、前庭に面して前面に開放することのできる主室があるということは重要で、これらは寝殿造系の住宅ということになるだろう。ただし主屋棟の中に土間があることは寝殿造とは大きな違いで、馬屋があることで明らかなように、農作業を行う農民の住宅、つまり庶民住宅であることも間違いない。

ともかく、以上みてきたいくつかの例でみても、中世の庶民住宅には、寝殿造以来の板敷の開放的な縁を持つ住宅形式と、竪穴住居以来の土間の作業空間を持つ住宅形式という両方の要素が含まれており、実際には年代や地方、階層に応じて様々な表れ方をすると考えられる。近世の庶民住宅も、この両者の複雑な関係の中から成立してくるのであり、各地にみられる民家の地域的特色もこのような成立事情を視野に入れて考えなければならないだろう。

旧泉家主屋全景

旧泉家主屋「えんげ（縁）」部分　入母屋屋根の妻側に正面入口を設ける「妻入」の「能勢型」と呼ばれている民家の中では、建築年代は古く、17世紀後半までは遡るといわれる。「えんげ」のある前面には引き違いの戸が入っていて開放的になっている以外は、全体的に閉鎖的な構成となっているのが特徴である（日本民家集落博物館蔵）。

寺内町——日本における自治都市

江戸時代の建築が数多く残る大和の今井

江戸時代に建てられた町家建築が、最もよくまとまって残っている場所はどこかといえば、京都でも金沢でもなく、奈良県橿原《かしはら》市の今井《いまい》町ということになる。奈良盆地の南に位置する今井は、東西六〇〇メートル、南北三〇〇メートルほどの小さな都市的集落であるが、「慶安《けいあん》三年」(一六五〇年)の棟札《むなふだ》をもつ、筆頭惣年寄《そうどしより》を務めた家柄である今西《いまにし》家の豪壮な八棟造《やつむねづくり》をはじめとして、国の重要文化財に指定された町家が八棟もある。その他にも江戸時代以来の建物が数多く残されており、今でも今井の住宅のかなりの割合を占めている。東西南北に整然と通された通りを歩いてみても、低い軒の前面に格子を設けた重厚な町家が軒を連ねており、江戸時代以来という町並の雰囲気がよく感じとれる。

なにゆえに、この今井に古い町家がよく残されているのかについては、いくつかの要因が考えられるだろう。明治以降の近代的な発展に遅れをとってしまったことや、大火などの災害に遭っていないということもあるが、「大和《やまと》の金は今井に七分」という里謡《りよう》が示すように、江戸時代において、質の高い町家を数多く建てることができた経済的な実力が何といっても大きかったと考えられる。大和地方には古代以来の奈良があり、近世城下町としての大和郡山《やまとこおりやま》があったが、これらの主要都市と農村を繋ぐ結節点の役割を果たし、大和と周辺部を結ぶ交通の要所でもあった在郷町今井が実質的な経済を担っていたということなのであろう。ただ、なぜ今井がこのように繁栄したのかを考えるには、中世にまで遡って、寺内町《じないちょう》としての今井の歴史を考えなくてはならない。

空からみた今井町の全景　縦横に整然と道路が通り、瓦葺の町家が軒を連ねている（ジオグラフィック・フォト提供）。

今西家の外観　今井町の西端に位置する。入母屋屋根の妻に一段低い付け破風を設けて複雑な屋根形にしており、八棟造と呼ばれる。庇の裏まで白漆喰で塗り固め、二階窓には太い格子が設けられるなど城郭風に造られている。

一向宗門徒の都市──寺内町

寺内町とは一向宗《いっこう》(浄土真宗)の寺院を中心にして、周囲を自然地形を利用しつつ濠、土塁などで防御的に固めた都市形態のことで、今井の場合も、称念寺《しょうねんじ》(一向宗)が中央部やや南側に位置しており、今は埋められて道路になってしまっているが、かつては周囲が環濠《かんごう》で囲われた都市集落であった。この今井が成立したのは十六世紀半ばの天文年代のことで、本願寺の一家衆である今井兵部《ひょうぶ》が一向宗道場として今井御坊《ごぼう》(称念寺)を建立し、濠を巡らして土手を築き、町割《まちわり》を行って門徒の浪人や商人を集めて住まわせたのが始まりである。この地は大和地方の交通の要衝にあったことなどから商業が栄え、堺《さかい》とも連携を持って、環濠や雇い入れた兵力を背景として織田信長に対抗していたが、一五七五(天正三)年にはその軍事力に屈服し、「土居構《どいがまえ》」を破壊され武装解除されている。

つまり、寺内町で重要なのは、濠で囲われた特異なその都市形態だけではなく、一向宗の寺を核として、門徒たちがその拠点として建設した自治都市であり、当時の戦国大名に対抗するだけの実力を備えるにいたった都市であったことである。

このような寺内町は今井の他に、近畿地方では富田《とんだ》(摂津)・久宝寺《きゅうほうじ》(河内)・富田林《とんだばやし》(河内)・貝塚《かいづか》(和泉《いずみ》)、北陸地方では尾山《おやま》(加賀)・城端《じょうはな》(越中)・井波《いなみ》(越中)、東海地方でも長島《ながしま》(伊勢)・一身田《いしんでん》(伊勢)などが知られており、その多くは一五五〇年前後に建設されている。

寺内町がこのように北陸、近畿、東海地方に多いのは、室町時代以降、本願寺の指導のもとに一向宗の教線がこの一帯に伸びていたからにほかならない。

山科本願寺と石山本願寺

寺内町の始まりは、一四七一（文明三）年に本願寺八世蓮如《れんにょ》によって、越前国細呂宜《ほそろぎ》に吉崎《よしざき》御坊が営まれ、本坊《ほんぼう》を中心に門内、門外に多屋《たや》（宿坊）が設けられ、坊主《ぼうしゅ》、門徒が詰めてその防衛にあたったことにある。まだ都市的な形態をとってはいなかった吉崎御坊に対して、一四八三（文明十五）年に完成した山城国山科《やましな》郷の山科本願寺はかなり本格的な都市的形態となっている。発掘調査によって得られた知見、および近世初期の絵図による復原図に示したように、御影堂《みえいどう》・阿弥陀堂・寝殿などが並ぶ御本寺、一家一族と坊館屋敷・多屋のある内寺内、そして町々の並ぶ外寺内の三つの郭からなり、全体的に土塁や濠によって築かれた城郭都市であった。なかでも八町

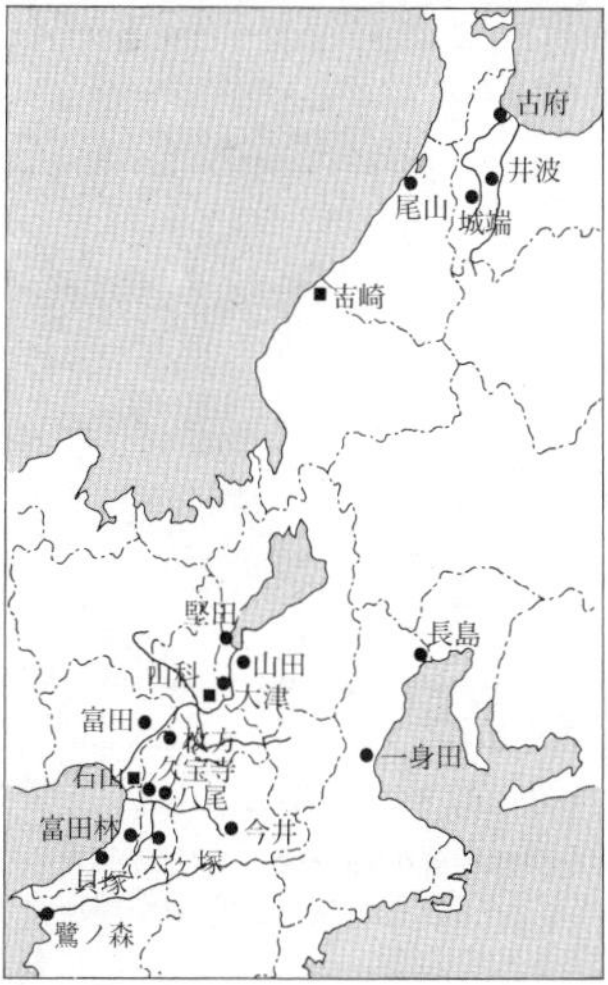

寺内町分布図

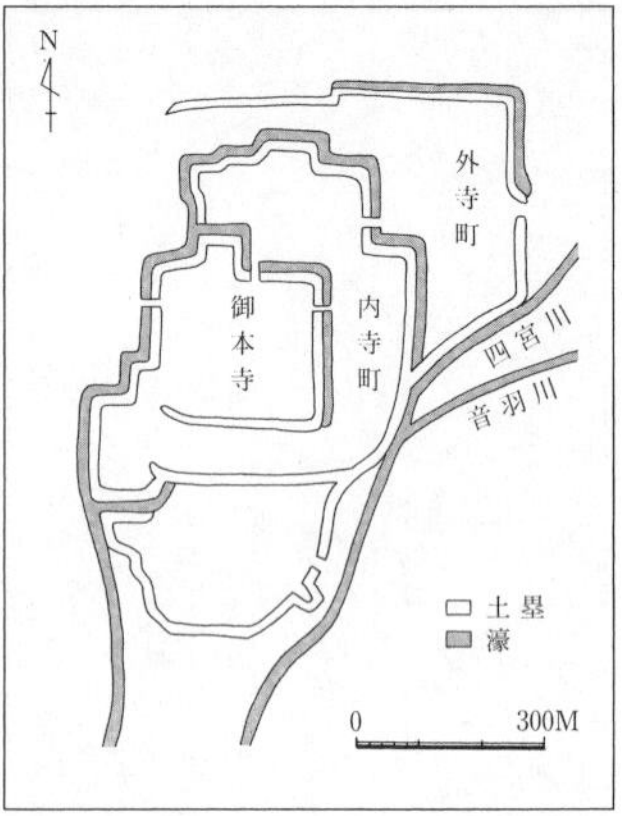

山科本願寺の復元図　発掘成果と近世の絵図による。ほぼ平坦な場所に築かれており、濠と土塁によって郭が作られていた。

があった外寺内には絵師、餅・塩・魚などの商人が住み、「洛中の居住と異ならず」といわれ、その壮麗さは「仏国」とも称されていて、都市としてみて全体的にかなりの繁栄を遂げていたことが窺われる。

一五三二（天文元）年に、六角《ろっかく》氏と法華《ほっけ》宗徒によって山科本願寺が焼かれてからは、同じく蓮如によって発願され、一四九六（明応五）年に着工された石山《いしやま》本願寺が、本山になっている。石山も山科と同様、城郭都市であり、寺内には六町が御坊を取り囲むように配され、町ごとに「釘貫《くぎぬき》」といわれる木戸門があり、各町には自治組織があった。その規模は後世この地に建設された大坂城の二の丸にほぼ対応するほどのものであったと考えられる。

この石山本願寺を本山とし、各地の寺内町に拠点を置いていた本願寺勢力は、十六世紀の後半には大きく発展し、戦国の世をほぼ統一しつつあった織田信長にとって最大の対抗勢力となってその前に立ちふさがった。一五七一（元亀二）年に始まる石山本願寺合戦は、織田信長にとっての最も困難な戦いであったと考えられる。最終的に一五八〇（天正八）

年、本願寺第十一世顕如《けんにょ》は、信長に屈して石山を明け渡した。さらに一五九一（天正十九）年に本願寺は京都に移って東西に分裂し、ここに本願寺勢力による自治的な都市発展の可能性は消滅した。

近世城下町の原形としての寺内町

寺内町という都市形態が存在していたのは十五世紀末から十六世紀末までのわずか百年ほどではあるが、わが国の都市の歴史の上ではその持つ意味は決して小さくはない。とりあえず二つの点を挙げておこう。まず第一に、在地の勢力によって建設された自治都市としての性格が非常に強いという点である。もちろん、吉崎、山科、石山と連なる本願寺主導の寺内町は自治都市とはいい難いが、他の多くの寺内町は一向宗門徒が中心になっているとはいえ、やはり在地土豪《どごう》、ないし地域住民が実質的にその勢力拠点として建設し、維持していたはずである。吉崎、山科、石山の地が近世には都市としては継承されずに消滅、ないし解体されてしまうのに対して、多くの寺内町が近世以降むしろ、地域の中心都市として発展していくのも、そのような在地の自治都市という観点でみれば理解できるだろう。古代都市以来、支配勢力の拠点として建設された都市がほとんどである日本の都市の中では、寺内町が一時的にしろこのような勢力を保ったということの意味は大きい。

第二に、寺内町で形成された都市計画手法が、近世城下町に受け継がれたということである。近世城下町の直接の祖形としては戦国大名が建設した戦国期城下町が考えられるが、道路割・町割・屋敷割などの実際の計画技術は、その時期および内容からみて、部分的には寺内町のものを継承した可能性が高い。現代の日本の都市の多くは近世城下町を基礎にしていることを考えれば、寺内町という都市によって形成された都市計画手法が、形を変えつつも現在の日本都市に生きているということになるだろう。

戦国期城下町――戦国大名の拠点

越前一乗谷

近世における越前の中心は、福井平野のほぼ中央に位置する城下町福井であるが、戦国時代の越前支配の中心は、この福井を貫いて流れる足羽川《あすわ》を東南に一〇キロメートルほど遡り、福井平野から山間に入った谷間に位置する一乗谷《いちじょうだに》であった。一四七一（文明三）年に越前の支配権を獲得した初代朝倉孝景《あさくらたかかげ》以来、ほぼ一世紀にわたって越前一国を支配した戦国大名朝倉氏が拠点を置いたこの戦国期城下町一乗谷は、一五七三（天正元）年、織田信長によって五代当主朝倉義景《よしかげ》が滅ぼされた際に火を放たれ、栄華を誇った建築群は全て焼け落ちた。その後、信長の武将柴田勝家《かついえ》によって北庄《きたのしょう》（福井）が建設され、越前支配の機能が移されると、一乗谷の跡は急速に水田化し、遺跡が地面の下に良好な状態で残されることになった。一九六七（昭和四十二）年以来、本格的に発掘が進められ、豊富な遺構、遺物が確認され、国の特別史跡にも指定されている。一九七二年には朝倉氏遺跡調査研究所が設立され、朝倉館跡、諏訪庭園跡など発掘遺構の整備が行われ、建築も部分的に復原されて、他では窺えない戦国期城下町の様相を具体的に知ることのできる貴重な遺跡となっている。

ただ、城下町といっても、戦国大名の拠点であったこの越前一乗谷は、よく知られている近世城下町とはかなり様相が異なっている。近世城下町は、濠《ほり》で囲われた城郭の中心に天守閣《てんしゅかく》があり、それを取り囲んで武士の屋敷、寺院・神社が配され、街道沿いには町家《まちや》が並ぶというように、整然と地域区分がされ、しかも全体として建築・諸施設がまとまって存在するのが一般的な形態である。ところが一乗谷は、山上に山城《やまじろ》、砦《とりで》、櫓《やぐら》などの戦闘施設が築造され、やや離れた平地部に日常生活のための城主の居館《きょかん》、家臣の屋敷、寺院、町家などが、必ずしも地域区分されずに、しかも分散的に配されている。このような形態は、

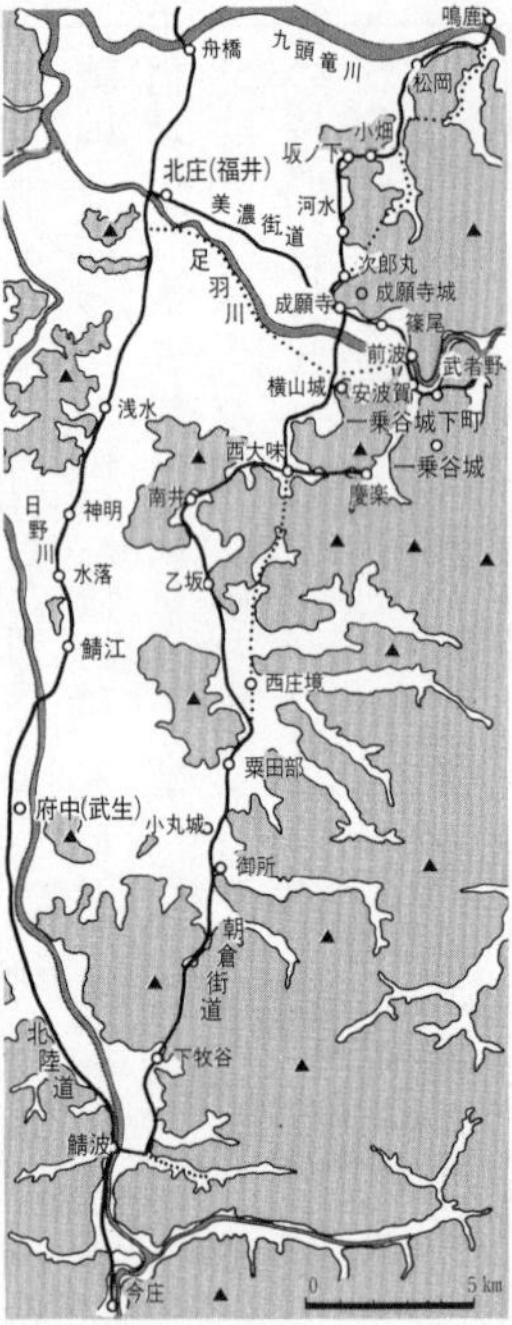

福井平野と一乗谷　足羽川が福井平野に注ぎ込む直前の山間に、一乗谷川との合流点がある。なお、府中（武生）から北庄（福井）へと福井平野中央部を南北に通る古くからの幹線道である北陸道に対して、平野東部の山麓に通る朝倉街道は一乗谷に拠点を置いた朝倉氏によって整備されたと考えられる（水野和雄「町をつくる」『よみがえる中世6』）。

実は戦国期城下町によく見られるかなり一般的な構成といってよい。

戦国期の城郭

防御の中心である一乗谷城は、幅二〇〇メートル、長さ六〇〇メートルほどの規模で、東方の標高四七三メートルの一乗城山の尾根筋にある。本丸《ほんまる》とも呼ばれている中心的な建物があったと考えられる部分と、順次高まっていく一の丸・二の丸・三の丸という、いずれも山頂部を削って造成した部分からなる。柵や塀が設けられていたかどうかわからない

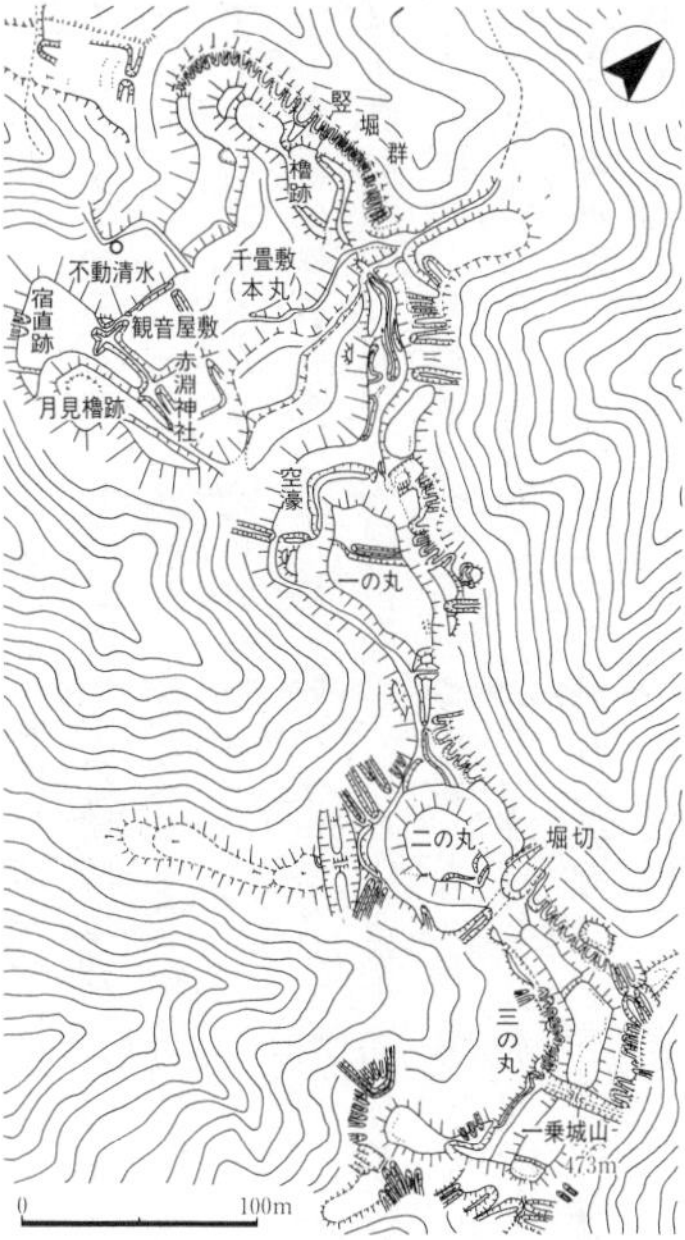

一乗谷城の配置　一乗谷東方の、一乗城山から西北にのびる尾根上に、それぞれ堀切と、竪堀によって囲われた三の丸、二の丸、一の丸が連なり、巨大な空濠を介して、残された礎石などから中心的な建物があったとされる千畳敷を中心として、櫓跡、観音屋敷などで構成される本丸部分がある（同前）。

が、斜面に平行な堀切《ほりきり》や空濠《からぼり》と、斜面に直角な竪堀《たてぼり》が設けられ、戦闘施設としての機能をよく備えている。ただし、この一乗谷城は単独で存在していたわけではなく、周辺部の山に分散して配された山城群と一体となって、朝倉館の背後の詰城《つめのしろ》としての機能を果たすように計画されたと考えられる。

わが国の城郭の大半を占めている中世城郭の多くは、この一乗谷城に見られるように、城主の居館背後の山上の尾根筋に、相互に密接な関係を保ちつつ分散して築かれている。つまり山城としては、その高さと地形、ないし土木工事による堅固さはもちろんであるが、全体としての有機的な配置こそが戦闘施設としての機能を維持していたことがわかる。このような城郭が、天守閣などの城郭建築をともなう領国経営の中心施設として平野部におりてくるのは、近世城下町になってからのことである。

戦国期城下町の都市空間

城主の居館のある戦国期城下町としての中心部分は、図に示したように、足羽川の支流一乗谷川が中央を南から北に流れる谷間に位置している。東西から迫る山と、南と北の谷の出入口を、堅固な土塁である上と下の城戸《きど》によって区切られた「城戸の内」は、東西幅で三〇〇メートル余り、南北でも一・五キロメートルほどの狭い範囲におさまってしまう。発掘成果によれば、この城戸の内は、百尺（約三〇メートル）を基準とする計画的な道路割《わり》、および屋敷割がなされており、朝倉館、湯殿庭園、諏訪庭園などの朝倉一族の居館群がある東山麓南寄りに中心があったと考えられる。その他、山麓の高台には有力な武将の屋敷があり、寺院も高台の各所に配されていた。川沿いの低地部には比較的小さな屋敷が並び、敷地いっぱいに間口二、三間で、奥行のやや深い建物が確認されている。遺物などから数珠《じゅず》屋、鋳物師《いもじ》屋、紺屋《こうや》などの存在が想定されており、商工業者の屋敷もあったと考

一乗谷城下町推定復原図　ほぼ南から北に流れて足羽川に注ぐ一乗谷川に沿った狭い谷間を、上と下の堅固な土塁による城戸を設けて区切った狭い「城戸の内」が、戦国城下町一乗谷の中心部であった。山麓の高台には武将の屋敷や寺院があり、川沿いの低地には庶民の居住部分があったと考えられる（福井県立朝倉氏遺跡資料館作成）。

えられる。

ただ、越前国の中心としての実質的な機能を、この程度の規模の一乗谷がどの程度担っていたのかはまだよくわかっていない。高校の歴史教科書にものっている有名な「朝倉孝景条々」に含まれる、

一、朝倉が館のほか、国内に城郭を構へさせまじく候。惣別分限あらん者、一乗谷へ引越、郷村には代官ばかり置かるべきのこと。

という条文は一国一城令、および城下集住を目指した近世城下町の先駆とみなすこともできそうであるが、はたしてこのような内容が朝倉氏の城下町でどの程度実現していたかは、今後解明しなければならない問題である。

朝倉館跡の整備状況 土塁で囲われ、外には外濠もめぐらされた一乗谷では最大規模の館である。発掘の結果、多数の礎石建物や園池、井戸、排水溝などの遺構のほか、遺物も数多く検出された。背後の山上に一乗谷城がある（福井県立朝倉氏遺跡資料館蔵）。

戦国期城下町から近世城下町へ

このような戦国期城下町の都市空間は、地理的な条件や固有の地形に規定されており、実際には多様な形態があるが、大きく見れば戦国期城下町としての共通な類型、ないし発

展段階が認められる。小島道裕氏の研究によれば、戦国期城下町の総構《そうがまえ》の中にあるのは大名居館と家臣団の屋敷、そして城主直属の商工業者集団の居住部分で、その他の直属ではない商工業者による市町は総構の外にあり、いわば二元的な都市構造を持っていたという。これは戦国大名には領内の商工業者を、総構内に強制的に移住させるだけの力がまだなかったということで、このような弱点を克服する過程が、戦国大名から近世大名への脱皮であり、戦国期城下町から近世城下町への発展であった。こうした二元性をはじめて解消したのが織田信長による安土《あづち》建設であり、以後、近江八幡《おうみはちまん》、大坂など、いわゆる織豊《しょくほう》系城下町の主導のもとに、近世城下町の形態は形成されていくという。

一乗谷の場合、周辺部の市町がどこにあったのかは今のところ、よくわかってはいないが、大筋ではこのような二元的な都市構造でその形態はよく理解できる。ただ、このような見方が、当時の先進地帯であった近畿や北陸・瀬戸内沿岸地方以外の、全国各地の戦国期城下町で、どの程度の普遍性を持つかは都市史研究の今後の課題であろう。

いずれにしろ、現在の日本の主要都市の大半をしめる近世城下町は、戦国期城下町の後継者として登場したのであり、この戦国時代から江戸時代という時期が、日本の都市の歴史の上でも最も大きな転換期であったことは間違いないだろう。

第三章　近世

近世の城郭建築――天守の成立

城と天守

日本の城というと、高く築かれた石垣上に白亜の天守がそびえ立つ、姫路城《ひめじじょう》をまず思い浮かべる人が多いだろう。白鷺《しらさぎ》城とも呼ばれているこの城は、一六〇〇（慶長五）年の関ケ原の戦功によって城主となった池田輝政《てるまさ》が、翌一六〇一年に中世以来の城地の拡張工事を開始し、一六〇九（慶長十四）年頃に完成したものである。播州《ばんしゅう》平野の小高い丘の地形を利用して、本丸《ほんまる》を中心に二の丸、三の丸、西の丸を造成し、大天守・小天守の他に櫓《やぐら》、渡櫓《わたりやぐら》、櫓門、土塀《どべい》などの各種建築群を、土地の起伏に合わせて築いた石垣上に巧みに配している。現存の城郭建築の中では最もよく建築遺構が整っており、往時の建築構成全体の妙を窺うことができることも重要であるが、何といっても近世城郭であるこの姫路城の外観を印象的にしているのは、やはり天守の存在であろう。

天守（天主とも殿主とも書かれていたが近世には天守に統一される）とは天守閣とも呼ばれる城郭の中心となる櫓のことであり、通常外から見える屋根を何重と数え、内部の床で何

姫路城（白鷺城）の外観　大天守と小天守、各種の櫓、塀などが、高さの異なる石垣の上に整然と築かれている。千鳥破風、唐破風を巧みに配した屋根と白亜の外壁の建物美と、高低差のある地形を利用した全体の構成が見事に調和している。城郭建築のみならず、日本建築全体の中でみても第一級の建築遺構であろう（写真提供・吉田靖氏）。

階と数えている。姫路城の場合は、五重六階地下一階の大天守と、西・乾《いぬい》（北西）・東の小天守とを渡櫓でつなぐ、いわゆる連立天守形式で、最も発達した天守形式とされている。天守群はいずれも外壁および軒を白漆喰《しろしっくい》で塗り籠め、屋根には千鳥破風《ちどりはふ》、唐破風《からはふ》を設けた近世城郭の完成された壮麗な外観を見せている。

明治維新当時、全国で四十程もあった天守は、明治維新に際しての破却、戦災などによる焼失のため、現在では表に示したように全国でもわずか十二しか残されていない。

天守の成立過程——中世山城と居館

ではこのような近世城郭の中心であ

現存の天守一覧

	名　称	所　在　地	造営年代（推定を含む）
1	丸岡城天守	福井県坂井郡丸岡町	1576（天正 4）年
2	松本城天守	長野県松本市	1596（慶長初）年頃
3	犬山城天守	愛知県犬山市	1601（慶長 6）年着工
4	彦根城天守	滋賀県彦根市	1606（慶長11）年
5	姫路城天守群	兵庫県姫路市	1609（慶長14）年
6	松江城天守	島根県松江市	1611（慶長16）年
7	丸亀城天守	香川県丸亀市	1660（万治 3）年
8	宇和島城天守	愛媛県宇和島市	1665（寛文 5）年
9	備中松山城天守	岡山県高梁《たかはし》市	1681―84年（天和年間）
10	高知城天守	高知県高知市	1747（延享 4）年
11	弘前城天守	青森県弘前市	1810（文化 7）年
12	松山城天守	愛媛県松山市	1854（嘉永 7）年

る天守は、どのようにして成立したのであろうか。越前一乗谷城でもみたように、中世の城はその多くが自然の山の地形を利用した山城《やまじろ》であった。全国で数多く残されている中世城郭については、発掘調査を含む研究の蓄積が進みつつあり、中世城下町とともにその時代・地域による特色などが明らかになりつつある。ただ、城郭を構成する山上の曲輪《くるわ》には、礎石などから建築の存在が確認できる場合もあるが、多くの場合、常設の本格的な建築はなく、城主が平時に住む居館《きょかん》は山麓にあったとみてよいだろう。

戦国時代が終わりに近づくとともに、城郭は戦闘のための施設から、領国支配の拠点としての性格を強めることになり、政治的・経済的支配に有利な平野部におりてくることになる。いわゆる平山城《ひらやまじろ》ないし平城《ひらじろ》の出現である。この過程で、城主の居館と、戦闘施設としての望楼《ぼうろう》ないし櫓《やぐら》が、一つの建物にまとめられるようになるのが近世城郭の天守の成立過程であろうと考えられている。これは、現存天守としては年代の古い例である、丸岡《まるおか》城天守、犬山《いぬやま》城天守などが、いずれも望楼型天守と呼ばれ、通常の単層ないし二層の櫓の大屋根の上に、小さい望楼をのせただけの単純な形態をとっていることが一つの理由である。当時の建築遺構がそのままの形で残されているわけではなく、この間の具体的な経過は必ずしも十分明らかではないが、織田信長による安土城天守が、近世城郭の天守発展の大きな転換点であったということは認めてよいであろう。

安土城天守と大坂城天守

一五七五（天正三）年の長篠《ながしの》の戦いによって甲斐《かい》武田氏を打ち破った信長は、翌年に近江国安土に居城を定め、普請総奉行《ふしんそうぶぎょう》丹羽長秀《にわながひで》によって築城を開始した。近江は東海道、中山道《なかせんどう》、北国《ほっこく》街道が合流する京都の東の入口であり、中でも安土城は琵琶湖の入江に半島状に突き出た山上に位置し、軍事上のみならず、琵琶湖水運の上でも要衝を占めていた。山全体に石垣で造成した多数の曲輪を配し、山麓の居館と山上の城といった中世城郭にみられた区別はなく、すべては山頂の城にまとめられた。中央にそびえる天守は屋根が五重、内部は地下を入れて七階で、棟梁《とうりょう》は熱田《あつた》大工岡部又右衛門《おかべまたえもん》であり、内部には狩野永徳《かのうえいとく》一門による絵画が描かれた。ただ残念ながら、一五八一（天正九）年に完成したこの天守は、翌一五八二年の本能寺《ほんのうじ》の変とそれに続く山崎の合戦の混乱により焼失した。

この安土城については、信長が作らせた当時の記録や、キリスト教宣教師フロイスの報告、さらに遺跡、出土瓦《かわら》などを総合的に判断することによりかなりの程度の復原が可能である。宮上茂隆氏の詳細な研究によれば、安土城天守は八角形の天守台の内側に築いた高さ五尺（約一・五メートル）の石垣の上に建ち、屋根は瓦葺《かわらぶき》で、軒瓦《のきがわら》は全て金箔が用いられていた。一階から三階までは御殿で、外壁は軒裏が白漆喰塗りで、腰《こし》は羽目板《はめいた》張りであった。五階は夢殿《ゆめどの》のような八角形平面で、柱等は朱漆《しゅうるし》塗《ぬ》りで、内部は仏画が描かれ、外に張り出した縁の下には中国皇帝のシンボルである龍と鯱《しゃちほこ》が描かれていた。最上階の六階は金閣の三階のような唐様仏堂タイプで、内部の壁天井は全て金箔押し、壁には三皇五帝などの儒教画が描かれ、外側の柱は金、板壁部分はすべて黒漆塗りであった。宮上氏によれば、これらの特徴から言えるのは、内部の絵画の題材のみで

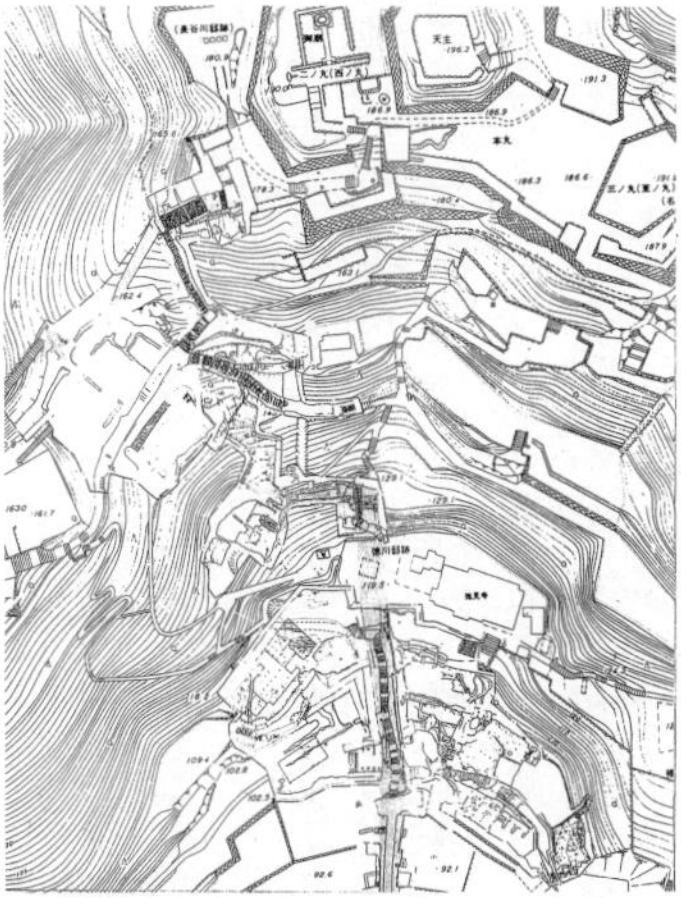

安土城発掘遺構図　安土城では大手門から本丸にまっすぐ向う大手道が両脇の大名屋敷の郭とともに発掘されている（滋賀県安土城郭調査研究所）。

はなく、建築的にみた形態もはなはだ中国的であるということである。そもそも高台の上に高楼《こうろう》を置くという形式自体が中国の支配者の建築の伝統にのっとっていると言ってよく、中国文化の強い影響下にあった中世文化の継承を強く意識していた信長の中国趣味の表れとみてよいであろう。

信長の跡を継いで天下を統一した豊臣秀吉は、一五八三（天正十一）年、石山本願寺跡地に全体の規模としては安土城をしのぐ大坂城築城を開始する。もちろん大坂城にも天守は築かれるが、その規模は安土城に匹敵するものの、外観および内部の装飾は安土城ほどのものではなかった。これは秀吉の場合、安土城をはるかに上回る規模の本丸御殿の方に主眼があったためであり、信長が天守によって表現しようとした中世文化の伝統は秀吉には継承されなかったことになるだろう。

近世城郭の出現

ともかく、この安土城・大坂城に代表される織豊系城郭の出現によって、城郭そのものは大きく転換することになる。山頂を削って曲輪とし、尾根を切って堀切《ほりきり》として、せいぜい土を盛った土塁を築いていた中世山城の段階から、高く人工的に石垣を築いて落差のある曲輪が建設できるようになった。城郭の出入口である虎口《こぐち》には石垣による升形《ますがた》虎口が発達し、石垣の上部いっぱいに建てられるようになった櫓・塀などと一体となり、防御機能は飛躍的に強力になった。城内の建築も恒久的なものになり、屋根には瓦が葺かれ、外壁は漆喰で塗り籠められるようになる。天守を中心とするその外観は単なる戦闘施設から、領国支配の象徴へと大きな転換を遂げる。寺院・神社建築や住宅建築には見られない、全く独自の表現形式を持つ近世城郭の出現である。このような建築技術および様式は西国を中心に急速に全国に波及することになる。

一六一五（元和元）年、大坂夏の陣により秀吉の大坂城は焼失する。徳川幕府は、豊臣時代の本丸を盛土によって埋めつくした上に、さらに大規模な徳川の大坂城を再建し、同時に江戸には壮大な江戸城を建設している。その一方で、一国一城令によって、城郭は厳しく規制されるようになり、天守建築の発展は事実上終わることになる。つまり、最初にみた姫路城天守は、このような城郭発展の歴史からみると、近世城郭最盛期の姿を伝えている実に貴重な遺構ということになるだろう。

建築の基準尺度と「間」

京間と田舎間——一間の長さは一定ではない

長さの基準尺度《しゃくど》というと、メートル法が普及した現在では、メートル・センチメートル・ミリメートルという単位が一般化しており、日常生活で長さや大きさを示す場合は、ほぼこれで間に合うといってよいだろう。しかしながら一方では、間《けん》・尺《しゃく》・寸《すん》というわが国に伝統的な長さの単位も実はよく使われている。特に木造建築を作る大工さんはごく当り前に間・尺を使っているし、そうでなくても、間と一間四方の面積の単位である坪《つぼ》は、日本人であれば、感覚的に大きさがよくわかる単位であろう。たとえば近年高騰《こうとう》している地価の場合でも、一平方メートル当りいくらとはいわないで、坪当り、ないし坪を換算した三・三平方メートル当りいくらといった方がはるかにわかりやすい。これは、一間の長さが、我々の住宅の中でよく用いられている畳《たたみ》の大きさとほぼ一致しているためであり、住宅建築が今でも、この「間《けん》」を基準尺度として作られ、大きさを坪数で示しているからである。

このような建築の基準尺度である一間の長さは、明治以降は一間＝六尺、すなわち一・八一八メートルと法律で定められており問題はないが、江戸時代以前に遡《さかのぼ》ると必ずしも一定ではなかった。まず日本列島の中の地域によって違っていた。東京を中心とする関東に比べて、京都・大坂を中心とする関西は畳の大きさがやや大きいことはよく知られている。同じ六畳間といっても関東より関西の方が広いということであるが、これは畳の大きさの基本になる建築の基準寸法が異なっていたからであり、関東の場合は田舎間《いなかま》という六尺一間を用いているのに対して、関西の場合は京間《きょうま》という六尺五寸一間を用いていたからである。

なぜこのような間の違いがあるのかを明らかにする一つの手がかりとしては、間には、土地を計る測量の単位としての一間と、建築の基準尺度としての一間という二つの系統があったということがある。

検地と土地測量単位としての「間」

土地測量単位としての間が確立したのは、豊臣秀吉による、いわゆる太閤検地《たいこうけんち》によってである。この太閤検地の際に、六尺三寸を一間と定め、一間四方を一歩《ぶ》（すなわち一坪）とし、三百歩を一段《たん》とする、町《ちょう》・段・畝《せ》・歩という土地測量の基準が作られ、また十合一升の京升《きょうます》による計量基準が作られた。太閤検地は、古代律令《りつりょう》以来の土地制度を改めて、近世的な土地支配制度を確立した画期的な政策であったことはいうまでもないが、基準単位という観点からみても、容量の基準とともに必ずしも一定ではなかった長さ・広さの基準尺度を全国的に一律に決定したという意味は大きいだろう。

秀吉を受け継いで統一政権を掌握《しょうあく》した徳川家康も検地を行っている。その基準や方法は太閤検地を継承したものの、大きく異なっていたのは、一間を六尺にしたということである。つまり、この幕府検地によって六尺一間の田舎間が、土地測量単位として用いられ、以後普及していったといってよいだろう。この幕府検地は関東・東北を中心とする幕府領ないし旗本領《はたもとりょう》で行われたものであり、田舎間が用いられている地域とほぼ重なっているからである。

ただ、幕府が検地に六尺一間を用いたといって、ただちに土地測量単位として六尺一間が全国に普及したとは考えられない。たとえば、徳川氏の城下町である江戸の場合、町地《まちち》の町割《まちわり》の基準単位としては、京間と田舎間が混在しており、武家屋敷まで含めると場所によっては、六尺三寸一間なども含めて多様な基準尺度が用いられていたことがわかっている。それでも土地測量単位としての間は、より便利な田舎間が支配的になっていったようで、幕府が行う町割に用いる間は、十八世紀初めには六尺一間に統一されたようである。

建築の「間」と長さの単位としての「間」

では一方の、一間＝六尺五寸（一・九七メートル）の京間はどのようにして成立したのか。この問題を考えるには建築技術の発展過程を遡らなければならない。そもそも日本の古代の建築において、間《けん》とは、長さの基準ではなく、文字通り柱と柱の間《あいだ》のことを意味していた。日本の伝統的な木造建築は、柱とそれをつなぐ横架材《おうかざい》である桁《けた》と梁《はり》で構成される軸《じく》組《ぐみ》構造であり、柱の位置が構造的にはもちろん、意匠《いしょう》上も重要な意味を持っていた。したがって、建築を表現するにも、長さで規模を示すよりは、柱の間がいくつあるかを示した方が便利であった。図のような建築では「間口《まぐち》（桁行《けたゆき》）三間、奥行《おくゆき》（梁行《はりゆき》）二間」というように表した。それでは建築の大きさがわからないと心配する人がいるかもしれないが、柱間《はしらま》の実長は建物の種類ないし時代によって、たとえば古代の寝殿造ではほぼ十尺というように決まっており、実際に困ることはなかったのである。

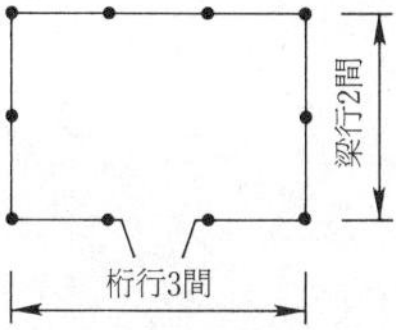

建築の平面記法の例　柱間の実長に関係なく、桁行三間梁行二間というように記す。建築の正確な大きさはわからないが、柱を立てて桁と梁とで軸組を構成する木造建築の場合、柱の位置こそが重要であり、基本的な平面構成はよくわかる。

この柱間の実長は、時代が下がるにつれて建築技術の進歩発展ないし、建築の使われ方の変化に従って、徐々に小さくなっていった。これは現存する建築の柱間寸法を計ることによって

志苔館跡の遺跡整備状況（函館市志海苔町） 現在は、館内の柱間が七尺の時代の建物跡や、井戸跡がわかるように遺跡が整備されている。土塁の向こうに遠く函館山を望む（写真提供・史跡「志苔館跡」保存会）。

判明することであるが、中世ではだいたい七尺が支配的であったが、中世末の京都を中心とする関西地方で多く建てられた書院造と呼ばれる住宅形式では、柱間はほぼ六尺五寸が標準になっていた。京間とは、京都地方の建築でもっぱら用いられていたこの建築の基準寸法を、長さの単位として取り上げたものであったと考えてよいだろう。

したがって、京間とは本来、建築技術者、すなわち大工棟梁が用いた基準尺度であったと考えられる。近世初期の江戸の町割が京間で行われているのも、京都近辺で活動していた大工技術者を、町割実務担当の技術者として採用したからであろうと考えられる。

「間」の長さの地域性と年代による変化

京間と田舎間については、一応このような説明が可能であるが、建築基準尺度としての間の実際はそう簡単なものではない。全国各地には京間、田舎間、さらに六尺二寸、六尺三寸の間を用いたと考えられる建築が存在するし、考古学的な発掘遺構までも含めればさらに複雑である。しかも同じ地域・場所であっても、年代的にみれば変化がみられる。たとえば、岩手県内の民家では、十五世紀には七尺であったものが、十八世紀には六尺三寸になっている。

北海道函館市郊外の志苔館《しのりだて》は、室町時代から存続した和人《わじん》豪族の館《やかた》であることが記録によってほぼ明らかであるが、この館の中には発掘の結果、多くの柱穴《はしらあな》跡が検出されており、建物跡になるものが計五棟《むね》分確認されている。注目されるのはこの建物が、柱間寸法から、七尺、六尺五寸、六尺を基準尺度とする三つのグループに分かれることである。層位《そうい》関係

空から見た志苔館跡　津軽海峡を望む海岸段丘上に、四方を高さ1.5～3メートル、幅約10メートルほどの土塁で囲われたほぼ矩形の館跡が、正面入口とされる手前の二重の濠などとともに見事に残されている。発掘の結果、検出された掘立柱建物は柱間寸法が、七尺、六尺五寸、六尺の三種のグループに分かれることが確認された（同前）。

から建物は同時期に存在したわけではなく、七尺、六尺五寸、六尺の順であることは間違いないが、実際の年代はわからない。文化の中心からはかなりの距離があったと一応みなすことのできる当時の蝦夷地《えぞち》ということを考えれば、建築技術としてどのような系譜のものが、どのような経路で入っていたのかは大変興味深い問題であるといえよう。そのような意味で、建築基準尺度とは、日本列島内における文化伝承問題を考える実に重要な手がかりということになる。

草庵風茶室の成立

茶湯と茶室

茶湯《ちゃのゆ》のための建築施設を茶室と呼んでいる。茶を飲むための機能を満たす建築でさえあれば全て茶室といってよいのであろうが、実際には、中世の十五世紀に村田珠光《じゅこう》によって始められ、武野紹鷗《たけのじょうおう》に受け継がれ、最終的に十六世紀末に千利休《せんのりきゅう》によって大成されたとされる侘茶《わびちゃ》に対応した独特の建築形式を茶室ということが多い。したがって、侘茶という茶湯の思想的内容、そしてその形成過程と、茶室の建築形式は密接不可分の関係にあるはずである。武野紹鷗、千利休ら茶人たちが考えていた茶湯の内容を知るためには、彼らが書き残した文字や、各種の記録・伝承などが重要な史料であることはいうまでもないが、茶室という建築そのものも、貴重な手がかりということになるだろう。

ここでは千利休の妙喜庵待庵《みょうきあんたいあん》、そして古田織部《おりべ》の燕庵《えんあん》という二つの茶室を取り上げて比較することにより、茶湯の大成者千利休の茶室の意味を考えることにする。

千利休の妙喜庵待庵——草庵風茶室の完成

一五八二（天正十）年頃の創建とされる現存最古の茶室である妙喜庵待庵は、京都郊外の山崎にある。利休好《ごの》み、すなわち千利休が作ったとされる茶室は数多くあるものの、利休が実際に関与していることがほぼ確実なのは、この妙喜庵待庵だけであり、利休の茶湯を考える上で最も重要な茶室である。

平面図に示したように、広さはわずか畳二畳敷で、次の間一畳が付設されている。隅に炉（隅炉《すみろ》）を切り、次の間境には襖《ふすま》を立て込んでいるが、客の出入口は躙口《にじりぐち》という幅二尺三寸六分（約七二センチメートル）、高さ二尺六寸（約八〇センチメートル）のごく小さな入口で、頭を下げてくぐるようにしてしか入れない。写真に見るように、部屋は土壁《つちかべ》で囲い、床の間も洞床《ほらどこ》といって、土壁で隅と天井を塗り回して柱が見えないようにしている。長押《なげし》はなく、壁には窓を開けて明障子《あかりしょうじ》を入れ、低い天井の一部は化粧屋根裏《けしょうやねうら》といって、屋根の構造を内部にそのまま現している。柱には面皮柱《めんかわばしら》という皮付の丸太を用い、床框《とこがまち》も丸太材である。天井には竹や木の皮が使われており、外観も柿葺《こけらぶき》屋根に土壁の素朴な形式である。

このような茶室はその意匠から、草庵《そうあん》風茶室と呼ばれており、茶人たちが、一般民衆の住宅、すなわち民家で用いられていた建築手法を取り入れたのだと考えられている。当時

妙喜庵待庵内部　左手に隅炉が切ってあり、右手に洞床がある（妙喜庵蔵）。

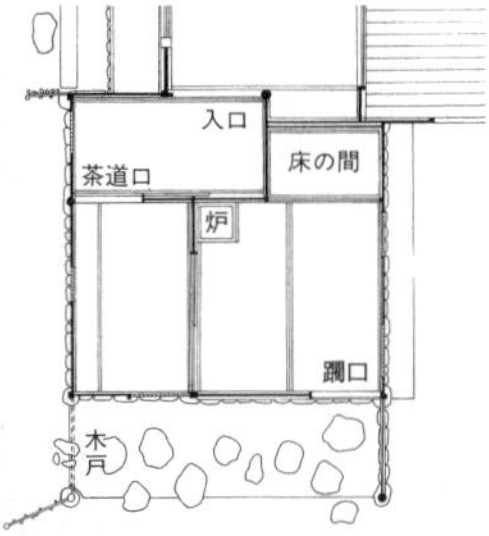

妙喜庵待庵平面図

の住宅形式の主流である書院造は、土壁を用いないで張付《はりつけ》壁を用い、窓はなく、柱は漆塗りの角柱で長押を回し、天井も平らな格天井《ごうてんじょう》であり、その作り方は茶室とは明らかに異なっている。なぜ茶室がこのように草庵風になったのかについては、いろいろな考え方があるが、侘茶の世界を構築するためには、独立した閉鎖的な狭い空間を作り上げる必要があり、本来規模の大きい建築を作るための書院造の手法ではなく、より自由な民家の手法が採用されたということが基本にあるだろう。独立した茶室を書院造とは別の様式で作ろうという動きは既に珠光の頃からあり、利休はその最終的な大成者ということになる。

注目しなければならないのは、妙喜庵待庵では、草庵風の意匠を最大限に用いて、二畳というおそらく最小限の正方形の部屋の中に、全体としては非常に洗練された、緊張感のある空間を作り上げているということで、この点が利休の目指したものが何であったのかを考える場合の最も重要な手がかりになるはずである。

古田織部の燕庵——草庵風茶室の変質

織田信長・豊臣秀吉に仕えた大名である古田織部は、利休七哲の一人に数えられる茶人であった。一五九一（天正十九）年、秀吉の怒りに触れた利休が堺に下る際に、同じ武家茶匠《ちゃしょう》である細川三斎《さんさい》とともに、ひそかに淀《よど》の川岸まで見送ったという話が知られるように、利休の茶湯の内容の理解者であり、また最も有力な後継者であったといってよいだろう。織部好みとされる茶室もかなり知られているが、京都藪内《やぶのうち》家にある燕庵は、幕末に再建されたもので織部当時のものではないが、織部の茶室の忠実な写しと考えられ、織部の茶湯に対しての考え方を知るためには最もふさわしい茶室である。

平面図に示したように、燕庵は三畳台目《だいめ》、つまり三畳に一畳の四分の三の大きさの台目畳を加えた大きさで、待庵の二畳よりはかなり大きい。茶道口のある台目畳が点前座《てまえざ》、つまり主人が茶を点《た》てる場所になっており、炉の位置に立てられた中柱《なかばしら》とともにいわゆる台目構えを構成している。写真に見るように、この中柱と炉によって規定された場所が茶道具を並べる位置になり、茶人の点前の見せ場ということになるだろう。つまり、この台目構えは茶湯の中心である茶を点てるという動作を、最も効果的にみせる舞台装置としての役割をはたすことになる。実際にこの燕庵の時期以降、茶室には必ずといってよいほど

燕庵内部　左手が相伴席。右手に炉、中柱、点前座がある（財団法人・藪内燕庵蔵）。

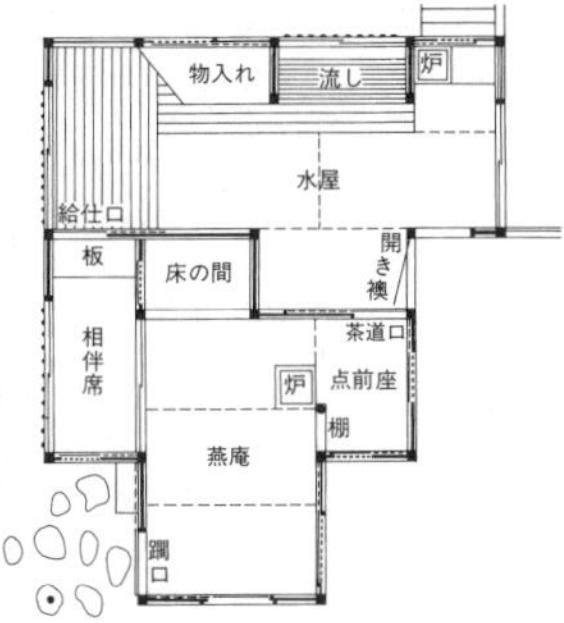

燕庵平面図

この台目構えが採用され、草庵風茶室の最も重要な構成要素になっている。

燕庵のもう一つの大変重要な特徴は相伴席《しょうばんせき》があることである。襖二枚で隔てられた一畳が点前座の反対に付設されているもので、実際には相伴席の畳を取り払えば上段・下段の構成ができるようになっており、相伴席の天井が化粧屋根裏になっているのも上段・下段に対応しているといってよいだろう。つまりこの相伴席付設の目的は貴人を招いた際に、その相伴者との身分的な違いを明確に示すためであり、茶室の中に身分的な秩序をあえて持ち込んだということになるだろう。燕庵形式という言葉が用いられるほど燕庵が武士茶人に普及していったのは、融通性のある平面もあったろうが、この身分による区別が明確であったということも大きな要素とみてよいだろう。

ただ、このような上段・下段という空間構成は、書院造のものであり、床框が黒漆塗りであることなども、この燕庵が草庵風の枠組みを踏襲しつつも、書院造に回帰しつつあることを示している。このような動きは、織部の後継者で小堀遠州《えんしゅう》の頃になるとより明確で、有名な大徳寺孤篷庵忘筌《こほうあんぼうせん》席は、明らかに書院造の手法による茶室である。

利休の茶室の特質

最後に、両者の比較から利休が妙喜庵待庵において目指したものがどこにあったのかを考えておこう。

まず第一は、中柱・台目構えのような特別な道具だてを用いることなく、純粋の空間のみによる茶室を目指したということが考えられるだろう。中柱は利休が考案したといわれており、実際に使ってもいたようであるが、この妙喜庵待庵ではあえて使わなかった。二畳という最小規模の、方向性ないし秩序を見出しにくい正方形平面にこだわったのも、このことと無関係ではないはずである。もう一点は、世俗の身分秩序を茶室の中に入れないということで、相伴席のようなものは設けず、書院造の要素を排除して草庵風にこだわったことも、燕庵以降の茶室との決定的な違いである。

これらのことから考えられることは、利休は、茶室という周囲の世界からは隔絶された小宇宙の中で、主人と客が、世俗的な身分秩序を排して対座《たいざ》し、ただひたすら茶を飲むということを目指したということになるだろう。茶の精神としてよく言われる「一味同心《いちみどうしん》」という言葉も、このようなことをさしていると考えられる。いずれにしろ、利休の妙喜庵待庵は、草庵風茶室の到達点を示すだけではなく、十六世紀末の社会における利休の茶湯の内容を表現している特筆すべき建築ということになるだろう。

江戸の計画と建設

徳川家康による江戸建設

一六〇〇（慶長五）年、関ケ原の合戦で西軍を破り全国の覇者となった徳川家康は、一六〇三年に征夷大将軍に任じられて江戸に幕府を開き、全国統一の中心としての江戸建設に着手する。現在の駿河台《するがだい》、お茶の水あたりにあったといわれる神田《かんだ》山を掘り崩して、その土砂で日比谷公園辺りまで入り込んでいた日比谷入江を埋立て、日本橋から京橋、銀座に至る江戸下町一帯が造成された。この埋立工事により、江戸城をはじめとする大建設工事の物資搬入基地であり、また技術者、労働者そして流通業者の居住地である江戸町の中心部がまずでき上がった。現代に至るまで断続的に行われている埋立の先駆であるこの工事は、その面積と動かした土砂の量だけを考えても、東国の一領主としての徳川氏のもとでは行い得ない未曾有のものであり、「天下普請《てんかふしん》」として諸大名に軍役として課すことによりはじめて実行された。千石夫《せんごくふ》と呼ばれる諸大名七十家に所領石高千石につき一人の割合で人夫を出させる方式をとり、動員された人夫は少なくとも数万人は下らないとみられ

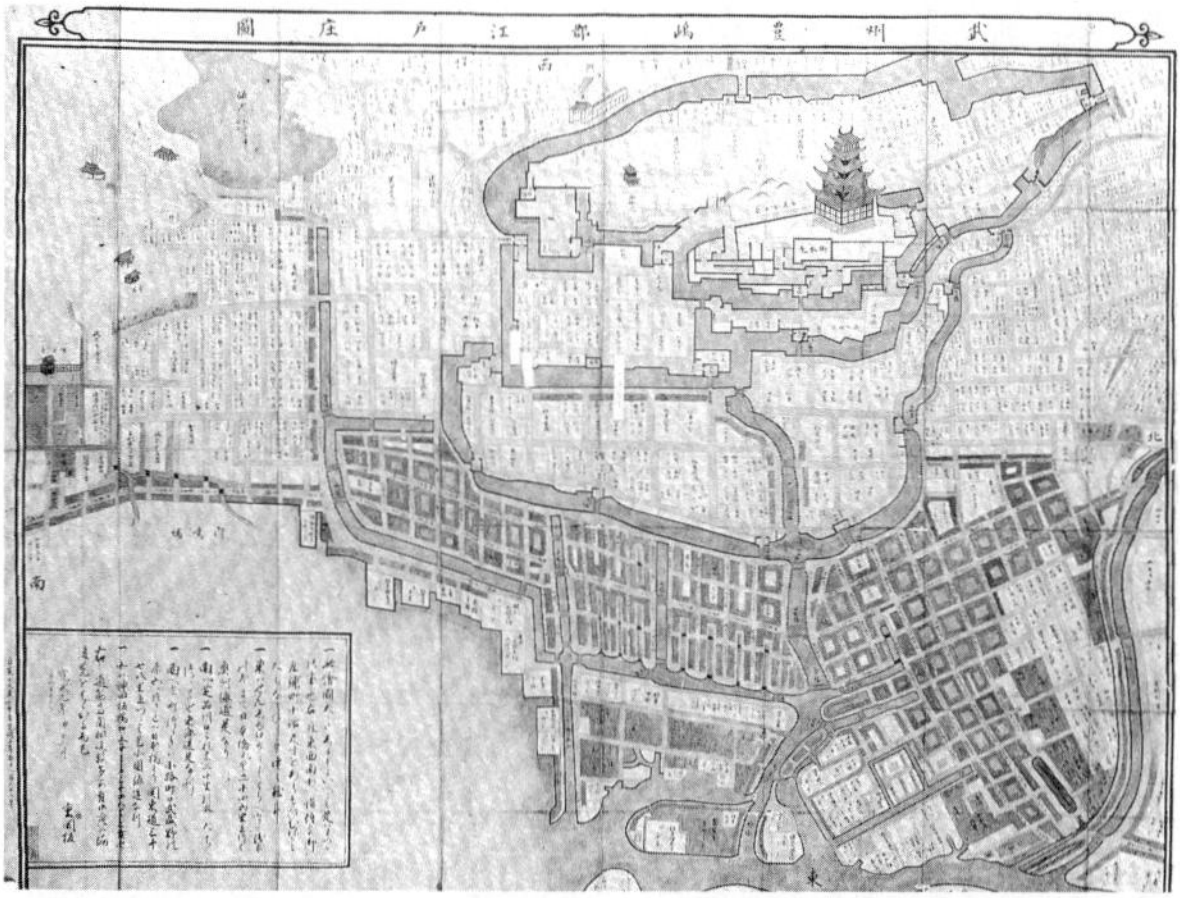

武州豊嶋郡江戸之庄図（寛永江戸図）　寛永期に刊行された原本の存在が確認されているわけではないが、江戸の都市構造を伝える最も古い地図とされている。地図としての表現と江戸城など代表的な建築の絵画的な表現が混在していることが興味を引く（東京都立中央図書館東京誌料文庫蔵）。

ている。

三代将軍家光《いえみつ》の代、一六三七（寛永十四）年の江戸城本丸《ほんまる》改築工事の竣工によって、一六〇三年以来、三十年余りを費やした江戸建設の大工事も一応の完成をみる。完成に三代を要したということになるが、その完成した姿は『武州《ぶしゅう》豊嶋郡《としまごおり》江戸之《えどの》庄図《しょうず》（寛永江戸図）』にみられるように、五層に聳《そび》える天守閣を中心とする江戸城があり、それを取り囲んで武家屋敷が並び、海に面した下町には町地《まちち》を、周辺部には寺を配するというもので、江戸城外堀の範囲内でほぼ完結する整然としたものであった。これが近世城下町としての江戸の原形であり、この寛永期に完成した江戸こそが慶長期に工事を始める際の徳川家康ないしその側近たちがめざしたものであったろう。

その後、この寛永期に形成された江戸は、一六五七（明暦三）年の明暦大火後の再建過程で拡大再編成され、巨大都市へと発展していくことになるが、中心部分の基本的な町割《まちわり》はほぼ踏襲されており、現在にいたるまで主要街路や正方形街区の名残が日本橋や銀座一帯によく残されている。つまり、東京という近代都市の骨格はこの寛永期までの江戸建設によってでき上がったといってよいだろう。

江戸の都市空間

江戸町の最も中心である日本橋、京橋そして神田で行われた町割は、後の十八世紀に作成された沽券《こけん》絵図から推察できる。それによれば、町割の基準は縦横に通した碁盤目状の街路によって区切られる、京間《きょうま》で六十間《けん》（約一二〇メートル）四方の正方形街区である。そして街区の中央部には二十間四方の会所地《かいしょち》と呼ばれる空地をとり、街路沿いに奥行二十間で間口が五間程度の敷地を配するというものである。このような正方形街区を用いた町割の手法は、数多くの近世城下町の中では非常に珍しい。駿府《すんぷ》、名古屋《なごや》が正方形街区であるが、これらはいずれも徳川家康が関与していることから、江戸の影響下のものであろう。ということになると、このような正方形街区が、なぜ、江戸で用いられたのかは、江戸という都市の特質を都市計画の観点からみる場合には重要な問題となるだろう。

この場合、直ちに思い浮かぶのは京都の町割との類似である。すなわち古代平安京の条坊《じょうぼう》制による、内法《うちのり》で四十丈（約一二〇メートル）四方の碁盤目状の街区を基準とする京都は、庶民の居住地区では、本来は四行八門《しぎょうはちもん》制という地割が用いられていたが、中世における再開発の過程を経て、中世末には通常「両側町《りょうがわちょう》」と呼ばれている、街路の両側の部分が一体となって一つの町を構成するという町割を作り上げていた。この場合、南北と東西の通りに沿って町が出来るため、街区の中央部は空地になるか、または寺院や貴族などの大規模な地主の住居で占められていた。江戸の正方形街区は、京間六十間が四十丈に近い三十九丈であり、また中央に空地をとり、なおかつ街路を挟んで両側町を構成するところなどを考えれば、明らかに中世末の京都の町割形態を基本的には導入したと考えてよいであろう。江戸町割に関与したとされる後藤庄三郎《しょうざぶろう》、茶屋四郎次郎《ちゃやしろうじろう》などの家康を支えた側近は京都の事情に通じた商人たちであり、同じく側近の一人である中井正清《まさきよ》は御大工《おんだいく》として、江戸城の普請をも担当している。町割に用いられている尺度が京都周辺の建築で

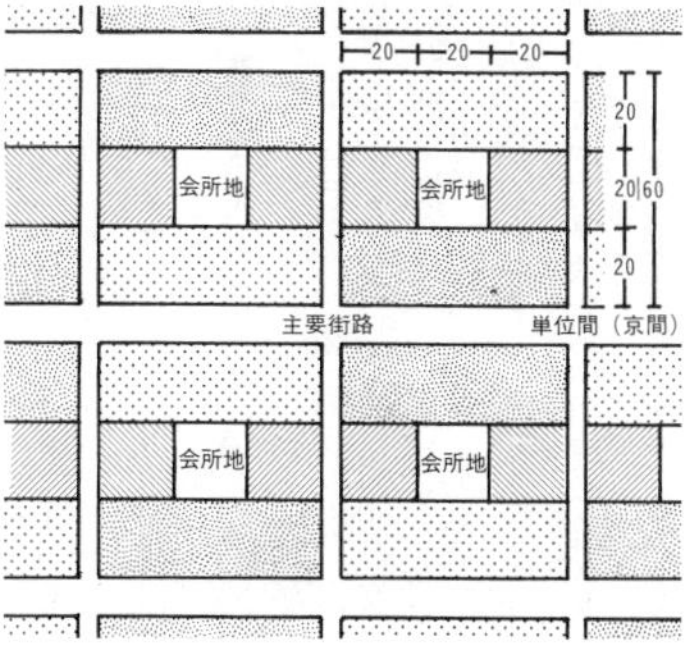

江戸町割模式図

用いられていた京間であることも、上方《かみがた》からやってきた技術者が関与していたことを示している。

豊臣秀吉の京都改造

しかしその京都自体、実は中世末から近世にかけて大きく変わっていたのである。豊臣秀吉による、天正期の都市改造であり、この改造によって中世京都が近世京都に転換したのである。すなわち、①治水と軍事を考慮した御土居《おどい》、つまり都市中心部を取り巻く囲郭《いかく》の建設、②市中に散在した寺院の集中による寺町の形成、③聚楽第《じゅらくだい》造営と禁裏《きんり》造替《ぞうたい》、およびこれら公・武の核を中心とした公家町と武家町の建設、そして、④中心部の町割の改正、を主な内容とするものである。これらの中で①②③は領主の居館を取り巻く囲郭を設け、身分による居住区の区分をするという意味で、この時期に全国的に建設されつつあった、中世城下町で行われた都市計画の内容とほぼ同じである。また④の町割改正の内容は、下京《しもぎょう》中心部においては、中世京都で成立していた「両側町」の町割を踏襲しつつ、一方でその周辺部においては街区中央に南北の小路、すなわち「辻子《ずし》」を通すことにより再開発を行うものであった。つまり都市を一円支配するにいたった統一政権が、細部の町割においては中世京都で商工業者を中心とする住民主導のもとに形成されてきた「両側町」およびよび「辻子」という都市計画の二つの手法を、既存地区の性格を考慮して巧妙に用い、一

江戸名所図屛風　江戸図屛風と総称される都市江戸を描いた絵画の中では最も古いもので、初期江戸の庶民風俗をはじめとする都市空間の実態を窺う上で貴重な絵画史料である（出光美術館蔵）。

方全体的な枠組みとしては当時全国的に進行しつつあった近世城下町建設の先駆けとなる都市計画を行ったということになるだろう。

つまり江戸の町割は、基本としては中世京都で成立していた町割手法を継承しながらも、秀吉の行った都市改造の結果も取り入れたものであったということである。つまり江戸は、京都という古代以来の日本の中心都市、しかもその時点で最も進んだ都市形態を導入して町割を計画したことになる。

江戸の完成と発展

しかし、その後の江戸は領主徳川氏の思惑をはるかに越えて発展を遂げることになる。寛永期の江戸の繁栄を描いたとされる『江戸名所図屛風』（出光美術館蔵）によれば、江戸城と武家屋敷の建築が見られ、武士の都としての江戸であることは明らかであるが、それと同時に日本橋を中心とする江戸の街角には実に多様な職種、形態の庶民が描かれている。それらのエネルギーに満ち溢れた様相は、その後の江戸の発展の方向を十分に予感させてくれるものであり、事実、明暦大火後の江戸は庶民の町として一気に拡大発展するのである。

近世城下町の成立

城下町の東と西

少し前のことになるが、「私の城下町」（一九七一年、小柳ルミ子）という歌が大ヒットしたことを覚えている人は多いだろう。歌手、そしてメロディーが受け入れられたのであろうが、その歌詞の中で現代の日本人の多くが漠然と持っている格子戸、お寺の鐘の音など城下町のイメージを実に効果的に用いていたこともヒットの要因としては大きいであろう。

もちろん、城下町といって何をイメージするかは人さまざまであろうが、ある程度共通している要素を取り出して最大公約数的にあげるならば、高く築かれた石垣の上に聳える天守閣、築地塀《ついじべい》に囲われた武家屋敷、大きな瓦屋根の寺が並び、街路の両側に格子戸の入った瓦葺の町家《まちや》が軒を連ねるといったところであろうか。ただ実際に全国各地に残されている近世城下町は、現在ではもちろん、江戸時代においても、このようなイメージどおりのものがあったわけではない。

それでも近畿地方を中心とする西日本には、例えば滋賀県の彦根《ひこね》、山口県の萩《はぎ》、島根県

城下町彦根　琵琶湖畔に位置する譜代大名井伊氏の城下町。天守閣を中心とする石垣で囲われた城郭の周囲に、武家屋敷・町地が整然と配されていたことがわかる（写真・梅原章一氏）。

の松江、熊本県の熊本など、部分的ではあるがある程度このようなイメージを備えた城下町があり、観光地として人気を集めていることはよく知られている。城下町というイメージ自体が、これら西日本の代表的な城下町からできあがっているといってよいかもしれない。しかし、関東・東北を中心とする東日本に多い中小規模の城下町は、例えば秋田県の角《かくの》館《だて》や千葉県の佐倉《さくら》のように、石垣ではなく土塁《どるい》で城郭が築かれ、天守閣はあるにはあったが小規模なもので、武家屋敷を囲っているのは質素な板塀《いたべい》か生《い》け垣《がき》であり、寺は散在しており、街路に面して疎《まば》らに建つ町家も農家風の茅葺《かやぶき》であるというようにかなり違っていた。この背景には、例えば城郭の石垣に用いることので

城下町萩の武家屋敷　西日本に典型的に見られる石垣と築地塀に囲われた武家屋敷の景観（写真提供・山口県東京物産観光事務所）。

きる石材が乏しいとか、屋根材など基本的な建築用材が異なるといった気候風土による要因もあったが、それ以上に城下町の成立してきた過程におけるその地域独自の歴史的な要因の方が、城下町の都市景観を大きく規制していたといってよいだろう。

近世社会における城下町

江戸時代の社会は幕藩《ばくはん》体制社会と呼ばれているが、この体制は中央の統一政権である徳川氏を将軍とする江戸幕府が、その支配下にありながら独自の支配領国を持つ藩（国とも領《りょう》ともいう）を、統治機関として、小農民（本百姓《ほんびゃくしょう》）を全国的に掌握した体制である。ところが同じ藩といっても、その成立過程をはじめとするさまざまな要因により規模も大小さまざまで、石高《こくだか》（米の

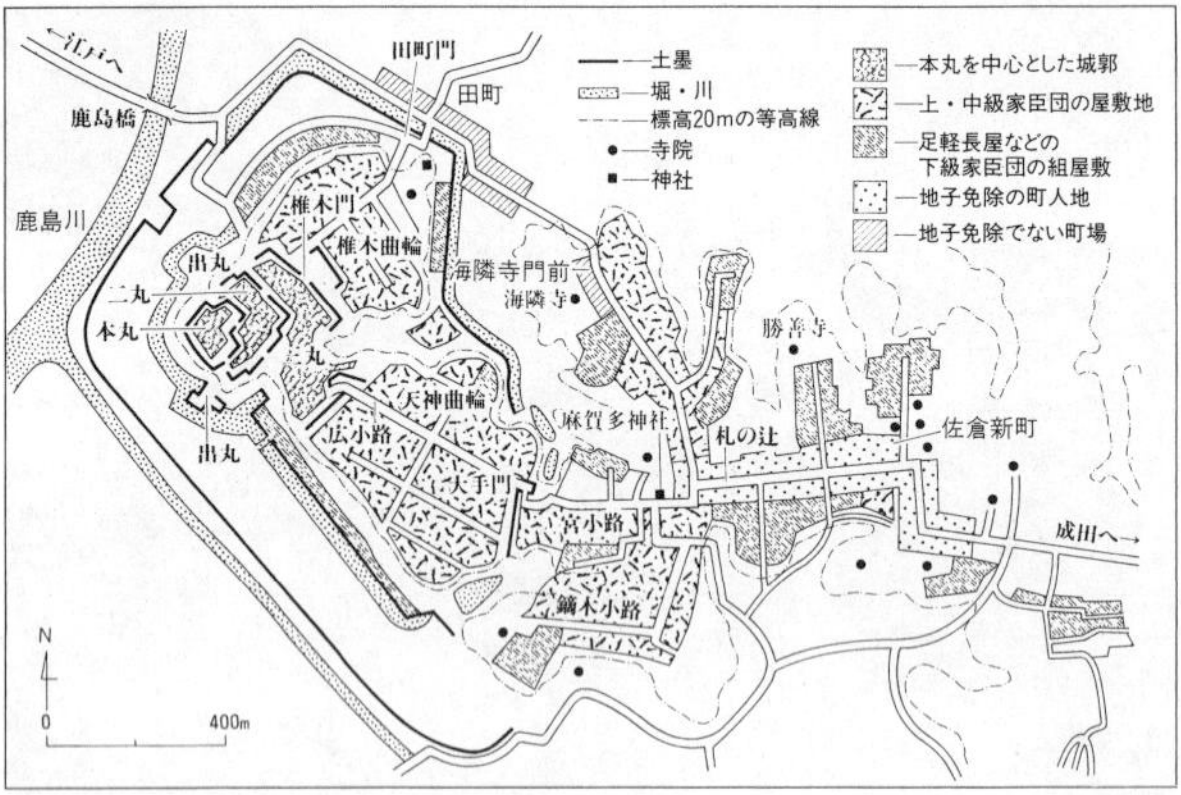

城下町佐倉の都市形態　台地上西端に城郭が位置し、尾根筋に武家屋敷・町地が配され、下級武士の組屋敷・寺院神社は周辺部に置かれた。

生産高）からいえば、大は有名な加賀の百万石から小は一万石程度のものまであって、その格差は大きかった。したがって藩支配の中心である城下町も、当然それに対応していたわけである。

　ただ城下町の景観の違いの要因は、それだけではない。「戦国期城下町」の項でも触れたように、戦国期城下町が発展することにより近世城下町が成立したのであるが、その間には城郭の建築技術や、都市計画技術における大きな転換があり、そうした動きを主導したのは清洲《きよす》城に始まり、安土城、大坂城と続く西日本に立地した織豊系城下町であったと考えられる。つまり織田信長、豊臣秀吉という、戦国の世を統一した領主が、その全国支配の必要から最も進んだ城下町の手法を開発し、実際に建設したことになる。逆にいえば、そのような先進的な城下町が建設できたからこそ統一政権を作ることができたということになるだろう。

中世末から近世初頭にかけてのこの時期には、東日本・西日本の戦国大名たちも、近世大名へと脱皮すべく、その支配拠点としての城下町を必死に作ろうとしていた。彼らはやがて姿を消したり、統一政権の配下《はいか》に組み込まれることになるのだが、日本列島各地の地域独自の地理的ないし地形的な条件に対応した形で、それぞれの大名たちも政治的・経済的支配の必要に応じた支配拠点としての城下町建設の手法を追求したはずである。当然そのような過程が、最終的に成立した近世城下町にも直接的ではないにしても何らかの形で表現されていたことはまちがいないから、近世城下町に見られる都市景観の地域性もそのような歴史過程の多様性を前提に理解する必要があるだろう。

都市類型としての近世城下町

このように多様な成立過程が想定され、事実できあがった近世城下町の都市景観もさまざまであるが、都市形態としてみるとほとんど例外なく共通な特徴をもっていることも確かである。よく知られているように、その中心に城郭と領主の居館が置かれ、そのまわりを有力家臣団の居住部分がとりまき、商工業者の居住部分は街道ないし水路に沿った交通・流通の要衝に置かれ、下級武士や寺院・神社は周辺部にまとまって配置されているの

城下町角館の武家屋敷　東日本によく見られる質素な板塀か、柴垣が多い角館の武家屋敷の中で、この黒塗簓子塀に薬医門の門構えは特に豪華なものである（写真提供・JTBフォト）。

が近世城下町である。このように城郭を中心に、武家屋敷、町地《まちち》、寺社地《じしゃち》とはっきりと分けられているのは、近世城下町というものが、武士による軍事的な拠点としての機能、商工業者が担っていた流通の場としての機能、そして中世においては重要な政治勢力であった宗教勢力の拠点としての機能という、本来は別々のものを、限定された都市領域の中に有機的に組み込むことによって成立したことを示しているといってよいだろう。しかも重要なことは戦国期城下町段階では一元的にまとめられていなかったこれらの要素を、近世城下町では、武士である封建領主が完全に統括しているということである。近世城下町の中心に城郭が位置し、しかも権力と権威の象徴としての天守閣が聳えていることは端的にそのことを示している。近世城下町が、最終的には必ずこのような形態をとっているということは、このような形態がとれるだけの段階にいたらない限り、藩領域を支配する体制を維持できる近世大名としては生き残れなかったことを示していると考えられる。多様な成立過程、そして都市景観にもかかわらず、都市形態としてみれば最終的には共通の形態に収斂《しゅうれん》しているところに、近世城下町の歴史的役割の意味を考えるべきであろう。

現代における城下町

現在のわが国の県庁所在地の約七割が、近世城下町に起源をもつ都市であることに象徴的に示されているように、現在の日本の主要都市の多くは近世城下町に基礎を置いている。これは近世城下町が備えていた、藩という領域支配の中心であり、交通・流通の要衝であるという立地条件が、近代においてもそのまま通用したこと、そして都市中心部にまとまって配されていた城郭ないし武家地がそのまま近代都市に必要な公共用地、ないし住宅地に転用できたこと、さらに流通・交通の要衝にあった町地がそのまま近代においても商業地として発展できたこと、などが近代都市として発展する共通の要因として考えられるだろう。つまり戦国期城下町が持っていた多様性を克服することによって獲得した、近世城下町としての普遍性が、さらに近代においても都市として発展するための条件として意味をもっていたのであり、都市の近代化への道を開いたことになるだろう。

書院造の成立

近世の住宅様式としての書院造

近世の住宅は、大きく二つの様式で代表させて考えることができる。すなわち、近世の支配階級であった武士の住宅である書院造と、被支配者であった農民・商人・職人等の住宅であった民家である。これら二つの住宅にはその成立過程および社会的役割に起因する様式、ないし表現形式の大きな違いがあり、近世社会の特質を考える場合の重要な手がかりとなると考えられる。ここではまず、書院造を取り上げてその住宅としての様式の形成過程とその意味を考えてみたい。

書院造は、「絵巻物にみる鎌倉武士の住宅」の項で述べたように、古代の貴族住宅であった寝殿造が、中世を通じて徐々に変化を遂げ、最終的に中世末ないし近世初頭に、ほぼ完成したとされている。ただその過程は必ずしも十分あきらかではなく、何をもって書院造成立とするのかについても、定説があるわけではない。ここでは、書院造の完成した形式を示すとされる園城《おんじょう》寺《じ》光浄《こうじょう》院《いん》客殿（滋賀県）を例として、書院造の実態を見ておこう。

園城寺光浄院客殿外観　軒唐破風の付いた車寄の側からみた外観。板扉、連子窓、蔀戸と寝殿造の要素をとどめている（撮影・恒成一訓氏、写真提供・中央公論美術出版）。

まず平面であるが、規模は桁行《けたゆき》七間に梁行《はりゆき》六間、畳敷の部屋が田の字形に整然と区切られて並んでいる。上座《かみざ》の間と呼ばれる主室《しゅしつ》には、次の間が続き、さらに入側《いりがわ》とも呼ばれる幅一間の畳敷の廊下を介して入口である車寄が設けられている。周囲には縁《えん》がめぐり、上座の間のある南表側には前栽《せんざい》のある庭に面して建具《たてぐ》の入っていない吹き放ちの広縁《ひろえん》があり、

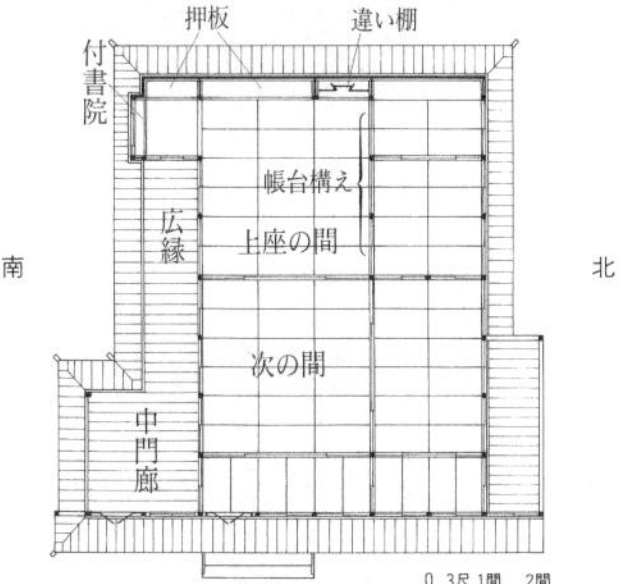

園城寺光浄院客殿平面図　周囲に縁がめぐっており、中には畳敷の部屋が、引戸によって間仕切りされて整然と並ぶ。

(上) 園城寺光浄院客殿上座の間正面　正面左に押板、右に違い棚。庭に面した左手横に付書院、右手横に帳台構えがくるのは、座敷飾りの典型的な構成（同前）。
(左) 園城寺光浄院客殿広縁　外側に建具の入らない吹き放ちの広縁。一間に舞良戸2枚と障子戸1枚が入っている（同前）。

その東端の一部が広がって中門廊《ちゅうもんろう》となっている。

立面をみると、写真に示したように、建物外側の建具は、広縁側は横桟《よこざん》の入った板戸である舞良戸《まいらど》二枚と障子戸一枚の組み合わせになっており、一方、軒に唐破風《からはふ》を付けた車寄には板扉《いたとびら》が入り、脇には蔀戸《しとみど》もある。内部の間仕切《まじきり》は襖戸《ふすまど》である。柱は全て角柱で、天井には平らな棹縁《さおぶち》天井が張られ、土壁はなく紙を張った張り付け壁となっている。

主室である上座の間の正面向かって左手には、上段の間を介して付《つけ》書院が付き、正面右手には障壁画が描かれた押板《おしいた》、その右に違い棚、そしてさらに右手前横には、敷居を一段高く鴨居《かもい》を一段低くしてせいの低い襖戸四枚を入れた帳台構《ちょうだいがま》えがある。

このような書院造の住宅様式としての基本

的な特徴を、寝殿造と比較して大きく二つにまとめると次のようになるだろう。
①　丸柱がなくなって角柱になり、建物内部が襖や障子という引き違いの建具によって部屋に区切られて天井が張られ、畳が敷き詰めになっている。
②　座敷飾りと呼ばれる付書院、押板（床の間）、違い棚、帳台構えが主室にセットになって設けられている。

建築技術の発展──蔀戸から舞良戸へ

建物外回りに蔀戸という水平軸によってはね上げる建具を設けるだけで、内部には建具による間仕切がなく、必要に応じて家具調度で生活の場を作る舗設《しつらい》をしていた寝殿造に対して、書院造では外回りには舞良戸という引き違いの引戸（遣戸《やりど》ともいう）を入れ、内部も引き違い戸の襖によって部屋を区切るようになった。これは、一つには住宅の中で行われる儀式や生活様式の変化から、建物内部を部屋に分けて使う必要が生じるようになったためである。そして今一つは、建具を中心とする各種技術の進歩・発展である。

まず、建築構造の進歩により、太い丸柱を規則正しく立てて、中心に母屋《もや》、その周りに庇《ひさし》があるという形をとる必要がなくなって間仕切が可能となった。一方、木工具の発達により、細かい部材を組み合わせて作る引戸の建具というものが出現した。また、各地で紙の生産が発展したことにより明障子が多く使われるようになった。丸柱に代わって、角柱が用いられるようになったのも、こうした建具の変化により、角柱の方がおさまりがよくなったためと考えられる。ともかく中世を通じての建築技術ないし構造の大きな転換が、寝殿造から書院造へという住宅変化の大きな要因であったことは確かである。

座敷飾りの成立——付書院・床の間・違い棚・帳台構え

座敷飾りを構成する付書院・床の間・違い棚・帳台構え、という四つの要素は、いずれもその起源を寝殿造の中に求めることができる。付書院は、移動できる机が建築に固定されたもので、絵巻物に描かれた寺院の中に典型的に見られる出文机《だしふづくえ》がその原形である。床の間の原形である押板は、本来は、寝殿造の中で、掛軸になった絵画を壁に掛けた前に置かれた板ないし机のことで、絵画を鑑賞するための施設であった。違い棚は寝殿造の中に置かれた棚や厨子《ずし》が変化したもので、これは香炉《こうろ》や花瓶などの工芸品を飾るための場所である。帳台構えも寝殿造の中のベッドであった帳台がその原形とみてよい。これらはいずれも、本来は建築に固定されていなかったものが、書院造の様式が形成される過程で建築に作り付けになったものである。

付書院にしろ、押板にしろ、また違い棚にしろ、中世に出現した会所の中で、それぞれ独自に発達してきたものである。会所とは、茶会や連歌会などを行う社交のための空間であり、そこには唐物《からもの》を中心とする各種工芸品が並べられた。中世の貴族や僧侶、武士たちにとっては、会所で行われる寄り合いが、政治的に大きな意味を持っていたと同時に、娯楽でもあり、社交でもあった。

園城寺光浄院客殿に見られるように、この付書院、押板、違い棚、帳台構えがセットになって主室に設けられた段階で座敷飾りが成立したとみてよいが、注目されるのは、ここにはすでに空間の格式表現というものが形成されていたことである。

対面の場としての書院造――天下人による転換

この点に着目したのが、近世の統一権力者たちである。

書院造が武士住宅の典型とされるようになったのは、戦国の世を統一に導いた織田信長、豊臣秀吉、そして徳川家康という権力者によるところが大きい。中でも秀吉の果たした役割は大きかった。中国文化という中世の教養を身につけていた信長は、中国にその規範を求めてその権力を誇示する舞台装置として安土城天守を作り上げたが、継承者である秀吉は、大坂城天守ではなく、御殿すなわち広間にその場を求めた。そこで行われたのは、対面という武士社会における身分関係を確認するための儀式であった。信長や家康に較べても出自《しゅつじ》が決して高くはなかった秀吉にとって、全国の大名を統治するためには、何としても対面のような儀式が必要であり、そのための恰好の舞台装置として書院造が選ばれたのである。中世を通じて行われてきた住宅の変化を集大成した近世の書院造であるが、この段階にきて、大きくその質が転換したのである。西本願寺御殿や、二条城二の丸御殿に典型的に見られる豪華絢爛《けんらん》な書院造というものは、近世統一権力を権威付ける舞台装置としてみて、はじめてその様式と表現形式の意味が理解できるはずである。

日光東照宮の建築

人気抜群の日光

「日光を見ずして結構と言うなかれ」という。同じような言い方は「ナポリを見て死ね」など世界各地の観光地にあるが、古くからこのように言われてきているということは日本における観光地としての日光の人気を示すものであろう。日光は東京の小学校の修学旅行の行き先でも第一位だという。ちなみに京阪では伊勢《いせ》神宮だという。伊勢神宮は幕府にとっての最大の対抗勢力であった天皇家の祖先神を祀った神社である。日光も伊勢神宮もそれぞれ東京、京阪からほどよい距離にある観光地だということもあるが、東の日光、西の伊勢神宮と、東西の意識が対照的に出ていて歴史的にみても面白い。

ともあれ日光がこのように人気が高いのは、何といっても東照宮をはじめとする建築群であろう。あの豪華絢爛さが人々を引きつけるのであろう。ところが逆に、日光の東照宮というと、金ピカ趣味とか俗悪デザインの代表のようにも言われる。この項ではこの日光についてみることにする。

日光東照宮の成立

日光とは徳川幕府を開いた初代将軍徳川家康の霊廟《れいびょう》である東照宮、三代将軍家光を祀る輪王寺大猷院《りんのうじだいゆういん》、そして日光の地に古くからあった二荒山《ふたらさん》神社を中心とする寺院神社群の総称である。二荒山というのは男体山《なんたいさん》の別名で、もともとは山岳信仰の聖地であった。その普陀落《ふだらく》信仰のフダラから、二荒山と呼ばれるようになり、これを「にこうさん」と音読したものが変化して日光となったのである。

一六一六（元和二）年、駿府城で死んだ家康の遺骸は、いったん駿府郊外の久能山《くのうざん》に葬られたが、翌年、日光に東照宮を建ててここに祀られた。生前の家康がこの日光の地を訪れたことはなかったが、側近であった本多正純《ほんだまさずみ》・天海《てんかい》・崇伝《すうでん》に、「遺体は久能山に納め、葬礼を増上寺《ぞうじょうじ》に申し付け、位牌は三河《みかわ》の大樹寺《だいじゅじ》に立て、一周忌が過ぎたのちに、日光山に小さい堂を建てて勧請《かんじょう》せよ。しからば自分は関八州《かんはっしゅう》を守る鎮守《ちんじゅ》になろう」という遺言を与えたことから日光のこの土地が選ばれたのだという。家康が、日光を、関東を中心として日本をおさえるための要の地と考えていたことがわかる。

現在の東照宮の建物は、元和に創建された東照宮のほとんど全てを建て替えたもので、一六三四（寛永十一）年から一六三六年にかけての大工事によって完成したものである。この時期は一六三二（寛永九）年に二代将軍秀忠《ひでただ》が死んで、三代将軍家光の時代だが、幕

東照宮本殿外観　建築の基本的な様式は、軒下に組物を連ねる禅宗様建築であるが、漆塗りや飾り金具の豪華な装飾に覆われてしまっている（便利堂提供）。

東照宮本殿石の間　右手が本殿、左手前が拝殿である。折上げ格天井、本殿正面は階段上に、装飾で飾られた扉が並び、組物、海老虹梁など賑やかである（同前）。

東照宮陽明門外観　あまりの見事さに見とれて日が暮れてしまうので「ひぐらしの門」として昔から有名（写真・村沢文雄氏）。

府の力が最も安定した最盛期であった。しかも日光の造営には、家康が残した軍資金の半額以上を投入したとも言われるが、この寛永の造営には、幕府作事方《さくじがた》大棟梁甲良豊後守宗《こうらぶんごのかみむね》広《ひろ》が総指揮に当たり、画工、金工、漆工《しっこう》など当時の美術工芸の最高技術が投入された。つまり徳川幕府の歴史にとっても最高の建築であったということである。

東照宮の建築群

日光の中心はやはり東照宮である。中心となる本殿と、参拝者が上がる拝殿との間を、低い廊下状の石の間でつなぐ形式で、これは権現造《ごんげんづくり》(石の間造ともいう)と呼ばれている(家康は死後、神号としては明神ではなく、天海の主張する山王一実神道《さんのういちじつ》による権現とされるようになり、家康は権現様と呼ばれるようになったことから、この東照宮の形式が権現造と呼ばれるようになったものである)。全体としてはカタカナの「エ」の字形の平面になる。

この形式の社殿としては、菅原道真《みちざね》を祀った京都の北野天満宮《きたのてんまんぐう》が、すでに平安時代にこの形式をとっていたとされるが、近いものでは一五九八(慶長三)年に死んだ豊臣秀吉の豊国廟《ほうこくびょう》がこの形式である。豊臣の影響を嫌った徳川がこれを採用していることからみて、この形式は北野天満宮以来、霊廟建築としては定型と考えられていたのであろう。それとこの権現造には八棟造《やつむねづくり》という別称があるように、棟が複雑に交差していることから、豪華に見えることも大きな理由だと思われる。

　いずれにしても基本的には神社としての形式であるが、伊勢神宮や、出雲《いずも》大社などのような日本の伝統的な神社建築からみると、この豪華な装飾はかなり特異なものだといえるだろう。

　建物は全体としては、黒漆《こくしつ》、金箔《きんぱく》、そして胡粉《ごふん》の白を基調とし、地紋《じもん》彫りを施して、各種の彫刻が取り付けられ、金具があり、その他象嵌《ぞうがん》、蒔絵《まきえ》など、ありとあらゆる工芸技術がふんだんに駆使されている。建築というより一個の工芸品といってよいほど、工芸技術に覆われている。

東照宮正門唐門　白い胡粉地の上に彩色されたベタ一面の彫刻はロココの家具を思わせる華麗さ。左右の柱は昇り竜と下り竜（便利堂提供）。

　正面の唐門《からもん》には、正面上に中国の故事にちなんだ人物彫刻が施され、唐木《からき》の象嵌が施されている。そしてその前に、あの有名な陽明門《ようめいもん》がある。回廊に取り付いた、三間一戸の楼門《ろうもん》で、寺院神社建築の最も基本である組《くみ》物《もの》は、鎌倉時代に中国から伝来して我国の禅宗建築でもっぱら用いられてきた禅宗様の手法で作られている。ただ彫刻による装飾が、この門の特徴で、組物を構成する尾垂木《おだるき》、木《き》鼻《ばな》などの先が彫刻的に変形され、部材表面に施した丸彫り、透かし彫り、文様などの彫刻は建築部材をほとんど覆っている。

日光東照宮の装飾

ところで、こうした日光東照宮建築の装飾の過剰さ、多彩さというものは、神社建築のみならず、古代以来の我国の建築の歴史の上ではかなり特異なものである。そのために一方では俗悪デザインの代表のようにもいわれるのであるが、これはいったい何なのだろう。まず装飾のモチーフとか表現法自体は、ひじょうに中国的だということである。しかし中国文化の影響というのは、ある意味では日本の建築全体に通じる特徴である。信長の安土城も中国建築の影響を強く受けたものであった。したがってこの場合は、受容の在り方がそれまでと違っていたということである。この間、中国の方も、明《みん》から清《しん》へと替わっているということもあるが、日光東照宮における受容の仕方というのは、中国建築の構造的な部分ではなく、とくに濃密な装飾的側面を取り入れているのが大きな特徴である。しかもこれをさらに日本の精緻《せいち》な工芸技術で仕上げたのが日光の装飾であるが、だがこれこそ近世社会が求めたものだと考えられる。一口でいえば、現世的で、民衆的な文化である。

つまり美しいもの、しかもわかりやすい美しさへの共感であり、光り輝くものへの憧れである。これはいわば心の健康さであるが、ある意味では、これが権力者にも民衆にも共通していたのが、近世初頭の社会だったといえる。

このため、ひとたびこうした建築装飾が東照宮様式として成立すると、もはや誰も中国趣味などとは思わなくなって、江戸時代中期以降、広く一般に普及していったのである。とくに関東・東国の村々においては、中世以来の建築文化の伝統が乏しかったということもあるが、異様ともいえるほど満艦飾《まんかんしょく》に装飾を施した神社や寺院が、次々に建てられていった。たしかにそうした近世社寺の建築は、近代主義の目からみれば、装飾過多のげてものかもしれないし、権力の嵩高《かさだか》さに辟易《へきえき》するところもある。手放しで讃えられるものではないが、しかし江戸時代の人々は、この溢れかえるほどの装飾の中に、自分たちの求めるいのちの輝きを見出していたのであろう。

桂離宮と日本の建築文化

桂と日光

日光東照宮と並び称される、近世初頭の有名な建築に桂離宮《かつらりきゅう》がある。「桂と日光」という言い方で、日光東照宮と一対のように取り上げられることが多いのは、十七世紀半ばの、ほぼ同時期に建てられていながら、その成立背景や建築としての表現があまりに異なっていて好対照であるからであろう。当然のことながら、この二つの建築の受け入れられ方も全くといってよいほど対照的である。小学校の修学旅行の行き先になっていることでわかるように、日光東照宮が、誰でも見ることのできるいわば大衆的な建築であるのに対して、あらかじめ申し込んで参観許可書を得た二十歳以上の大人が、指定された時間にしか参観できない桂離宮は、いわば少数のエリートだけに開かれたインテリ好みの建築といってよいかもしれない。

日光東照宮に続いてこの項では、一方の桂離宮を取り上げて、日本の建築文化の中で桂離宮がどのような意味を持っているのかを考えてみたい。

桂離宮の建築構成と成立過程

桂離宮は、京都南西郊外の桂川のほとりに八条宮《はちじょうのみや》家の別荘として建てられた。平安時代以来、この桂の地は名高い景勝の地として知られていた。江戸時代においては、京七《しち》条大宮《じょうおおみや》から西に亀山《かめやま》を経て山陰に通じる丹波《たんば》街道が桂川を渡る地点のすぐ北に位置し、桂川と宇治川の合流点である淀にも近いため、交通・流通の要所であり、八条宮家の重要な領地ともなっていた。現在、約七万平方メートルのかなり広大な屋敷地は、周囲を竹藪、雑木林と農地に囲われており、中央部に大小三つの中島《なかじま》のある複雑な形の池を中心とする庭園があり、各種の

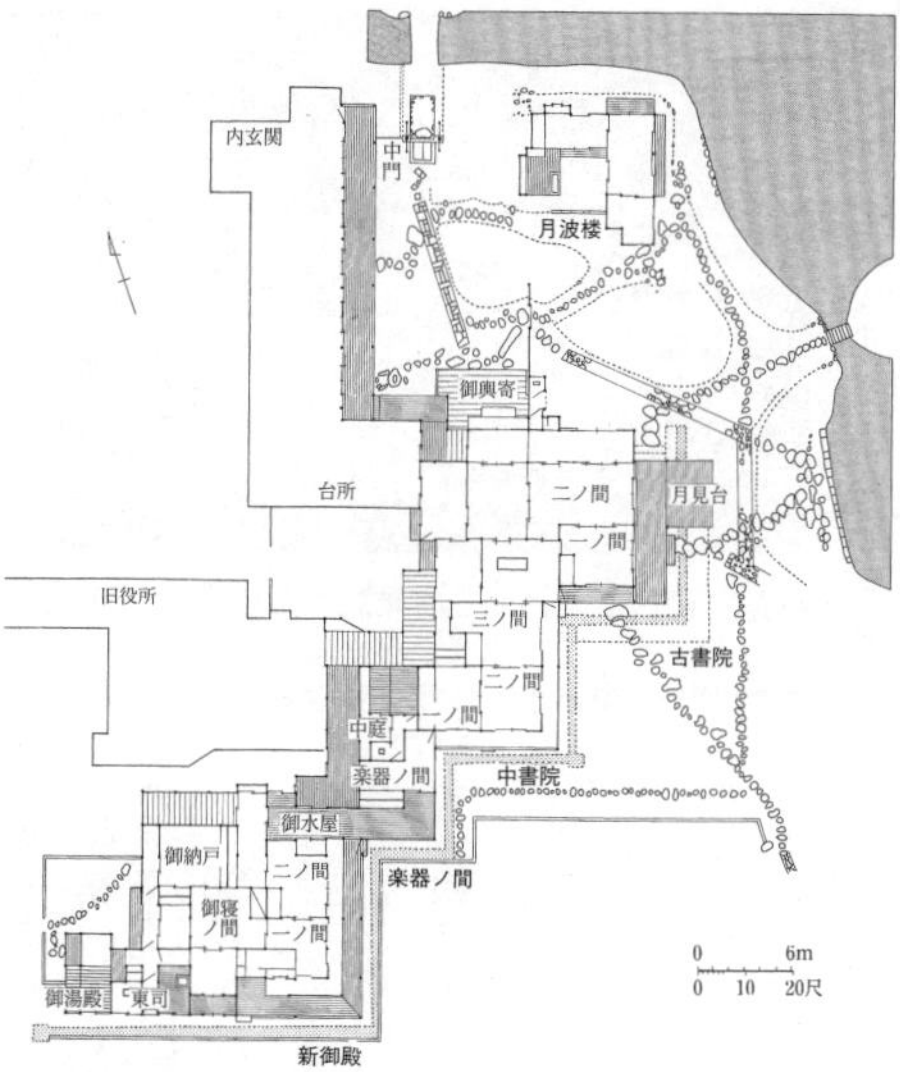

桂離宮御殿群平面図　縁を巡らした畳敷の部屋で構成される、古書院、中書院、楽器の間、新御殿が雁行して配置されている。

桂離宮御殿群の池からの景観　高い床上に障子戸と白壁が連なり、柿葺屋根の優美な曲線が周囲の自然とよく調和する（写真・岡本茂男氏）。

建築群が良好な状態で維持管理されている。

建築の中心は、池の西の平坦部に古書院《こしょいん》、中書院《ちゅうしょいん》、楽器の間、新御殿《しんごてん》の順で雁行《がんこう》する御殿群である。いずれも高床式の建物で、池側から見ると、深い軒の下に、すっきりとした柱と、障子戸、板戸、白い漆喰壁が調和し、古書院正面に大きな妻を見せた屋根と、中書院、新御殿の柿葺のゆるい起《むく》りをつけた屋根が連なっていて、連続性がありながら変化のある御殿外観の見せ場となっている。

池の周囲には古書院の北に月波楼《げっぱろう》、池の東に相対して松琴亭《しょうきんてい》、南の端に笑意軒《しょういけん》とそれぞれ名付けられた茶屋が配され、山を築いた中島には峠の茶屋としての賞花亭《しょうかてい》があり、麓には持仏堂である園林堂《えんりんどう》がある。この他にも亭や石灯籠《いしどうろう》など各種の庭園施設が適当な距離をおいて配され、しかも築山《つきやま》や植栽《しょくさい》によって相互に見通せないように巧みな趣向がこらされている。

一九七六（昭和五十一）年から一九八二（同五十七）年にかけて行われた大修理によって、従来必ずしも十分あきらかではなかった御殿の建築過程や建築年代も判明した。それらに

月波楼　化粧屋根裏の開放的な茶屋。茶会のためのみではなく庭を観賞する場でもあった（同前）。

新御殿一の間上段　付書院の大胆な櫛形窓と、多彩な材を用いて地袋、棚板などを巧みに組み合わせた華麗な桂棚が知られる（同前）。

よれば、八条宮初代智仁《としひと》親王による造営は一六一五（元和元）年頃に始められ、まず第一期として一六二四（寛永元）年頃までに古書院が建てられた。智仁親王の没後、二代智忠《としただ》親王の代になった一六四一（寛永十八）年から一六四九（慶安二）年頃までの第二期に、中書院の増築とそれにともなう古書院との取合《とりあい》の部分の改造、および西側付属施設の建築が行われ、別荘としての形が完成した。その後、一六六三（寛文三）年の後水尾《ごみずのお》上皇の御幸のために、楽器の間と新御殿の増築と古書院・中書院の一部改造と、台所等の付属施設の増設が行われている。この第三期に第二期に造営された茶屋が取り壊されて現在の松琴亭、月波楼などの茶屋建築もできたと考えられる。

　多彩な建築構成、完成度の高い日本庭園、

さらに両者の調和ということで知られる桂離宮であるが、これらは一時期に出来上がったものではなく、八条宮初代智仁親王、二代智忠親王の父子二代のもとで年月をかけて、増築・改築を繰り返すことによって成立してきたということになる。

桂離宮の様式——数寄屋風書院造

桂離宮の古書院、中書院、新御殿などの中心部分の建築の様式を、数寄屋《すきや》風書院造と呼んでいる。書院造とは、すでにみたように近世武士の住宅様式で、数寄屋とは茶室のことであるから、数寄屋風書院造とは、茶室の要素を加味した書院造ということになる。襖や障子で区切られた畳敷の部屋が並ぶ平面構成は書院造と基本的に変わらないので、違いは主として内部の意匠に求められる。単に数寄屋造とも呼ばれる数寄屋風書院造の意匠上の特徴は、以下のようになるだろう。

① 柱に丸太や面皮柱《めんかわばしら》といって皮付きの材を用い、長押は省略するか、もしあっても半丸太や面皮を用いる。
② 壁は土壁で、書院造のような張り付け壁を用いる場合も障壁画は描かない。
③ 床の間、違い棚、書院の配置に必ずしも書院造のような定型がない。
④ 違い棚、欄間《らんま》、釘隠し、襖の引手などに多彩なデザインを用い、建築用材にも多種多様のものを用いる。

つまり、身分格式を表現する舞台装置としての書院造に、茶室の自由軽妙ないし簡素な要素を持ち込むことによって大きく変質させた建築ということになるだろう。

数寄屋風書院造の代表といってよい桂離宮の御殿群であるが、建てられた時期がかなり異なることもあって、それぞれ意匠は違う。いちばん古い古書院は端正な書院造といってよいが、中書院は面皮柱を用いており数寄屋風の簡素な意匠がかなり加わる。新御殿になると有名な桂棚《かつらだな》をはじめとして、付書院、落掛《おとしかけ》、欄間、長押から、細部の釘隠し、襖の引手などにいたるまで、多彩な技巧をこらしており、華麗な意匠といってよいかもしれない。

桂離宮と日本の建築文化

一九三三（昭和八）年に来日したドイツの建築家ブルーノ・タウトの『日本美の再発見』によれば、日光東照宮は建築の名に値しない「いかもの」であるのに対して、桂離宮は古今東西を通じて最高の建築とされている。この桂離宮に対する見方は、装飾を否定することによる新しい造形を目指した近代建築家たちによって、やや過大に取り上げられたきらいもあるが、日光東照宮との対比ないし評価では現在にいたるまで影響を及ぼしているかもしれない。だがそうしたデザインの問題だけではなく、建築と庭園の維持管理がよく行き届いていることや、全体を構成する建築それぞれが個性ある意匠を示していながら、全体的に実によく調和し洗練されていることも、桂離宮の評価が高い理由としてあげられるであろう。

しかしながら、もう一歩踏み込んで桂離宮の建築史上の位置から考えようとする場合には、数寄屋風書院造としての成り立ちを考える必要があるだろう。すなわち、古代の寝殿造を出発点にしながら中世を通じて武士文化として確立した書院造が基礎にあり、しかも民衆の住宅である民家を、利休を代表とする茶人たちが昇華させた茶室の影響が大きく加わっているということ。しかも、これらを近世初頭に、八条宮という王朝貴族の系譜をひく趣味人が、桂という景勝の地を得て時間をかけて結実させたということである。つまり、王朝貴族、中世武士、そして民衆のそれぞれが持っていた日本の伝統文化の要素を、微妙な緊張関係を保ちながらも、巧みに取り入れて構成されているのが桂離宮ということになるだろう。現在我々が、桂離宮に代表される数寄屋風書院造の表現に共感を持ち、和風住宅様式として受け継いでいるのも、このような歴史的・文化的背景ぬきには考えられないのではないだろうか。

近世民家の成立

近世庶民住宅としての民家

近世の庶民住宅を民家と呼び、支配階級であった武士の住宅形式である書院造と対比させて考えることが多い。もちろん庶民の住宅は、どの時代にも数多くあったはずであるが、中世にまで遡る庶民住宅は現実には残されていないし、明治以降の近代になると、建築の建て方が大きくかわるので、伝統的な庶民の住様式を建築に即して具体的に考えるにはこの民家が最もふさわしいということになるだろう。民家は大きく農村の農家と、都市の町家《まちや》に分けることができるが、ここでは、数として圧倒的に多く、近世社会を実質的に支えていた農村の農家で民家を代表させて考えることにしたい。

民家は全国各地に残っており、地域によってかなりの特色があることが知られているが、ここでは川崎市の日本民家園に移築復原されている旧北村家（一六八七〔貞享四〕年建築・旧所在地神奈川県秦野《はだの》市・重要文化財）を代表例として、その主屋《おもや》の建築的な特徴をまず説明しておこう。

外観は、写真に示したように茅葺《かやぶき》の寄棟《よせむね》屋根で、軒は低く、全体的に土壁がまわっていて閉鎖的である。庭に面した正面中央に格子窓《こうしまど》、左手に障子戸と板戸の入った開口部があり、右手に大戸が見える。正面の入口である大戸を入るとダイドコロと呼ばれる土間があり、その一角に竈《かまど》が設けられている。土間に面した床上はヒロマと呼ばれ、大部分は竹簀《たけすの》子敷《こじき》で背面に近い部分が板敷となっている。このダイドコロとヒロマの境には間仕切《まじきり》がないので、ほぼ中央に囲炉裏《いろり》を切った一つの大きな部屋とみなすことができ、主屋の大半を占めている。ヒロマの奥には間仕切を介して床の間と仏壇のある畳敷のオクと、やはり畳敷の閉鎖的なヘヤが連なっている。天井はなく、ダイドコロとヒロマの上部には屋根を支える構造材である梁《はり》が縦横に組まれて意匠上の見せ場となっている。

このような旧北村家住宅に典型的に示されている民家の建築様式の、書院造との相違点をまとめておくと、次のようになるだろう。

① 土壁で囲われていて、開口部が少なく全体的に閉鎖的な構成である。
② 室内における土間部分が大きく、土間につらなる床上に囲炉裏がある。
③ 天井は張らず、建築の構造材をそのまま見せている。
④ 主屋一棟の建築内部で寝食など生活に必要な機能が完結している。

ではこのような書院造とはっきり異なる民家の形式は、日本の住宅史の中でどのような意味を持っているのであろうか。この問題を考えるためには民家の間取りないし平面類型

旧北村家正面外観　前面の庭に面した外観。日本民家園に移築する際に、土壁と板戸が多く、茅葺の軒の低い閉鎖的な外観に復原された（写真提供・川崎市立日本民家園）。

旧北村家内部　囲炉裏を中心に、土間であるダイドコロと、床上のヒロマが一体となった大きな部屋で、ここが広間型平面の中心であり、家族の日常的な生活の場であった（同前）。

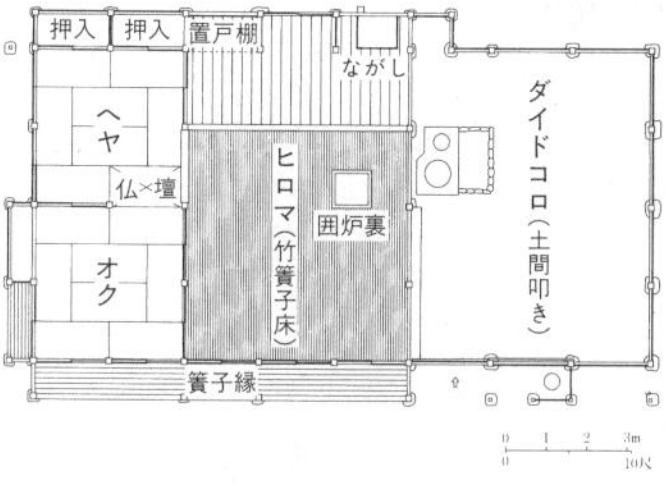

旧北村家復原平面図　平面図でみると、日常生活の場であるダイドコロとヒロマが主屋の大半を占めて機能的に完結しており、間仕切を境にした畳敷のオクとヘヤは、非日常的な場であったことがわかる。

に注目しなければならない。

広間型平面から田字型平面へ

現在みられる民家の平面類型の中で数も多く、広く分布しているのは田字型《たのじがた》と呼ばれる間取りである。田字型とは土間を除く床上部分をちょうど「田」の字のように四つの部屋に分割した平面で、民家研究者の間では「整形四間《よま》取り」とも呼ばれている。民家の最も発展した十九世紀後半の幕末から明治にかけての時期には、この田字型平面が全国に普及していたことはよく知られている。ただ民家において田字型平面が成立したのは実はそう古いことではなく、近畿地方では近世初めに遡るものの、それ以外の地方ではせいぜい十八世紀半ばからである。というのは、現在は田字型平面になっているが、建物に残された改造の痕跡などから古い形に復原すると、かつては広間型平面であったというものが全国各地で数多く確認されているからである。

広間型平面とは土間に面して大きなヒロマと呼ばれることのある部屋のある間取りのことで、旧北村家の復原された間取りは、大きな広間を中心に床上に三部屋あることから、「広間型三間《みま》取り」と呼ばれている。この旧北村家も移築復原される前は、土間に面したヒロマを間仕切で前後に分けて田字型平面に改造していたのであり、広間型平面から田字型平面に改造された典型的な例といってよい。なぜこのような改造が行われたのかについては、農家の生活様式が変わって、大きなヒロマを表側と裏側に分割して使う機能的な必要が生じてきたのだと考えることができるが、そのような改造の時期が、関東地方ではだいたい十八世紀後半以降である。もちろんこの時期以後に新築された民家は最初から田字型平面で作られている。つまり、この十八世紀後半から十九世紀にかけての時期に、日本列島内の大部分の地域で、広間型平面から田字型平面への大きな転換が行われたことになるだろう。

全ての間取りは田字型をめざす

ところが、大阪平野を中心とする近畿地方中心部およびその周辺部の民家は、かなり様相が異なる。というのは近畿地方では、遺構で確認できるかぎりでは、近世初期に既に田字型平面があり、またその田字型平面の原形は広間型平面ではなく、先行平面としては「前座敷三間取り」を考えた方がよいことがまず確認されているからである。

前座敷三間取りとは土間に面してではなく、表側前面の庭に面してザシキと呼ばれる大きな部屋をとる平面である。この間取りは近畿地方の周辺部に分布しており、例えば「千年家《せんねんや》」と呼ばれている中世に遡る重要な民家遺構がこの平面であることがわかる（「中世の庶民住宅」の項参照）。つまり、前座敷三間取りの表に面したザシキを間仕切で前からみて左右に分けることにより、田字型平面が成立したと考えられ、広間型とは異なる経過で

1 広間型三間取りより整形四間取りへの移行

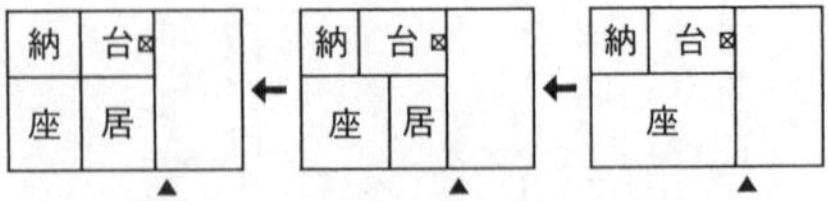

2 前座敷型三間取りより整形四間取りへの移行

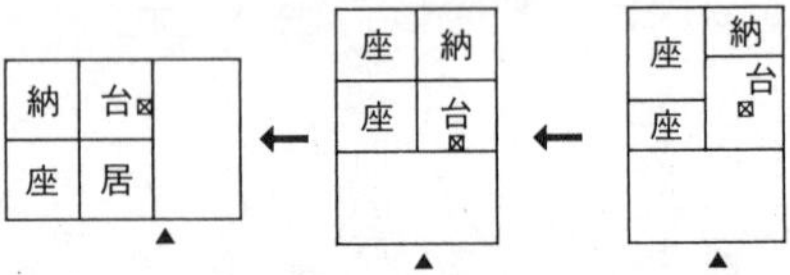

3 北山型より整形四間取りへの移行

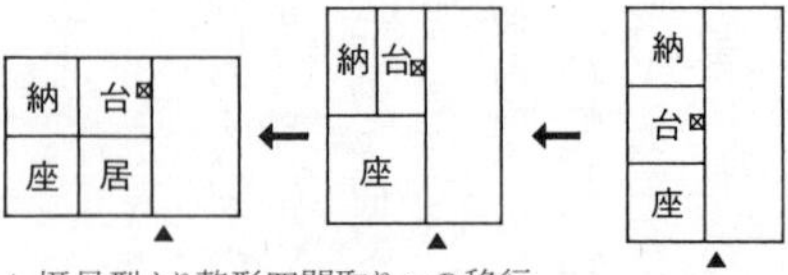

4 摂丹型より整形四間取りへの移行

台：台所　居：居間　納：納戸　座：座敷　☒：囲炉裏

民家間取りの変遷模式図　近世前半の近畿地方には、広間型三間取り以外に、前座敷三間取り、妻入の北山型、摂丹型などバラエティーに富んだ間取りがあったが、近世後半には全ての間取りが田字型平面に収斂してしまった。

田字型平面が成立していたことになる。

近畿地方には、この前座敷三間取り以外にも北山《きたやま》型、摂丹《せったん》型などの広間型ではない特徴ある間取りが存在していたが、変遷模式図にも示したように近世中期以降、ほとんど全ての間取りが田字型平面に変化するという実に興味深い事実が認められるのである。

幕藩体制社会と近世民家の成立

　このように地域により、また年代および経過に違いがあるとはいえ、民家平面が最終的には田字型平面に収斂していくということは何を意味しているのだろうか。この問題を明らかにするためには、民家のおかれた近世社会全体の変化との関係を考えておかなくてはならない。この場合指摘できるのは、出来上がった田字型平面によって、床の間のある座敷と、それに続く座敷を確保するという傾向がほぼ共通して認められるということであろう。つまり、民家の主である農民にとっては、村共同体の構成員としての寄り合いのできるような、床の間のある続き座敷が必要とされるようになったことが要因としては大きかったと考えられる。

　いずれにしろ、民家が、近世における地域ないし社会階層により多様な変化を見せながらも、武士の住宅である書院造とは異なる共通した住宅様式として成立したことは重要であろう。つまり、幕藩体制社会と呼ばれる支配体制に対応した形で成立した書院造とは全く別の系譜を持つ、しかも、様式・平面が共通の内容を持つにいたる民家という住宅、ないしそれを取り巻く住文化が、多様性を含みつつも、日本列島の中で形成されたことになり、その近世日本社会における意味は十分強調してよいと思われる。

近世民家の地域的特色

地域文化としての民家

前項では平面（間取り）を主な手がかりにして、近世の庶民住宅としての民家の成立過程を考えた。特に日本列島内各地でほぼ共通の内容を持つ、田字型平面という平面形式が、普遍的に成立するにいたることを強調したが、今回は民家のもう一方の重要な要素である、外観にみられる地域的な特色をとりあげてみたい。

民家がそれぞれの地域独自の、特色ある外観を示すことは早くから知られており、各地の民家の特徴的な外観をスケッチなどで調査収集することから、民家研究は始まったといってもよいであろう。そして民家研究の進展とともに、その特色ある外観の形式は、南部《なんぶ》の曲家《まがりや》、飛驒《ひだ》白川《しらかわ》の合掌造《がっしょうづくり》、信州の本棟造《ほんむねづくり》、大和の大和棟《やまとむね》などのように、多くの場合、地域名称と結び付いた形で知られるようになってきた。つまりその地域の文化を代表する民家形式として考えられてきたということになる。では、このような民家の外観にみられる地域的な特色は、いつ頃から、どのようにして成立したのであろうか。またそれぞれの地域の民家にとってその特色はどのような意味を持っていたのであろうか。

まず、このような地域的特色と呼ばれているものは、大きくみて二つに分けられるように思われる。一つは、気候・風土、ないし生活・産業などの地域独自の条件からその成立が説明できるもので、これは仮に風土型の特色と呼ぶことができるだろう。それに対してもう一つは、地域独自の条件では説明できないもので、地域内におけるその家の家格や格式を表現していると考えられるものである。とりあえず格式型の特色ということにしよう。この格式型は当然のことながら、その地域内の一部の民家に限られるのに対して、風土型は地域内の民家に広くみられるということになる。以下にそれぞれの代表的な特色をみてみよう。

南部の曲家　菊池家住宅（岩手県遠野市）主屋棟に人間の居住部分があり、入り隅部分の入口を挟んで突出した部分に馬屋がある（写真提供・遠野市立博物館）。

風土型の地域的特色

風土型とみられる地域的特色の代表は南部の曲家であろう。曲家とは字義通り、屋根の棟が一直線ではなくL字形に曲がっている建物のことで、平面も鉤形になる。曲家は他の地方にもみられないわけではないが、南部の

飛騨白川村の合掌造　大小の合掌造で村全体が構成されており、村内の階層と合掌造は必ずしも関係がないことがわかる（写真・三沢博昭氏）。

曲家の場合は、主屋《おもや》に対して突出した部分に馬屋が置かれ、人と馬とが同じ屋根の下に暮らすということが特徴である。南部地方は古くから馬の産地として知られている。近世においては南部藩が馬の飼育を奨励したこともあって、馬が大切にされ、寒冷な気候ないし豪雪のために、冬季の馬の世話に有利なように考えられた形式とされている。つまり南部地方独特の気候・風土によって作られた形式とみてよいが、実際にこの南部の曲家が出来上がったのは意外に新しく、その構造の発展過程からみて十八世紀後半以降であるとされている。

飛騨白川村、越中《えっちゅう》五箇山《ごかやま》など荘川《しょうがわ》流域の山間に分布している大規模な合掌造も、かつては大家族制などとの関係から中世以来の古い形式と考えられたこともあったが、文献による研究やその構造からみて、その成立年代はさほど古くなく、十八世紀に入ってからと考えられている。この合掌造の場合は、大きな屋根を組むことによって二層三層に作った屋根裏を、養蚕の蚕室として使うことが、このような形式を生みだした要因である。

養蚕は民家の形に直接的に影響を与えた最大の産業といってよく、近世後期から明治にかけての時期に、養蚕が盛んになった関東から東北にかけての地域には、養蚕のための民家形式がみられる。茅葺寄棟《よせむね》の屋根を蚕室の通風・採光のために切り上げた形が、兜に似ているところから兜造《かぶとづくり》と呼ばれる関東地方にみられる形式や、やはり屋根の一部を持ち上げる山梨県甲府盆地東部の押上《おしあげ》屋根という形式もある。

このような近世も後半に入ってから、地域の産業に結びついて成立してきた特色に対して、古くから成立していたとみられる風土型の特色に分棟《ぶんとう》型がある。分棟型とは、「かまや」と呼ぶ炊事のための火を扱う建物を、主屋棟とは棟を別にして建てる形式で、西南日本から関東地方までの太平洋側に広く分布しているものである。この分棟型の成立過程は十分あきらかではないが、同系統の建て方が沖縄、さらに南方の島々にもみられることや、火に対しての独自の考え方と結びついている共通性などから、大きく黒潮《くろしお》文化圏の民家形式とみるという考え方もある。スケールの大きな風土型ということになるだろう。

格式型の地域的特色

一方の格式型の代表は、松本近郊の安曇平《あずみだいら》を中心とする長野県にみられる本棟造であろう。屋根は緩い勾配《こうばい》の切妻《きりづま》・板葺《いたぶき》で、妻入《つまいり》正面に大きな破風《はふ》を見せ、よく目立つ棟飾《むねかざ》りを設けていることが外観の特徴である。規模が大きく、正面入口に並んで接客用の式台《しきだい》玄関を備え、書院座敷を設けていることも、正面性を強調した特徴あるデザインである。こ

安曇平の本棟造　堀内家住宅（長野県塩尻市）
正面中央にモダンな妻飾りを設けている外観だけではなく、平面が間口・奥行ともに十間程度と、かなり大規模なことも特徴である（写真提供・塩尻市教育委員会）。

のような本棟造の主屋を構えることのできたのは、御館《おやかた》と呼ばれているような中世以来の系譜を引く上層の地主層のみで、他の多くの一般農民の住居は茅葺、寄棟、平入《ひらいり》の小規模なものであった。つまり、本棟造の表現形式は、村の中での家格の高さを、他の一般農民に対して誇示するという意味を持っていたことになるだろう。

　このように妻を正面に向け、妻や破風を強調することによって家格を表現したと考えられる民家形式は、山形県から秋田県にかけての日本海側に分布する中門造《ちゅうもんづくり》、摂津と丹波に見られる摂丹型などがあり、いずれも中世以来の武士の系譜を引くような上層農民の家格を表現していると考えられる。これらはいずれも成立年代が古く、近世初期にまで遡るとみられている。

　それに対して、大和と河内に分布している大和棟（高塀造《たかべいづくり》ともいう）は、主屋中央の棟を一段高くして、やはり家格を表現している形式であるが、成立したのはそれほど古いことではなく、十八世紀になってからのことと考えられている。

　これらの格式型の特色は、その成立期においては、村の中でもごく一部の最上層の農民の家に限られていたはずであるが、時代が下がるにつれてその区別はあいまいになり、下の階層にも用いられるようになっていく。これは村落内で、中世以来の御館などの支配層が徐々に没落し、新興の農民が力を持ち始めると、彼らがその表現形式を踏襲して家を建てるようになるからである。

大和河内の大和棟（高塀造）　吉村家住宅（大阪府羽曳野市）屋根中央部で、茅葺棟を一段持ち上げて切妻の妻を見せるところが外観の特徴である（写真提供・羽曳野市教育委員会）。

農村の近代化と民家形式

このようにみてくると、民家の外観にみられる特色から現在の我々がよみとることのできるものが大きいことにあらためて気づかされる。特に気候・風土に即した生活だけではなく、むしろ社会階層関係に基づいて歴史的に形成されてきた一般庶民の生活が、民家の外観に刻み込まれていることは重視する必要があるだろう。

ただ、このような外観に表れた地域的特色を中心とする民家調査の成果は、まだまだ十分に歴史研究に活かされているとはいえず、特色の持つ意味についても不明の点が多い。ところが、農村の近代化をも含む日本社会の大きな変動にともない、伝統的な民家は日本列島内から急速に姿を消しつつある。地域的な特色ある民家を文化財的に保存することが重要であることはいうまでもないが、格式型の特色のあり方を考えるならば、特色のない、いわばありふれた民家も重要な意味を持つはずであり、そのようなごく普通の民家も含めた系統的な保存を考えることが急務である。

大店と裏長屋

江戸の発展

一五九〇（天正十八）年に、徳川家康が入府して建設を始めた城下町江戸は、三代将軍家光の、一六三八（寛永十五）年頃にほぼ完成した。江戸城本丸には五層の天守が聳《そび》え、外堀が江戸を取りまいた形でつながり、赤坂・四谷・市ケ谷などの城門を備えた見附《みつけ》も整備された。当時の江戸を描いたとされる『江戸図屛風』には、江戸城周辺には豪華な装飾による門を備えた豪壮な武家屋敷、そして日本橋・京橋を中心とする町地《まちち》にも三階櫓《やぐら》に象徴される華麗な町家《まちや》による町並が描かれており、未曾有の近世都市江戸であった。

しかしながらこの成立期の江戸は、一六五七（明暦三）年の明暦大火で灰燼《かいじん》に帰してしまう。江戸城天守をはじめとして、豪華な武家屋敷や町並はついに再建されなかった。ただ江戸という都市全体にとっては、この明暦大火が拡大・発展の絶好のきっかけとなった。都市の領域についてみると、外堀あたりまでが範囲であったものが、一気に周辺部にまで拡大し、芝・麻布・赤坂・四谷・牛込《うしごめ》・小石川《こいしかわ》・浅草、そして墨田川をこえた本所《ほんじょ》・深川《ふかがわ》などが江戸の範囲に加わっている。以後幕末にいたるまで江戸は大きく変化していないので、この明暦大火後の拡大によって、江戸の範囲が定まったといえよう。

このように江戸が拡大・発展したのは、直接的には明暦大火およびその後の幕府による計画の結果ではあるが、実際には十七世紀後半の生産力の発展を背景にした全国的な商品流通の展開があり、江戸の中でも商品流通を担っていた町地の発展に負うところが大きかったと思われる。では町地にはどのような建物が建てられていたのか。

現銀安売り掛値無し

常設店舗《てんぽ》がまだ十分に発達していなかった初期の江戸では、大きな町家の庇先《ひさしさき》を借りて店を出す商人があり、また通りに面した一つの建物を何人かの商人が分割して店舗を出す表長屋形式の店も多かった。いずれにしろ、そのほとんどは間口が二間にも満たない零細《れいさい》な店舗であったとみられる。ところが明暦大火後に江戸が発展するとともに、店舗のあり方にも大きな変化がおこった。

一六七三（延宝元）年、三井越後屋《みついえちごや》の開祖である三井高利《たかとし》は、江戸本町《ほんちょう》一丁目に間口九尺の呉服店《ごふくだな》を出した。当時の江戸本町一丁目・二丁目は高級品であった呉服をあつかう江戸初期以来の老舗《しにせ》商人で栄えていたが、高利は「現銀安売り掛値《かけね》無し」という標語で知られるようになる新しい商法で、たちまち頭角を現していく。すなわち、掛売りではなく現金で、薄利多売《はくりたばい》、しかも店先《たなさき》で直接売るという、現在ではごく当り前となっている売り方が、この時に高利によって始められたとされる。三井高利が成功をおさめたのは、この商法だけではなく、京都に仕入店を設けたことや、営業組織そのものの改革など多方面に要因があると思われるが、ともかく、一部の武士や上層商人だけを客にするのではなく、江戸に集中した膨大な消費人口を相手にした商売は大歓迎された。

ただ老舗の呉服商人が集まっていた本町では、このような商法は反発をかってさまざまな妨害を受け、十年後の一六八三（天和三）年、高利は隣町である駿河町《するがちょう》に土地を買い求め、店を移すことになる。以後、元禄期という十七世紀末の江戸の拡大・発展期に、三井呉服店も順調に発展し店舗規模も拡大していったとみられる。

大店の成立

この間の店舗発展の経過は必ずしもあきらかではないが、十八世紀初頭の享保頃になると、この三井越後屋をはじめとして大村白木屋《おおむらしろきや》、下村大丸《しもむらだいまる》、富山大黒屋《とみやまだいこくや》などの呉服商人たちの大規模店舗、すなわち、「大店《おおだな》」が日本橋を中心とする江戸中心部に軒を連ねることになる。

この大店の特徴は、間口が十間程度以上とかなり大きく、奥行も少なくとも二十間、通一丁目の大村白木屋のようにさらに大きな場合もあった。通りに面して掛けられた暖簾《のれん》を

駿河町越後屋呉服店大浮絵（奥村政信画・享保頃）
大店の内部を描いた最も古い絵画。17世紀末から18世紀初頭の風俗とともに、店での呉服の売り方がよくわかる（株式会社三越蔵）。

駿河町三井越後屋・両替店の図（鍬形蕙斎画・文政頃） 19世紀の最も完成した段階の大店の外観。呉服店に並存していた両替店が土蔵造であった。派手な鬼瓦と大きな棟、そして大きな看板が特に目立つ（三井住友銀行蔵）。

くぐって中に入ると、幅一間ほどの庇下ないし踏み込みの土間がまずあり、畳を敷いた広い床上が商品の売り場となるのが普通の形であった。もっとも近代の店舗のように商品が陳列されているわけではなく、客の注文を売り手である手代《てだい》がきき、子供と呼ばれる手代の配下が奥の土蔵から反物《たんもの》を運んで来て見せる。場合によって店の奥で仕立ても行うという売り方をしていた。したがって、大勢の客をさばくためには何人もの手代が必要であり、越後屋店舗の中を描いた浮世絵でもわかるように、店の中はさまざまな階層の客やその従者、手代と子供、湯茶のサービスを行う者などで活況を呈していた。ちょうど近代の百貨店のようであるが、実際にわが国の代表的な百貨店は、三井越後屋や大村白木屋、下村大丸など、江戸時代に繁昌していた呉服店の系譜をひいている店が多い。つまり大店は百貨店の前身ということになるだろう。

一方、大店の作りだした都市景観も重要である。三井越後屋外観の図でもあきらかなように、表通りの交差する角地など要所に位置することが多かった大店は、それだけで目立つ存在であったはずである。江戸時代の町並は必ずしも大店のような立派な町家ばかりが並んでいたわけではなく、質素な町家も多かったと思われる。ただ明治以降に、例えば川越《かわごえ》・佐原《さわら》などのように江戸風の町並を作ったとされる都市では、大店風の外観、特に大店の

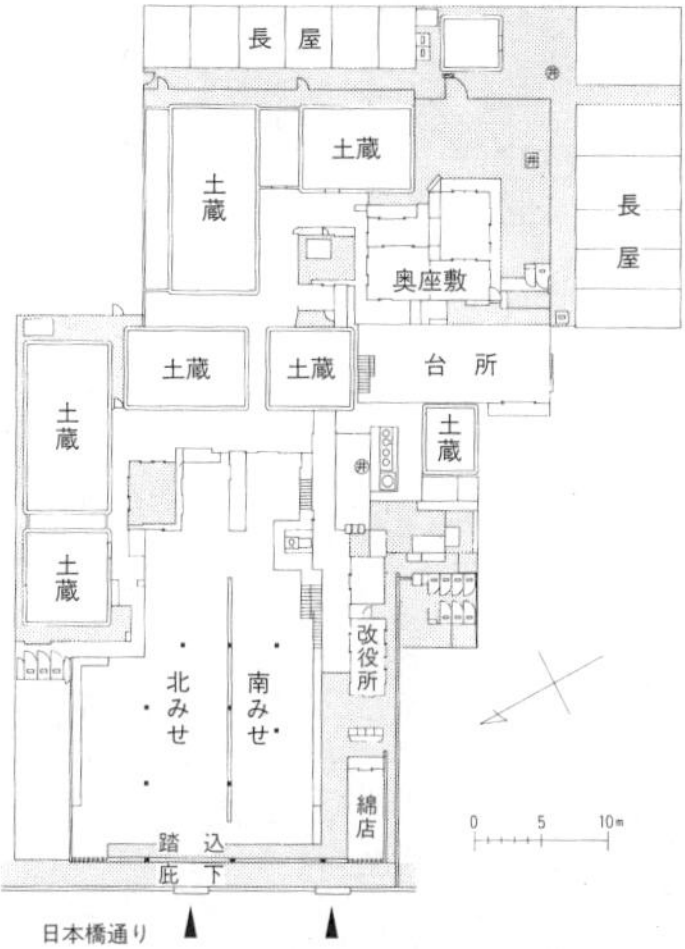

通一丁目大村白木屋呉服店平面図（文政期）　通一丁目から裏の平松町まで突き抜けて一つの店にしていた白木屋の平面。内部は南と北の店にわかれ、土蔵によって囲われていた。奥には座敷があり、裏長屋もみえる。

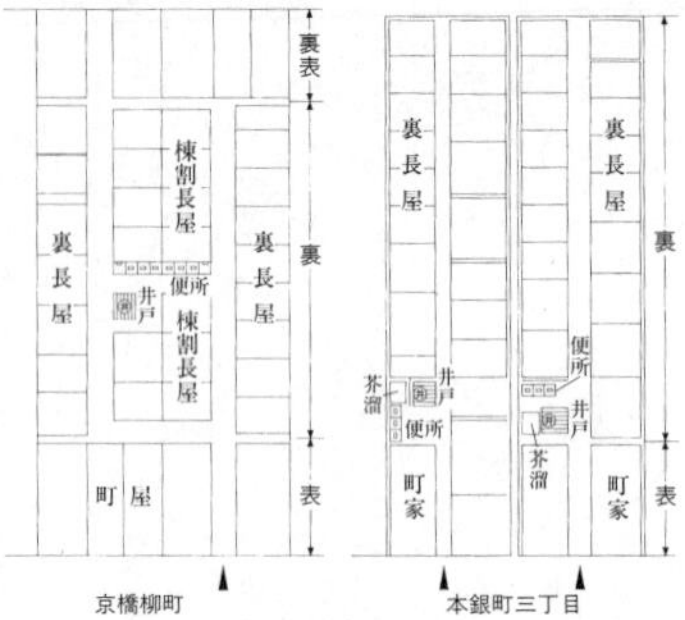

町屋敷内の住居配置 奥行二十間の町屋敷内の表通りに面した「表」には店を出すことができるが、通りに面しない「裏」には店は出せず、地主が裏長屋を建てて貸すことが一般化していた。

中に含まれていた土蔵造《どぞうづくり》を真似たものが多い。つまり大店こそが江戸を代表する都市景観と考えられていたのであろう。

表店と裏長屋

ただ江戸の表通りでこのような大店が覇を競い、発展していったということは、一方で競争に敗れた商人もいたことになる。実際に表通りの店舗の大半は、間口せいぜい三、四間、奥行は五間あれば十分という規模であった。江戸町の最小単位である町屋敷は、間口は五間程度から十間程度とさまざまであったが、奥行は二十間と決まっていたので、表に奥行五間程度の町家を建てると残りの十五間分が余ることになる。この部分を利用して地主が建て、自力で住宅を建てられない住人に貸したのが、いわゆる裏長屋《うらながや》である。

江戸で裏長屋がいつ頃から一般化したかは正確にはわからないが、江戸の町方人口がほぼ五十万人に達したのが十八世紀初めであり、少なくともこの頃には裏長屋の需要は大きく、実際に次々に建てられていたとみられる。しかもその建て方は、土地を効率的に使うという目的から、町屋敷の間口に応じて、例えば三間ならば一列、五間ならば二列、七間ならば棟割《むねわり》長屋も並べるというように、長屋の配置までが決まってしまうほど類型化されるようになる。裏長屋の住人のための共同井戸、共同便所、芥溜《あくため》も必ずまとまって表と裏の境に配置された。つまり地主としては何としてでも収入を上げる必要があり、寸分のすきもない土地利用計画が実行されていたことになるだろう。

いずれにしろ、江戸の大店と裏長屋は、江戸町の表と裏という両極を体現した建築であったことになる。大店が近代の百貨店につながっていくということならば、裏長屋は現代の木賃アパートにつながっていくのであろう。

芝居小屋の世界

初期江戸町の賑わい

近世初頭の寛永期（一六二四〜四三年）頃の江戸を描いたとされる『江戸名所図屛風』（出光美術館蔵）左隻の、数多くの船が行き交う海、ないし入堀《いりほり》によって囲われた中橋《なかばし》近辺と見られる一帯は、二つの歌舞伎小屋、操り人形、軽業師《かるわざし》の小屋、楊弓場《ようきゅうじょう》、湯屋などが軒を連ねており、江戸町の初期の賑《にぎ》わいを示す代表的な場面といってよいだろう。大規模な埋立による町地造成工事が進行中であった寛永期の江戸においては、このような水際は常に開発の最前線であり、都市の周縁部であり、遊興の場であったと思われる。

ここに描かれている、いずれも櫓《やぐら》を高く上げた四つの小屋の形態はほぼ共通しており、周囲を桟敷《さじき》となる建物で囲んだ平土間の一角に、舞台が見られる。瓦葺の唐破風《からはふ》をかけたように見える操り人形の舞台がやや立派に見えるものの、他は柿葺の切妻屋根を四本の柱で支えるもので、中世以来の能舞台の形式を受け継いでいると見られる。客は平土間に敷いた毛氈《もうせん》の上や、周囲の桟敷で飲み食いをしながら演《だ》し物を楽しんでいる。もちろん天井

江戸名所図屏風（左隻三扇・四扇）　若衆歌舞伎の小屋を中心にして、操り人形や、軽業師の小屋など各種の遊興施設が描かれ、この屏風絵の中でも最も庶民の活力があふれている場面（出光美術館蔵）。

はまだなく、建築的に見れば仮設の小屋に毛の生えた程度のものであったろう。このような芝居小屋は、近世初頭の京都を描いた「洛中洛外図屏風」など、各種の風俗画にほぼ同様の形でみられ、この時期になって都市が発展してくるとともに、都市文化として芝居が盛んになってきたことをあらわしているとみられる。

都市の発展と芝居小屋

江戸初期の埋立地であった中橋近辺に置かれていた芝居小屋は、やがて堀留《ほりどめ》町堀外の堺町に移された。ここは一六五七（明暦三）年の明暦大火直前に浅草に移転する前の旧吉原《よしわら》に隣接しており、当時の江戸としてはかなりの場末であったと見られる。吉原が移転した後も芝居小屋はこの堺町に残り、興行を続けたが、いわゆる天保の改革の際の一八四二（天保十三）年に、浅草猿若町《さるわかちょう》に移転を命じられている。つまり、大きくみれば芝居小屋は、遊廓とともに都市の拡大発展にともなって、周辺へ周辺へと移されていったのである。

江戸に限らず、京都、大坂や各地の城下町など近世都市においては、必ずといってよいほど、庶民の娯楽として芝居小屋が賑わっていたが、それらに共通していたことは、都市の周辺部、いわば場末といわれた地域にあったことである。新町、新地《しんち》などとも呼ばれる新たな開発地に設けられることも多かった。この背景として、芝居小屋だけで単独に存在していたのではなく、周囲には茶屋と呼ばれるさまざまな形で芝居客の便宜をはかるための施設が並び、芝居以外にもさまざまな見せ物が並んでいたことがある。いわば芝居町として一大娯楽センターを構成していたことになり、近世の都市支配者からみれば、とても都市の中心部におけるものではなかったということになるだろう。

芝居小屋建築の発展

このように、都市支配者との緊張関係を保ちつつも、庶民の楽しみの場として芝居小屋は発展する。十七世紀後半になると引き幕が創始され、花道も創設されるなど、能舞台の形式から離れてしだいに歌舞伎舞台独自の形式が整えられていく。十八世紀はじめの享保期に、瓦葺・土蔵などの防火構造が奨励されたことを契機として、全蓋《ぜんがい》形式といって全体に屋根がかけられるようになった。十八世紀後半になると、迫《せ》り、回り舞台などの舞台装置が考案導入され、能舞台以来の破風や大臣柱《だいじんばしら》も舞台から撤去されるようになる。仮花道、枡席《ますせき》もでき、近世劇場としての形式が確立したといってよいだろう。

ところが残念ながら江戸の芝居小屋については、実際の建物はもちろん、図面類も全く残されていない。数多く残されている錦絵《にしきえ》の類で推定する以外にないが、度重《たびかさ》なる火災によって度々《たびたび》建て直されたことと、これも度重なる幕府による規制をくぐり抜けるために、表向きの書類とは異なる様々な工夫がなされたようで、実際の形の正確な復原考察は案外難しい。

次頁に出した錦絵は一八一七（文化十四）年刊のもので、当時の江戸三座（中村座、市村座、森田座）の中の中村座の外観と内部とを描いたものである。もはや半野天形式の仮設的な小屋ではなく、表構えの建物には堂々とした瓦屋根を載せている。間口は十三間とみられ、奥行二十間の敷地いっぱいに建てられ、正面屋根上には櫓を上げ、二階軒下には役者や演し物の看板が華やかに並んでいる。賑やかな客引きの声につられて鼠木戸《ねずみきど》をくぐって中に入ると、ここはもう芝居の世界である。

正面奥の檜舞台《ひのきぶたい》には破風が設けられているので、この時期としては古い形式を描いていることになる。左手にあるのは花道、右手が仮花道で、平土間部分は歩み板によって仕切られた枡席がある。一枡あたり四、五人が座っている枡席は木戸銭を払って入場した一般客の席であり、平土間を取り巻く三方の二階の桟敷席は、芝居茶屋を経由した上客の席となっていた。

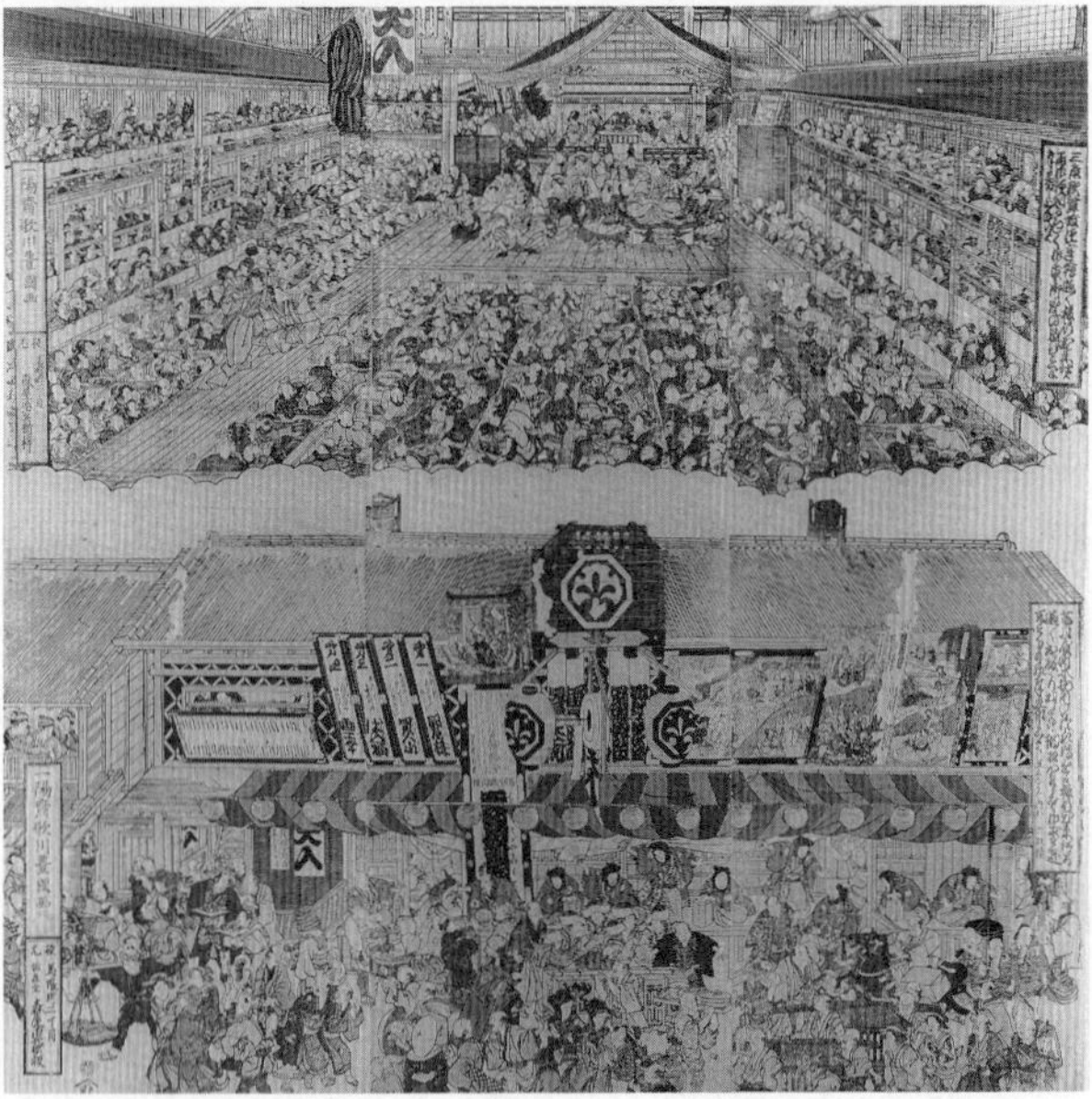

江戸堺町中村座内外の図（三芝居之図）　江戸堺町中村座の内観（上）と外観（下）を大判錦絵6枚続きで表わしている。様々な風俗の人々が行き交う表通りの賑わいと、枡席や桟敷で飲み食いしながら舞台の芝居を楽しむ庶民の様子が、遠近法を用いて生き生きと描かれている（歌川豊国画、文化14年刊、国立国会図書館蔵）。

芝居興行は昼間に行われていた。照明は面明《つらあか》りといって、長い棒の先に蠟燭《ろうそく》立てをつけたもので役者の顔の近くを照らしてみせるという方法も行われていたが、全体としての採光は、桟敷上部の窓から入る自然光だけであり、芝居の内容に合わせて窓を開け閉めして、演出効果をあげていた。

なお、この絵には見られないが、「お盆」とも呼ばれていた回り舞台があったはずで、舞台下には奈落《ならく》という地下室が設けられ、舞台上の迫りや、すっぽんと呼ばれる花道の迫りも使われていた。舞台背後には実質三階建ての楽屋があり、囃《はや》し方・床山《とこやま》や作者の部屋、座頭《ざがしら》や立ち役、二枚目三枚目のための小部屋や、そして大部屋、総ざらいとよばれる稽古用の部屋、風呂など芝居に必要な全ての機能がこの芝居小屋の中に組み込まれていた。

このような芝居小屋が建築史的にみて重要なのは、何といってもその規模ないし構造であろう。間口十三間、奥行二十間という大きさは、一部の寺院建築を除けば、江戸時代としては最大規模の木造建築であったはずで、これだけの大空間を柱無しで支えるためには長さ八間、すなわち一五メートル余りの梁材《はりざい》が何本も必要であり、しかも構造的にも様々な工夫が凝らされていたと思われる。

都市住民の娯楽と芝居小屋の伝統

都市住民の娯楽の中心としての芝居小屋は、近代東京の時代になると、徐々に洋風の劇

巴座（函館市） 1934（昭和9）年の函館大火後の、1936年に建てられ、唯一残されていた木造の芝居小屋で、全国的にみても貴重なもの。椅子席に改造され、通常は映画館として使われていたが、催し物によっては舞台が使われた。残念ながら1997年にとりこわされた。

場にとって代わられるようになった。しかし芝居の人気は根強く、近代になって発展した地方都市や盛り場においては、江戸以来の伝統を踏襲した芝居小屋が次々に建てられていった。現存のものでは熊本県山鹿市の八千代座（明治四十三年・重要文化財）、秋田県小坂町小坂鉱山の康楽館（明治四十三年・県文化財）がよく知られている。

ここで写真に示した巴座《ともえざ》という函館の芝居小屋も、一九三四（昭和九）年の函館大火後の昭和十一年再建の木造一部ブロック造建築で、建築年代としては新しいが、舞台は間口九間で回り舞台があり、奈落に迫り、すっぽん、そして花道を備えた伝統的な形式を踏襲しており、客席も平土間は枡席で、周囲には座敷席がまわっていた。巴座の場合、一九五三（昭和二十八）年に映画館に改造されるまでの昭和二十年代が芝居小屋としての全盛期で、入れ替わり立ち替わり劇団が興行し、大変な人気であったという。このような伝統的な形式による各地の芝居小屋のいくつかは映画館として生き延びているが、これも最近は徐々に姿を消しつつある。近世江戸で始まった庶民文化が地方に波及し、その土地の住民の間で実質的に定着するという地方都市文化形成の一つの過程を、形あるもので示す重要な史料であり、何とか後世に伝えたいものである。

近世社会と寺社建築

ありふれた寺院と神社

最近は都市化の進行や社会の変化によって、だいぶ影がうすくなってきたとはいえ、まだまだどこの町でも村でも寺院、神社は数多く残っている。我々の多くは、葬式や法事などで寺とつながりがあるし、初詣《はつもうで》、七五三、お宮参り、祭礼などで神社とも何らかの関わりを持っていることが多い。このように今でも我々の生活と切っても切れない関係にある寺院・神社建築であるが、全国津々浦々どこにでも見られるようになったのは、実は江戸時代になってからのことといってよいだろう。今回は日本人にとってなじみ深いこの近世の寺院、神社建築についてみることにする。

近世に建てられ、現在でも残っている寺院・神社は大きくみて二つに分けられる。一つは江戸の寛永寺、護国寺、増上寺、日光の東照宮に代表されるような江戸幕府が建てた寺社か、または近世の権力者関係の寺社である。各地の城下町にある大名の菩提寺や、大名に保護された神社、そして、京都に多い仏教各宗派の本山や、出雲大社、諏訪大社のような古くからの由緒のある神社も含めてよいだろう。これらは有名な規模の大きい寺社であり、今では観光地になって人を集めていることが多い。

それに対してもう一方は、数としては圧倒的に多い中小規模の寺社で、寺院の場合は江戸時代には農・工・商と呼ばれた農民・職人・商人など一般庶民の檀那寺《だんなでら》として存在していたし、神社は近世になって出来上がってきた村や町の鎮守社《ちんじゅしゃ》・産土神《うぶすながみ》・氏神《うじがみ》としてあった。このような、いわばありふれた寺社が、実際には人々の信仰の対象としてはもちろん、

善光寺本堂（宝永4年・国宝）　東京の浅草寺や、この長野の善光寺は古くからの由緒をもち、必ずしも近世権力と結びついていたわけではないが、庶民信仰に支えられて大規模な伽藍を維持していた。撞木造という独特の屋根形式をもつ最大規模の本堂建築（写真提供・善光寺）。

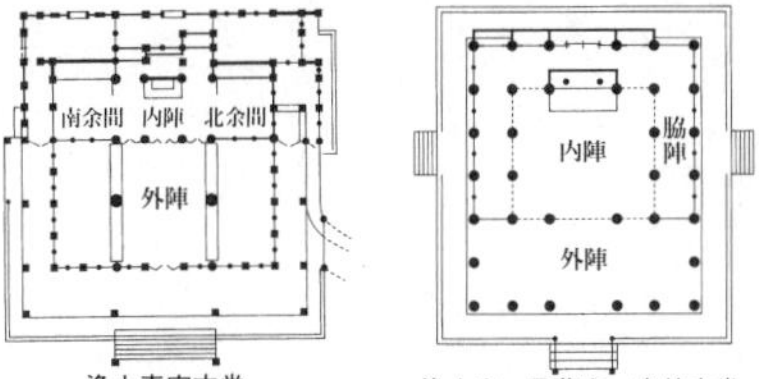

浄土真宗本堂　　浄土宗・日蓮宗・密教本堂

近世寺院本堂の平面　宗派によって多少は異なるものの、日本全国どこでもほぼ同様の類型化した構成になっていた。

近世の村や町の日常生活と密接に結びついて存在していたといってよいだろう。

近世の寺院・神社建築

寺院の場合、山門を入ると境内が広がって本堂があり、隣接して庫裡、さらに周囲に鐘楼、塔などが配置されているのが一般的な建築構成である。中心となる本堂は屋根の大きな建物で、その軒は柱上の組物という寺社建築独特の部材で支えられている。正面中央には向拝《こうはい》という庇《ひさし》がついており、階段によって周囲をとりまく縁に上がることができる。内部は宗派によって多少は違うものの、本尊を安置する仏壇を中心に内陣《ないじん》・外陣《げじん》という平面構成となっており、人々は本堂の中に入って本尊を拝むことができる。

一方、神社は鳥居をくぐると、灯籠が並ぶ参道になっていて、正面に拝殿があり、本殿はその背後に置かれている。手水屋《ちょうずや》があり、神楽殿《かぐらでん》や、摂社《せっしゃ》・末社《まっしゃ》という小祠《しょうし》が配されていることも多い。千木《ちぎ》や鰹木《かつおぎ》を棟上にのせた本殿は組物を用い、彩色や彫刻を施した派手なものが実際には多い。本殿は拝殿と建築的に連結されていることが多く、拝殿から本殿を礼拝するようになっている。

このような近世寺社の建築構成そのものは、古代・中世以来の寺院・神社の伝統を基本的には継承しており、また個々の建築の様式についても、近世になって特に大きく変化したわけではない。奥行の深い本堂形式は、中世仏堂で成立していたし、流造《ながれづくり》・春日造《かすがづくり》という代表的な社殿形式は古代以来、基本的には変化していない。むしろ重要なのは、全国各地で、寺院建築・神社建築とはっきりわかる類型化した形で、しかも数多く建てられたこと、そして一部の貴族や大名に限らず、檀家《だんか》や氏子《うじこ》ならば誰でもその宗教行事に参加できるようになった、いわば寺院・神社の大衆化であろう。

中世から近世への転換

中世までの寺院・神社のあり方は近世とは大きく違っていた。中世においては、寺社勢力という言い方があるように、寺院・神社は武家や商工業者と対抗できるだけの力を持った独立した政治勢力であった。中世末の戦国期に、近畿・中部地方の寺内《じない》町を拠点にして、織田信長や豊臣秀吉を脅かす力をもっていた本願寺だけでなく、他の宗派もかなりの政治的な力を持っていたのである。

流造の本殿（寛文5年上棟・千葉県指定有形文化財・側高神社本殿）　正面の間口が一間なので一間社流造という。近年の解体修理によって、左手の拝殿部分と切り離され、彫刻、彩色なども含めて当初の形に復原されている（写真・三沢博昭氏）。

中世から近世への転換

近世の城下町の寺町の景観（岡山県津山市西寺町）
　城下町のやや周辺部に寺が並んでいた。築地塀の各所に山門が開き、高い鐘楼や本堂の大屋根が配される全国各地に見られる寺町の景観（奈良国立文化財研究所許可済）。

過程とは、戦国大名同士の権力争いであると同時に、武家勢力全体が、その武力によって商工業者、農民を中心とする民衆、そして寺院・神社勢力を陵駕《りょうが》し、最終的に配下におさめるという過程でもあった。近世城下町において寺院が寺町として周辺部にまとめて配置され、城下町の防御線の役割を担わされたというのも、このような動きの結果ということになる。

　ただし、この転換過程の一方で商工業者、そして農民など民衆も自分たちの信仰の対象を求め、彼らの力に支えられた寺院・神社が出現してきた。城下町には大名によって半ば強制的に移転させられた寺院もあったが、この転換期に勢力を拡大し、むしろ積極的に進出してきた寺院もあった。また、近世村落が成立する過程でも、寺院各宗派は村々にそれぞれ拠点として寺院を作った。中世段階で各地で郷《ごう》単位で成立していた神社に加えて、住民によって村単位で鎮守社・産土神の神社も作られるようになり、江戸幕府成立後も、このような動きはしばらく続く。

　キリシタン禁止を契機とする寺檀《じだん》制度（寺請《てらうけ》制度）は、檀徒であってキリシタンでないことを寺によって証明させる制度であり、寺院を使った幕府による宗教統制であった。近世初めの寛永期（一六二四〜四三年）にこのような政策が十分有効性を持ったのも、この段階で寺院が信仰の対象として、民衆に結びついていたためであり、この点を幕府が巧妙に利用したことになるだろう。ただよく知られるようにこの制度によって、近世寺院の民衆の信仰の対象としての意味あいは大きく変質してしまう。

史料としての近世寺社建築

では寺院・神社建築は、近世社会の変化にともなってどのような展開を示したのか。一九七七年からはじまった文化庁による「近世社寺建築緊急調査」がほぼ一回りし、近世寺院・神社建築の全国的な状況がある程度わかってきた。

全国ほぼ共通してあきらかになった事実として、一つは一般的な寺社建築の建設の時期に波があるということがあるだろう。最初の波は十七世紀後半、寛文・元禄と呼ばれる時期で、近世村落の成立にともない、村や町で競いあって寺社建築をつくったことが窺われる。この時期の寺社建築の規模は、けっして大きなものではなく、装飾なども素朴なものが多い。それに対して次の波は、十八世紀後半から十九世紀にかけての時期で、地域によって異なるが、かなり規模の大きなものや、装飾の派手なものが出現する。主として東国に多い、彫刻によって飾りたてられた寺社建築が出現するのもこの近世末期である。

もう一つ、これも重要なことであるが、地域的な特色ある寺社建築が実に多いということがある。従来、近世寺社建築は中世以前の寺社建築に比べてあまり高く評価されてこなかった。なぜこのようになったのかについては、古代以来の寺院・神社、特に京都・奈良を中心とする西日本の寺社建築の基準で、全国各地の寺社を一律に評価してしまったということが最大の理由と考えられる。近世寺社の地域性を考える時、その評価については様々な形で再検討が必要な時期にきているようである。

ともかく近世寺社建築の多様性の背後には、近世社会を作り上げていた様々な要因があるはずであり、近世寺社建築を具体的にあきらかにすることによって、近世社会を成り立たせていた特質が追究できる可能性は十分あると思われる。

近世寺社建築の彫刻

寺社建築の装飾と彫刻

江戸時代に建てられた寺院・神社建築には、必ずといってよいほど彫刻による装飾が見られる。日光東照宮ほどではないにしても、きらびやかな彩色が施された彫刻を蟇股《かえるまた》や木鼻《きばな》などの要所に配した建築や、また柱や虹梁《こうりょう》がほとんど見えなくなるほど彫刻で埋めてしまった建築もある。地紋《じもん》彫りといって柱や虹梁の表面ぜんたいに模様彫りしてしまう場合もある。もちろん、中世以前の建築に彫刻が見られないわけではないが、このように建築が全体的に彫刻によって装飾され、しかもその数量が決定的に増加するのは、近世になってからのことである。

その上、近世寺社建築の彫刻は単にその分量が多いだけではない。虹梁や木鼻に雲形模様や植物模様のような、簡単で抽象的な模様を彫っていた中世以前に比べて、彫刻それぞれが複雑になるとともに、具象的な題材が圧倒的に多くなったことが特徴である。寺院・神社の正面の向拝《こうはい》上部に、鶴や鳳凰《ほうおう》が飛び、仙人・天女が舞っていたり、木鼻そのものが

向拝虹梁上(通玄仙人)

向拝虹梁(松に鷹)

妻飾(力神と天女)

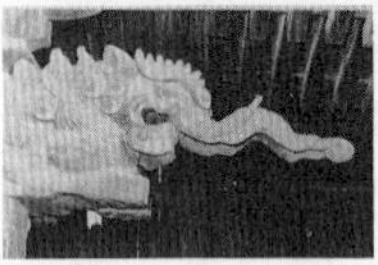
木鼻(貘)

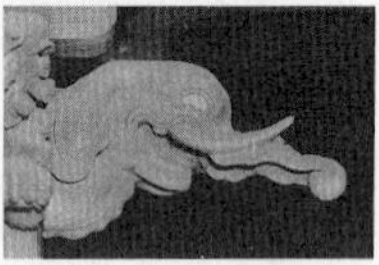
木鼻(象)

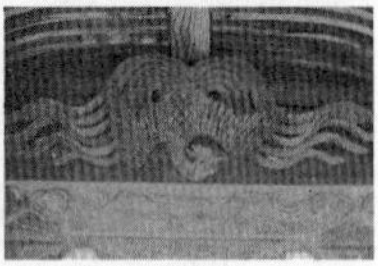
軒唐破風幕板(鳳凰)

欄間(麒麟)

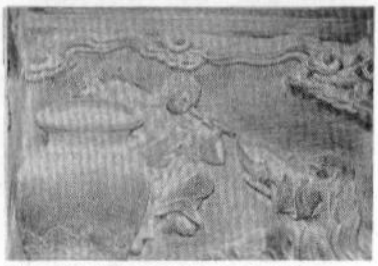
胴羽目(酒呑童子と山姥)

寺院神社建築各部の多様な彫刻

象や貘《ばく》、そして唐獅子《からじし》となって参拝者を睨んでいる。さらには内部の欄間《らんま》には龍や麒麟《きりん》が飛躍するといったものである。仙人譚など中国伝来の題材の他に、牡丹や松竹梅、鶴やうずらなど日常的に見られる動植物も多い。今回はこのような近世寺社建築に特徴的に用いられる装飾彫刻を取り上げてみたい。

全国各地の大工集団と彫刻

まず、建築装飾に用いられる彫刻は、実際には誰が彫っていたのだろうか。近世初めの大工技術書によれば、大工の素養として、建築の設計方法である木割《きわり》術・規矩《きく》術などだけでなく、絵様・彫物、つまりデザインや彫刻があげられており、彫刻も大工の重要な技能に含まれていた。したがって、大工が彫っていたことはまず間違いないだろう。実際に古くからの大工の家には、木割術・規矩術の本、虹梁などに用いる雲形模様・植物模様などの他に、唐獅子・龍・象などの図案を描いた雛形本《ひながたぼん》と呼ばれるデザインブックが残されていることが多い。当然ながら彫刻の上手な大工と、下手な大工が出てくるはずで、近世中期頃になると専門の彫物大工が大工から分化することになる。

近年の近世寺社建築調査の結果などから、全国各地に独特の大工集団が活躍していたことがあきらかになっている。岩手県陸前高田《りくぜんたかだ》と大船渡《おおふなと》両市を中心とする旧気仙郡地方出身で出稼ぎ大工として知られる気仙《けせん》大工、山梨県身延《みのぶ》町下山を根拠地として甲州一円に大きな勢力を誇った下山《しもやま》大工、富山県礪波《となみ》地方の瑞泉寺《ずいせんじ》の門前町井波の井波《いなみ》大工などが知られている。彼らは各地に寺院・神社を中心とする建築を数多く残しているが、それぞれの流派の特徴を示すような独特の彫刻手法を持っていた。むしろ建築そのものよりは、彫刻を売り物にしていたといった方がよいかもしれない。日光東照宮の左甚五郎《ひだりじんごろう》伝説は有名であるが、人々の注目関心は大工技術そのものよりも、彫刻に集まり始めていたからである。そしてその彫刻はわかりやすい具象的な形のものが好まれた。近世における寺社建築の一般化、大衆化の結果でもあるだろう。

立川流と大隅流

十八世紀後半に、長野県諏訪地方から立川《たてかわ》流と呼ばれる大工の一族が出現する。この立川流について、同じ諏訪地方出身で立川流にやや先行して活動し、ライバルであった大隅《おおすみ》流と対比させて当時の建築における彫刻の意味をみよう。

立川流初代の立川和四郎《わしろう》富棟《とみむね》は、桶《おけ》職人の次男として一七四四（延享元）年に諏訪で生まれた。伝承によれば、若年で江戸に出て一七五七（宝暦七）年に本所立川（竪川）通り立川小兵衛《こへえ》富房《とみふさ》の弟子となり、一七六三年に二十歳で諏訪に帰った。立川の姓及び富の字は師から許されたものという。ここで注目されるのは、もともとの大工出身ではないということで、大隅流の祖である柴宮《しばみや》長左衛門《ちょうざえもん》矩重《のりしげ》（一七四七〜一八〇〇年）が、諏訪藩作事《さくじ》方《かた》棟梁伊藤家の出ということと対照的である。江戸の地名立川を名乗り、江戸での修業をわざわざ強調していることは、新興の大工として活動を始めたことをよく示している。

富棟は、大隅流との間に仕事の取り合いを巡って争論を起こしながらも、次々と活動の場を拡大していく。現存する最古の作品は一七七四（安永三）年の白岩観音堂（茅野《ちの》市）で、その後、諏訪大社秋宮拝殿（一七八〇年）、善光寺《ぜんこうじ》大勧進《だいかんじん》表門（一七八九年）などがあり、さらに一八〇四（文化元）年に始まった浅間《せんげん》神社（静岡市）の造営には、弟子とともに彫刻の制作に参加している。

富棟を継いだ二代目富昌《とみまさ》は、一八五五（安政二）年に塩尻《しおじり》の工事場で七十五歳で死亡するまで、約五十年間にわたって、東は千葉神社（千葉市）から西は京都御所に至るまでその仕事の縄張りを広げた。立川流としての名声を確立したのは、この富昌の代であるが、

諏訪大社上社本宮幣殿・拝殿（1835〔天保6〕年・諏訪市・重要文化財）　諏訪社の古い信仰形態を残した、神社としては珍しい本殿のない形式。立川流二代富昌の作品で、やや遠景からは端正な軸部の構成が窺われる。

諏訪大社下社春宮拝殿（1779〔安永8〕年・諏訪郡下諏訪町・重要文化財）　大隅流柴宮長左衛門の代表的作品。二階建てにした建物全体を覆い尽くさんばかりに躍動感のある彫刻が施されている。

諏訪大社上社本宮拝殿・頭貫上部・鶏の彫刻　欅材に動植物など具体的なしかも繊細な題材を彫り込んだのは、彫刻家としての技術を人々に誇示するためであったろう。

彼自身が建築、彫刻の技能のほかに、一族および配下の多数の工匠を活躍させる組織、経営の能力を持っていたためと考えられる。

そのことの一つの証拠として、設計及び請負契約のための精密な設計図（縮尺十分の一程度）や、請負書、仕様書が残されている。設計図と遺構を比較してみると、部分形式が省略されたり、彫刻の数量がかなり減少していたりしているものがあり、実際の工事過程で施主《せしゅ》との間で様々な交渉が行われたことが窺われる。

建築規模などにもかなりの程度の規格化が行われていたとみえ、彫刻は現場ではなく諏訪の工房で作られ現地で取り付けられた。したがって、立川一門の中に彫刻を主な仕事とし、名声を博する立川富種《とみたね》や、宮坂昇敬《みやさかしょうけい》も現れる。彼らは彫刻作者として知られ、建築ではなく欄間彫刻、彫像、床置物の遺作が多い。注目される重要なことは、明治以降の近代化の過程で、立川一族は彫刻業に専念することになり建築業からは手を引いてしまうことである。

大工技術近代化の過程――大工から彫刻家へ

立川流と大隅流の残された建築作品を見る限り、彫刻の数量ないし、建築に占める割合は大隅流の方が大きいように思われる。彫刻そのものの表現力も大隅流の方が上かもしれない。ただ大隅流では建築軸部を彫刻化し、あくまで建築と一体のものとして考えていくのに対して、立川流では、建築と彫刻を分けて考え、建築は軸部で表現し、適所に工房で作成した彫刻を巧みに配している。したがって顧客の要望に応じて彫刻の主題内容や程度（すなわち金額）を選択することが可能だったと思われる。つまり単に工匠的技能の優秀さだけでなく、顧客の要望に応じる柔軟性のある製作方法、そしてそれを可能にした組織があったと考えられる。このような建築の作り方自体は、かなり近代的な営業形態に近づいているといってよいかもしれない。

実際にこの十九世紀前半から後半にかけての時期は、現在の大きな建設会社に発展する大工の家が活動を始めていることが知られており、日本の近代建築の黎明期といってよいだろう。当時としてはおそらくもっとも進んだ経営方式を確立し、人々の需要に応じて建築を作り上げる体制を造り上げた結果が、建築業としての発展ではなく、むしろ彫刻業への転業であったことは大変な皮肉ではある。これは、建築という複雑なものを作り上げていく方法ないし体制の問題であり、現代の建築業のあり方にも通じる重要な問題なのであろう。

水上布奈山神社本殿・脇障子上部・龍の彫刻（1789〔寛政元〕年・長野県埴科郡戸倉町・重要文化財）　大隅流では建築の部材そのものを彫刻化する。したがって現場の仕事であり、建築と一体化した個性の強い迫力あるものとなる。反面、多くの人の好みや需要に応じられたわけではなかった。

近世町家の特質

町家——街路に面した都市住宅

農村にある農家は民家としてよく知られているが、城下町など都市にある町家《まちや》(または「ちょうか」と読む場合もある)も民家として重要であることはいうまでもない。この町家は、広い意味では武士住宅ではない都市の庶民住宅全体を指すが、狭い意味では表通りに面した場所に建てられた、商人ないし職人の住宅のことで、普通はこの限定された意味で用いられることが多い。ここでも都市の表通りの住宅の意味で考えることにする。

この町家に共通する基本的な特徴は、「ミセ」と呼ぶ店舗、ないし仕事場を街路に面した表側に備えていることである。近世都市の生産・流通を担っていた商人ないし職人の住宅であれば、店舗や仕事場があるのは当然であるが、ミセとして都市の表通りに面した位置にあることが何といっても重要である。すなわち、ミセは表の街路に対して開かれており、このミセを介して住宅と街路とが結び付けられているということで、町家は都市と一体の関係にある建築ということになるだろう。このような特徴は、主屋《しゅおく》前面に大きな庭のあるのが普通である農家はもちろん、入口として門を開く以外は塀で囲って、主屋と表通りとの関係を断っている武家住宅とも全く異なっていることを示しており、都市住宅として重要な特質といってよい。今回はこのような、商人・職人の住宅である町家を取り上げることにする。

京町家の構成

町家というと多くの人が京都の町家を思い浮かべるだろう。近年少なくなったとはいえ、京都には江戸時代以来の伝統的な様式で建てられた町家がまだまだ残されている。次頁の写真にも示したように、木造二階建てで正面一階には細かい出格子《でごうし》、低い二階には竪格子《たてごうし》の桟《さん》を壁土《かべつち》で塗り籠めた虫籠窓《むしこまど》のある、ほぼ同じ様式の町家が軒を重ねるさまは、典型的な近世町家による都市景観といってよいだろう。まずはこのような京の町家を少し詳しくみてみよう。

京都で標準的規模である間口三間程度の町家の場合、平面図にも示したように表通りに面して片側にある入口を入ると、幅一間程度で屋敷地の裏まで続く土間《どま》があり、「通り庭《とおりにわ》」と呼ばれている。床上部分である座敷はこの通り庭に沿って並び、表通りに面した座敷がミセである。商家の場合は客との応接、商談、商品を見せる場であり、職人の場合は仕事場となる最も重要な部屋である。このミセに面したミセニワから中戸を通ってダイドコロ

京町家の一般的な正面構成　一階には細かい格子を、二階には太い格子の虫籠窓を設ける。一階庇下の竹製の犬矢来は近代になって普及したものと考えられる。

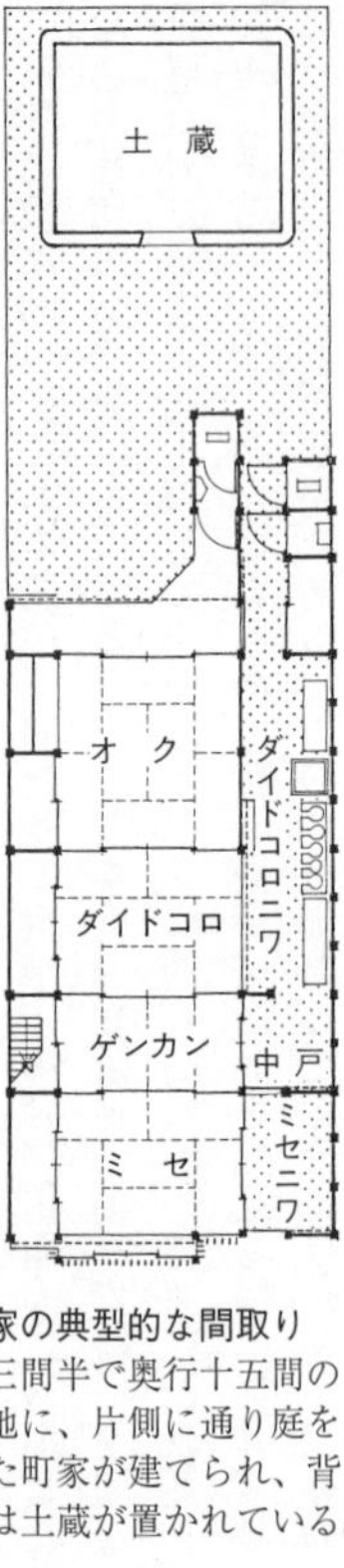

京町家の典型的な間取り
間口三間半で奥行十五間の屋敷地に、片側に通り庭を取った町家が建てられ、背後には土蔵が置かれている。

京町家の前面庇下　通りに張りだした「通り庇」(または「がんぎ」)の下には、「おだれ」と呼ばれる幕板が下がり、ばったり床机、出格子が設けられている。

ニワに入ると、そこは竈《かまど》、井戸、流しのある炊事のための空間で、天井はなく小屋裏まで吹抜けになっており、梁組《はりぐみ》・小屋組《こやぐみ》が見えている。このダイドコロニワに面した座敷がダイドコロで、家族の食事・団らんに使われる茶の間ということになる。寝室や接客の場として使われる座敷としてのオクは、ダイドコロのさらに奥に設けられる。このオク座敷に面して庭がとられ、さらに背後には土蔵が置かれることが多い。

このような京町家は、表構えと呼ばれる正面の構成や、通り庭を通した内部の間取り、全体を覆う屋根の構造、そして敷地間口いっぱいに隣家と壁を接して建てる建て方に至るまで、ほぼ共通の様式が出来上がっており、全体として洗練され完成された様式といってよいだろう。関西地方を中心とする西日本、そして日本海側の都市にはこのような京都の町家によく似た町家形式が見られるが、大きく見れば京町家の影響下に出来上がってきた町家形式といってよいだろう。

江戸町家と土蔵造

ただ全国の町家が京都の影響を受けているかというと、もちろんそうではない。近世初めの段階では後進地帯であった東国の中心江戸でも、近世後半に入ると京都とはかなり異なった独自の様式の町家が建てられるようになっていた。ただ江戸の場合、近代東京になってからの変貌が著しいために、町家建築そのものがほとんど残されていないので、絵

江戸の土蔵造町家の外観　表通りに面した前面は土間で、戸は開放して暖簾を下げる。京町家の繊細なデザインに比べて、厚い軒の屋根、大きな棟など武骨さが目立つ（写真・『東京府史蹟』大正8年刊）。

画・写真、そして絵図や記録類などからその特徴を考える必要がある。

京町家との対比で江戸町家の特徴をあげていくと、まず京町家のように壁を接するような建て方はせず、隣家との間に間隔をとって路地を設けることがある。敷地の背後にはこの路地を使ってまわれることもあって、内部の間取りは通り庭ではなく、通りに面した前面にだけ土間を設ける「前土間」が一般的である。また京町家のように前面に格子は使わず、昼間は建具を取り払って通り側を開放するのが通常の姿であった。したがって、写真にも示したように庇下には必ず屋号や家印を染めぬいた暖簾を下げており、この暖簾が連なるさまが江戸町家による典型的な都市景観ということになるだろう。

さらに、土蔵造《どぞうづくり》の町家が多く見られたことも重要な特徴であろう。土蔵造とは木造建築の木部を土壁で厚く塗り籠めた耐火建築の形式であり、京都でももちろん見られる。ただ京都では土蔵が敷地裏手にあまり目立たない形で配されることが多いのに対して、江戸の場合は表通りに面した町家そのものを土蔵で建ててしまうのである。もちろん「江戸の華」といわれるほど火災が頻発した江戸の住民にとって、自力で財産を守る手だてとして土蔵造町家を建てるのが重視されたのであろうが、実際にはその耐火建築という機能以上に、富の象徴としての外観の重厚、ないし豪華な点がもてはやされるようになったようである。幕末期の絵画や、明治期の写真などによれば土蔵造のかなり規模の大きい町家が少なくとも江戸中心部ではかなり普及していたようである。

このようないわば江戸独特の町家形式は、関東一円の都市にも波及した。現在土蔵造の町家がよく残されている都市として知られている川越、土浦、佐原などの町家は、江戸の土蔵造町家の影響下に出来上がったと思われる。ただし、川越で土蔵造町家が建てられるようになったのが、一八九三（明治二十六）年の大火後であることで知られるように、江戸風の土蔵造町家が一般に普及するのは明治になってからのことである。

町家の地域的特色と近世の都市文化

このようにみてくると、中世以来の長い都市的な伝統に基づき洗練された町家様式を作り上げていた京都に対して、新興都市である江戸では、富の象徴としての土蔵造町家がもてはやされていたということになる。このことはとりもなおさず、町家建築がそれぞれの都市の培ってきた都市文化を表現していたということになるだろう。ここでは京都、江戸という近世の代表的な都市の町家をとりあげたが、実際には全国各地の都市それぞれに独自の町家建築が建てられていた。そしてこのような町家建築を調べることによって、他の手段ではわかりにくい都市住民の意識や、内部の階層関係、さらに都市間相互の影響関係などをあきらかにする手がかりが得られると思われる。

ただ、このような町家建築は、ただでさえ火災などの災害、近代になってからの都市改造などのため、農家などに比して残されたものは少ないのに、近年の都市再開発などにともない、急速に姿を消しつつある現状がある。必ずしも近世の町家でなくても、明治・大正、場合によっては昭和の町家でも、伝統的な様式で建てられた町家は貴重な建築文化ないし都市文化を表現しているのであり、何とか将来に伝える必要があると考える。

近世町並の形成

近世都市と町並

都市の表通りに面して建築が建ち並んだ状態を「町並《まちなみ》」と呼んでいる。もちろん都市的な場であれば、いつでもどこにでも町並はある。古代や中世にも町並はあったはずであり、現代の都市にも近代的なビルディングによる町並が各所に見られる。ただ、現在我々がわざわざ「町並」として取り上げるのは、伝統的様式の建築が並んだ古い町並のことであり、「伝統的町並」と呼ぶことも多い。この場合の伝統的様式とは、明治時代の西洋館のような、今となってはもはや伝統的な建築と考えた方がよいものを含むこともあるが、通常は西洋ないし近代の建築技術が導入される以前の江戸時代の建築様式を意味していることが多い。つまり伝統的町並とは、近世都市の町並、ないし近世都市の建築の建て方を継承した町並といってよいだろう。

近世都市の代表である城下町は、城郭を中心にそのまわりを武家屋敷、寺社地、町地がとりまくほぼ共通の構成を持っている。したがって、近世都市には武家屋敷の町並、寺社の町並、町地の町並があったことになる。実際に残されているものでは、弘前《ひろさき》市仲町《なかまち》（青森県）、角館《かくのだて》市角館（秋田県）、知覧《ちらん》町知覧（鹿児島県）のような武家屋敷の町並もあるが、数も多くよく知られているのはやはり町地の町並、つまり商工業者の町家《まちや》による町並ということになるだろう。今回はこのような商工業者の町並を取り上げることにする。

各地の特色ある町並

町家による町並は、武家屋敷や西洋館の並ぶ町並と違って、基本的には通りに面して主屋である町家が軒を連ねるところに特徴があるといってよいだろう。この場合、ほぼ同じ規模の同じ様式の町家が、あまり間隔を空けないで並ぶことが多く、全体として統一感のとれた整然とした景観となる。前にみた京都の町並はその典型といってよく、西日本を中心とする城下町にもこのような景観を持つものが多い。

ところが、城下町以外の在郷町《ざいごうまち》、港町《みなとまち》、門前町《もんぜんまち》、宿場町《しゅくばまち》などの町並となると、都市の種類によって、また地域によって、さまざまなバリエーションが見られる。

写真に示した中山道奈良井宿《なかせんどうならいじゅく》（長野県）は、街道に面して石置板葺屋根《いしおきいたぶきやね》の旅籠屋《はたごや》が棟を街道に平行に並べ、しかもかなり密に軒を連ねていた。上・中・下の三町に分かれた長さ一キロメートルほどの町並は、宿絵図《しゅくえず》などによればかなりの賑わいを見せていたようで、城下町とあまりかわらない町並といってよいだろう。一方、会津南山《あいづみなみやま》通りの馬継《うまつ》ぎ宿《しゅく》であった大内宿《おおうちじゅく》（福島県）の場合は、それぞれの家が街道に面した前面に庭をとり、茅葺寄《かやぶきよせ》棟《むね》屋根の主屋は棟を街道に直交させて、ある程度の間隔をとって置かれ、背後に土蔵や納屋が配されている。町家の町並というより農家のようである。しかし、写真でも見られるように主屋前面の壁の線が揃えて建てられており、町並としての一体感からみればやはり単なる農村景観とはいえない。

奈良井宿の町並（長野県楢川村）　中山道の中でも規模の大きな宿であった。今でも平入の整然とした町並をみることができる。

大内宿の町並（福島県下郷町）　会津南山通りの馬継ぎ宿の町並。茅葺寄棟で妻を道路に向けた農家的な建物が整然と並ぶ（写真・三沢博昭氏）。

平入と妻入の町家

町家の町並には主屋の棟を表通りに平行して置く平《ひら》入《いり》と、直交させて置く妻入《つまいり》がある。平入の場合、隣家と密着して建てることができ、どちらかというと家が建て込んでいる比較的大きな都市に多い。京都や江戸、多くの城下町、そして中山道の宿《しゅく》の町並などは平入が主流である。これに対し、妻入の場合は、隣家との間に間隔をとることが多く、建物が密集していない町に多い。

柳井の町並（山口県柳井市）　瀬戸内海沿岸の市町として発展した商家の町並。本瓦葺二階建ての重厚な妻入町家が並ぶ（同前）。

また、同じ都市内でも、中心部に平入が多く、周辺部に妻入が多いというように、町並の発展とともに妻入から平入に移行する傾向がみられるが、必ずしもそれが全てというわけではない。たとえば中世以来の町場である柳井《やない》（山口県）の場合など、本瓦葺《ほんがわらぶき》、二階建て、漆喰大壁塗《しっくいおおかべぬり》の重厚な妻入の町家が軒を揃えて、町の中心部に整然と並んでいる。この場合は、妻入という古い形のまま、建物の造りの方だけ新しい進んだ技術が取り入れられていったものであろう。したがって、妻入から平入に一元的に進歩したとか、平入の方が進んだものであるというようにはいえないようである。

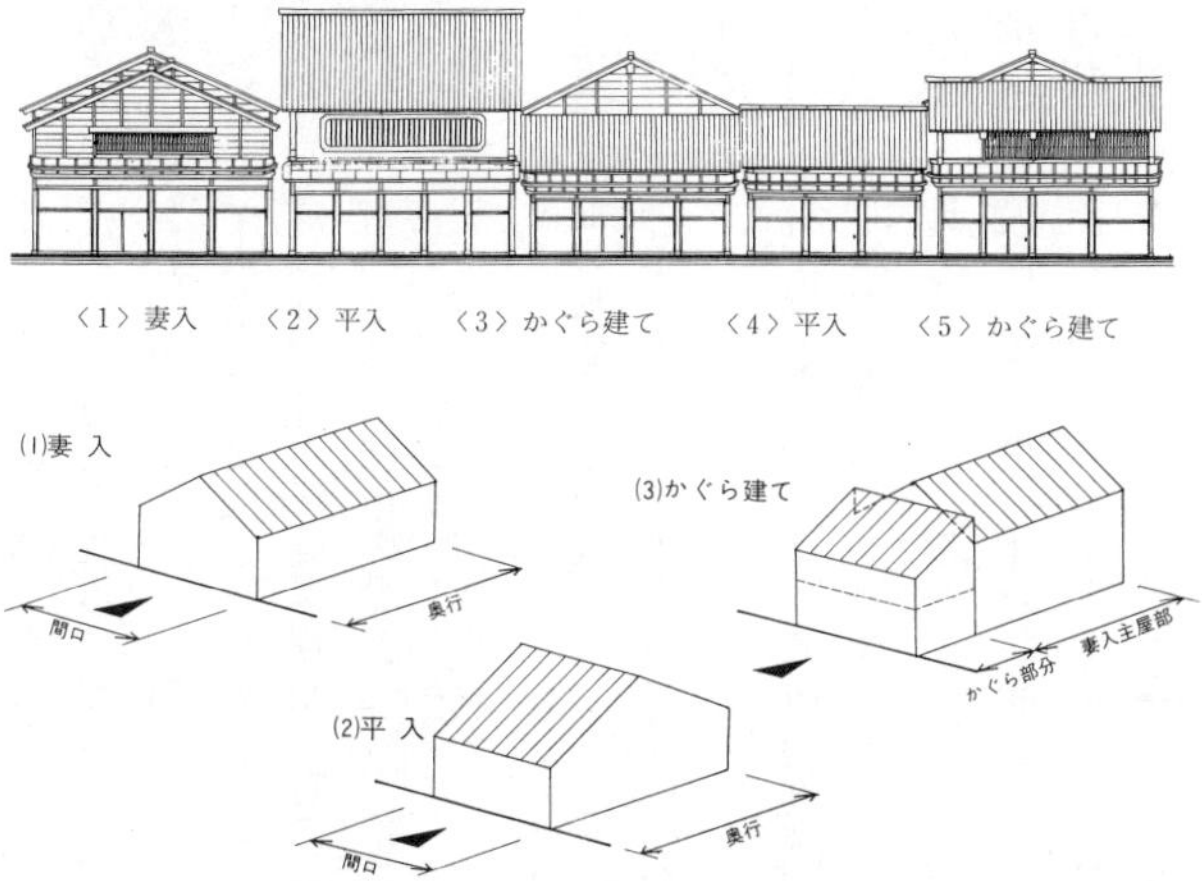

三国湊の町並（福井県三国町）**と屋根類型**　現在の下町では、妻入、平入、かぐら建てという屋根類型の町家が混在する。

この点で興味深いのが越前《えちぜん》三国湊《みくにみなと》（福井県）である。ここの場合、現在は妻入と平入、そしてその中間形態のような「かぐら建て」と呼ばれている町家が混在して並んでいる。「かぐら建て」とは、図のような妻入の主屋の前面に、平入の屋根を付けた形である。しかしかつては、中世以来、港町の中心にあって、上層町人の住む下町《したまち》ではかぐら建てが、十七世紀の後半に台地上に形成された新開地である上新町《うわしんまち》では平入、というように町並としてはっきりと分かれていた。これはおそらく古くは妻入町家ばかりだったところへ、平入が入ってきた時点で、すでに大きな妻入の家を持っていた階層が、妻入に平入を付加した形として取り入れた。ところが、平入を付加できない階層ではそのまま妻入を続けることとなった。その後、新開地では初めから平入に建てた、ということだったと考えられる。その結果、三国湊ではかぐら建てがもっとも格の高い建物となっており、現在でもそうである。

こうしてみると、妻入から平入へといったような単純なものでもないし、このように屋根形態だけでも、町の形成過程や、町の中における階層関係が表現されている。つまり町並というものには、都市の発展過程、都市内部での階層関係や支配被支配の関係なども表れているということになるだろう。

近世町並の形成とその意味

ではこのような地方色のある町並はいつ頃にどのような経緯で形成されてきたのであろうか。

「洛中洛外図屛風」や「江戸名所図屛風」などからみて、京都、大坂、江戸などの三都では、近世的な町並が十七世紀にはすでに形成されていたと考えられる。しかしここであげたような地方都市では、町並を構成する民家そのものの様式の確立時期や、各地方の経済的な発展段階からみて、十八世紀の後半から十九世紀にかけてようやく形成されたと考えられる。ただし、現在の町並を構成する個々の建築を取り上げた場合、建築年代がそこまで遡るものは少なく、建築は案外明治になってからのものが大部分ということも多い。これは都市の場合、火災などの災害や経済変動などのため建て替えられている場合が多いからである。しかし、調査してみると町割・屋敷割などがほとんど変化していないことなどからみて、町並全体としての骨組は、江戸時代以来のものを受け継いでいるとみてよいだろう。

このようにして形成され、続いてきた町並であるが、現在残っている町並は、どちらかというと、近代的な経済的発展から取り残されたため、残っている場合が多い。このため、なんとかして「近代化」したいと願っている「伝統的町並」も多いが、しかし町並というものは、今述べたように町の歴史の証人でもあり、都市の個性でもある。いまや日本中で近代化した大都市が、画一化し人間的なものを失ってしまった中で、伝統的町並を残す都市はまことに貴重な存在といえよう。各地で行われつつある「町並保存」の試みはあらためて評価しなければならないと考える。

第四章　近代

西洋建築との出会い

開国と日本建築

一八五三（嘉永六）年、浦賀《うらが》に来航したアメリカ東インド艦隊司令長官ペリーの、四隻の黒船を背景にした要求に屈した幕府は、翌一八五四年に日米和親条約を結び、下田《しもだ》、箱館《はこだて》の二港を開くことになる。この開国によって端緒が開かれた西洋文明との接触は、やがて「文明開化」という形で、日本社会全体に大きな転換を迫ることになる。この十九世紀半ばまでに、日本列島内では寺院・神社建築、そして宮殿建築から庶民住宅建築にいたるまでの、木造建築技術を中心とする独自の建築文化が形成されていたが、その建築も文明開化の例外ではなかった。一八五九（安政六）年に箱館・横浜・長崎、ついで神戸に外国人居留地《きょりゅうち》が設けられるようになると、西洋建築が次々と日本列島内に建てられるようになり、日本の建築技術者もさまざまな形で対応せざるをえなくなる。

だが実は、日本人が西洋建築に接したのは、この十九世紀後半が初めてではなかった。三百年ほど前、十六世紀から十七世紀初めにかけて、当時のポルトガル人宣教師などを通

クリスタル・パレス（1851年）　鉄とガラスによる大空間の構築であり近代建築デザインの先駆。建築家の設計ではなく、ジョセフ・パクストンという庭師が温室の技術によって作った（写真提供・平凡社フォトライブラリー）。

大英博物館正面（1823～47年、ロバート・スマーク設計）　19世紀ヨーロッパの新古典主義建築の典型。ギリシャの神殿建築風の列柱と三角形の破風（ペディメント）が用いられ、イオニア式オーダーが配される。

じて「南蛮《なんばん》」文化としての西洋建築が日本に入っていたのである。当時の中心都市であった京都や、織田信長の拠点であった安土城下にはダイウスという地名が残っているように教会堂建築が建てられ、臼杵《うすき》、大分など各地にキリシタン大名たちによって西洋風の建築も建てられた。そのままゆけば、さらに本格的な西洋建築が建てられた可能性はあったかもしれない。しかしながら、豊臣秀吉、そして江戸幕府の徹底したキリシタン弾圧によって、キリスト教関係だけではなく全ての西洋風建築は跡形もなく失われてしまった。日本における南蛮の西洋建築の影響力は全く抹殺されてしまったことになる。したがって、幕末期の日本人にとって、開港場に設けられた外国人居留地に建てられ、やがて主要都市にも姿を現すようになる西洋建築はほとんど初めての体験であり、その表現形式の異なる建築のもたらした衝撃も大きかったに違いない。

十九世紀のヨーロッパ建築

では日本にもたらされた西洋建築とは実際にはどのようなものであったのか。スペイン、ないしポルトガルが主導権をとっていた十六世紀段階の西洋と、十九世紀後半段階の西洋は決定的に異なっていた。すなわちこの間、十七世紀のオランダの時代を経て、十八世紀にはイギリスがヨーロッパの主導権を握るにいたり、このイギリスに端を発したいわゆる産業革命によって、ヨーロッパ社会全体が「近代化」と呼ばれる大転換を遂げたということである。つまり、黒船に象徴される近代技術を背景にした文明の一環として、西洋建築が日本に現れたのである。やがて全地球上を支配するにいたるこの近代西洋文明が、十九世紀後半になってようやく東アジアの端の島国であった日本列島に到達したのである。

建築については、鉄とガラス、ないしコンクリートという工業製品を主材料とする近代建築技術が十九世紀のヨーロッパにおいては開発されつつあった。一八五一年にロンドンで開催された第一回万国博覧会の主会場になった、鉄とガラスによるクリスタル・パレスはその先駆といってよいだろう。ただ、材料、構造技術のみではなく、デザインやその考え方までも一新した本格的な近代建築の出現は十九世紀末ないし二十世紀を待つ必要があった。一八二三年の大英博物館に見られるように、新古典主義と呼ばれる古代ギリシャに範をとった折衷様式の建築がヨーロッパにおいては、まだまだ支配的であった。ヨーロッパ建築にとってもこの時代は過渡期であったからである。

実際には、この時期のヨーロッパを支配していた建築様式は、古代ローマ・ギリシャ建築以来の古典主義様式と、中世教会堂建築に起源を持つゴシック様式の二つであるが、それ以外にもヨーロッパ社会の拡大発展にともなって、地域によってはさまざまな様式が存在した。これらの建築様式が、ほぼ一斉に開国後の日本列島に入ってきたといってよいだろう。そこで、早い時期の居留地建築が残っている長崎を取り上げて、日本人が最初に接した西洋建築を見てみよう。

居留地の洋風建築

長崎にはさまざまな様式の居留地時代の建築が残されている。パリ外国宣教会フューレ神父、プチジャン神父によって一八六四(元治元)年に創建された大浦天主堂《おおうらてんしゅどう》は、居留地に住み着いた外国人のための教会堂建築であったが、当然、日本伝道の拠点として建てられたはずである。現在のゴシック様式による正面外観は明治八年頃に拡張改造された際のもので、当初は古典主義の一つであるバロック様式であった。しかし、内部のゴシック様式は改造によっても基本的には変わっていない。ヨーロッパ教会堂建築においては最も普遍的なリブ・ヴォールト天井による内部空間は、木造でありながら実に見事に作られており、設計者の西洋教会堂建築の正統的な姿を伝えようという意欲がよく読み取れる。

大浦天主堂内部（1864〔元治元〕年、1875〔明治8〕年改造）　中世ヨーロッパで最も普遍的に用いられていたリブ・ヴォールト天井によるゴシック建築の様式を巧みに表現している（写真・増田彰久氏）。

一方、住宅建築としては、幕末から明治維新期にかけて暗躍したイギリス人の政商グラバーによって建てられた旧グラバー家住宅がよく知られている。見晴らしのよい長崎湾に面した高台に位置し、一八六三（文久三）年に竣工したとされるこの家は現存する最古の洋風建築である。周囲には菱組《ひしぐみ》網代《あじろ》天井の開放的なベランダを回しており、屋根構造は日本独自の和小屋。やや稚拙《ちせつ》な洋風デザインと全体的な開放性は、ヨーロッパの正統的な建築というよりは、コロニアル様式と呼ばれる南方の植民地に形成された建築様式であった可能性が高い。

オルト邸（1865〔慶応元〕年頃）　トスカナ式オーダーによる石造の列柱と、背の高いコーニス（軒蛇腹）があり、長崎居留地建築の中では、最も本格的な古典主義様式である（同前）。

グラバー邸（1863〔文久3〕年）　コロニアル様式とも呼ばれているようにヨーロッパというよりは、南方の植民地現地の建築をもとに形成された様式であろう（同前）。

それに対して、同じ長崎南山手《みなみやまて》に一八六五（慶応元）年頃に建てられた旧オルト家住宅は、前面にベランダがあり、鎧戸《よろいど》が開口部に入った点はグラバー家住宅と共通しているが、石張り壁や、軒周りのコーニス、ベランダに石造の円列柱があり、しかもその柱上にはトスカナ式の本格的なオーダーが見られる。後補と見られる出入口のポーチも含めて重厚な趣を持つことは大きな特徴である。これはあきらかに西洋建築の古典様式を意識した作り方である。

日本の建築技術と西洋建築

これら長崎に残る初期の居留地建築三棟を取り上げても、それぞれゴシック様式、コロニアル様式、古典様式というように、建築様式としては全く異なっている。しかもそれぞれが、かなりの程度、本来の西洋建築の様式に近い形で実現しており、それぞれの建築が、異なる建主の意向に忠実に作られたことを示しているだろう。しかも驚くべきことは、これら三棟の様式の異なる建築が、すべて小山秀《こやまひいで》（幼名・秀之進）という同じ請負師によって施工されているということである。オルト家住宅に関してはその設計図面も残されている。この小山秀については天草《あまくさ》出身ということがわかっている。このように施主の要望に応じて、経験のない建築を、ともかく建てることのできる程度の技術を持った大工ないし技術者は当時の日本には必ずしも珍しい存在ではなかったのではないだろうか。

ともかく、西洋建築は伝統的な日本建築とは様式的には全く異なっていたとはいえ、日本の伝統的な木造建築技術によって技術的には十分対応ができた。このような日本人工匠の木造建築技術の質の高さが、以後の本格的な西洋建築導入にも大きな役割を果したと思われる。

擬洋風建築と地方文化

擬洋風建築の洋風意匠

長野県松本市の旧開智《かいち》学校校舎（一八七六〔明治九〕年竣工・一九六四年現在地に移築復原）は、現在、教育資料館として公開され、明治初期の学校教育の様相を窺うことのできる貴重な遺構であるが、同時に、建築としての意匠が明治初期の「擬洋風《ぎようふう》」の特徴をよく体現していることでも知られている。擬洋風建築とは「擬」という字の示すとおり本物の洋風ではなく、西洋建築を実際には見たことのない日本人棟梁たちが、見よう見まねで作り上げた「洋風」建築のことである。

開智学校の場合、写真に示したように、意匠的に最も優れているといわれる正面中央の車寄上部にあるのは、伝統的な住宅様式の書院造に見られる唐破風であり、柱や水平材である虹梁の形、そしてその間を埋める龍《りゅう》や牡丹《ぼたん》、そして雲や波などの装飾彫刻も、寺院建築に用いられるものと同じである。全体的に見ても、漆喰による壁仕上げは土蔵の手法であり、桟瓦や銅板による屋根の葺き方も、通常の日本建築とかわりはない。新しい洋風要

旧開智学校（松本市・1876年・重要文化財・立石清重）　総二階で寄棟の大屋根の中央に、高欄付きの濡れ縁を回した八角形平面の塔屋を上げ、正面には唐破風の付いた車寄を設けている。漆喰の目地で造りだした腰壁とコーナーストーンが外観を引き締めている（写真・増田彰久氏）。

素といえば、窓や正面出入口など開口部の枠框《わくかまち》や、両開きの建具が目立つ程度である。このように本物の洋風建築の要素があまりないにもかかわらず、全体の雰囲気は決して日本建築ではなく、見ようによっては確かに「洋風」なのである。

なぜ洋風に見えるかであるが、もちろん様々な工夫が見られる。まず、全体的な形態である。左右対称で総二階の構成をとり、しかも中央に高い望楼状の塔屋を目立つ形であげていることがある。古代の寺院や宮殿を除けば伝統的な日本の建築に左右対称のものはほとんどないので、それだけでも西洋風に見えるのかもしれない。次に、屋根の軒の出が浅く、軒下に蛇腹を回しているのも伝統的和風建築には見られない特徴であろう。外壁

西田川郡役所（鶴岡市・1881年・重要文化財・高橋兼吉）　下見板張りの外壁に洋風の上げ下げ窓が開けられ、四隅には模様を刻み込んだ柱が建てられるという洋風の外観ではあるが、軒下蛇腹には和風の垂木がのぞいている。現在致道博物館の建物として用いられている（同前）。

旧開智学校正面車寄と望楼　各部の装飾彫刻はいずれも寺院建築に用いられているもの。開智学校と書かれた額を左右から支えているのは西洋のエンジェルであるが、顔をよく見ると日本人の子供である（同前）。

の四隅に漆喰の目地でコーナーストーン（隅石）を造りだしていることも西洋建築に見せる工夫である。ペンキによる彩色が施されていることも、従来の日本建築にはもちろん全くなかったことであろう。

実はこのような特徴は、擬洋風建築として知られる建築にほぼ共通しているといってよい。例えば、もう一つの実例として写真を示した、山形県鶴岡市の西田川《にしたがわ》郡役所（一八八一〔明治十四〕年竣工）の場合、窓と入口周りは洋風であるものの、他の細部はほとんど日本建築の手法であろう。しかし左右対称で中央に高い時計台の塔屋を設けていることと、外壁が洋風の下見板張りで、ペンキ塗りであることによって洋風に見せていると思われる。

擬洋風建築の先駆者――二代清水喜助

このような擬洋風建築は、明治初年から後半にかけて各地で建てられたが、ほとんどの場合、地元出身の大工棟梁が設計施工を行っていることが重要である。開智学校は松本の町大工出身の立石清重《たていしせいじゅう》であり、西田川郡役所の棟梁高橋兼吉《かねきち》も元は鶴岡の町大工である。他にも同様の擬洋風建築を建てた地方の大工として、弘前の町大工出身で、弘前の第五十九銀行本店（一九〇四〔明治三十七〕年竣工・現在青森銀行記念館）が代表作である堀江佐吉《さきち》がよく知られている。

彼らはもちろん伝統的な日本建築は十分習得していた棟梁たちであり、その技術を基礎にして、東京や各地の居留地などに赴いて洋風建築を見聞して研鑽《けんさん》を積み、ほとんどの場合独習で、西洋建築の単なる模倣ではないこれらの擬洋風建築を建てたのである。この場合、彼らが手本にしたのは、東京などで御雇《おやとい》外国人によって建てられていた本格的な西洋建築だけではなく、日本人棟梁によって既に建てられていた擬洋風建築であったと思われる。

擬洋風建築の最も早い例は、築地居留地《つきじきょりゅうち》外国人ホテル館（築地ホテル館・一八六八〔慶応四〕年竣工）とされている。一八七二年の銀座大火で焼失、鮮明な写真も残っていないが、

築地外国人ホテル館（1868年・二代清水喜助・博物館明治村提供）　築地居留地南端の海に面した場所にあった、外国人の宿泊と貿易所を兼ねた建物。中央の五層の塔屋と、海鼠壁の外壁が特徴的である（写真『原色日本の美術』32巻、小学館刊）。

何種類もの錦絵に取り上げられており、土蔵の腰壁に用いる手法である瓦を張って目地《めじ》を漆喰で仕上げる海鼠壁《なまこかべ》と、中央の高い塔屋が印象的な建築である。この建物の工事を請け負い、完成後はその経営も引き受けたのが二代清水喜助《しみずきすけ》である。神田鍛冶《かじ》町で開業した初代の娘婿であり、横浜店を担当していた二代清水喜助は、横浜居留地の西洋建築を十分学んでいたはずである。ただ、この外国人ホテル館の原設計は、後に横浜・新橋の駅舎を建てたイギリス人ブリッジンスということが知られており、どこまで二代清水喜助が関与していたのかは明確ではない。清水喜助の設計施工ということがはっきりしている建築は、海運橋三井組為替《かわせ》座御用所（三井組ハウス・後に第一国立銀行・一八七二（明治五）年竣工）、そして駿河町為替バンク三井組（一八七四（明治七）年竣工）である。これらの建築も、残念ながら明治三十年頃に取り壊されてしまい現存しないが、いずれも当時の人々の注目を集める斬新なデザインの建物であったことは、数多く残された写真や錦絵類によって窺うことができる。

学校と役場

このような形で各地に広まった擬洋風建築であるが、実際に建てられたのは学校や役場の建築が大部分であった。学校といっても圧倒的に多いのは小学校であり、役場も郡役所や警察署など一般庶民の生活に密接に関連した建物が多い。これは西洋化政策を積極的に推進した明治政府が、新しい支配体制を整えるために公共建築を次々と建てる必要があり、その際、建築が最もわかりやすい西洋文明のシンボルであったためでもあろう。子供や一般庶民にこそ、西洋文明開化の担い手としての明治政府を印象づける必要があり、また擬洋風建築の従来の日本建築にはない形態はその役割を十分果たしたと思われる。

第一国立銀行（海運橋三井組為替座御用所として・1872年・二代清水喜助・博物館明治村提供）　千鳥破風と唐破風を組み合わせた城郭の天守を思わせる特異な塔屋は、当時の東京の名物であったようで、写真や錦絵によく残されている（同前）。

擬洋風建築と明治の地方文化

ただし、明治政府の方針があったとしても、全国どこでも擬洋風建築が建てられたというわけではない。擬洋風建築が特に多い県としては山形県、そして長野県、山梨県が知られている。理由はいろいろ考えられるが、いずれも西洋風の文物を導入するのに熱心な県令がいたということは大きいであろう。山形県の場合、県令三島通庸《みしまみちつね》の指導のもとに明治十年頃から県庁、郡役所などの洋風庁舎を盛んに建てている。山梨県では擬洋風建築を「藤村《ふじむら》式」と呼ぶほど県令藤村紫朗《しろう》の影響が大きかった。また、初代筑摩県令永山盛輝《ながやまもりてる》の教育重視政策が背景になければ開智学校をはじめとする長野県の学校建築はなかったろう。

つまり、上からの洋風化推進ということになるが、どのように働きかけを行ってもそれに対応するだけの人材がなく、体制が整っていなくては何もできない。その場合、ここで取り上げた、松本、鶴岡、弘前が江戸時代の比較的大きな城下町であったことは偶然ではないだろう。というのは、擬洋風建築を推進した棟梁たちが町大工出身でありながら、立石清重は藩主戸田氏の新御殿造営に参加しており、高橋兼吉も藩主酒井家のお抱え棟梁になっている。堀江佐吉も祖父の代から津軽藩のお抱え大工を勤めていたということである。先祖代々の藩の大工が新しい時代に対応できないのは当然として、単なる町大工出身でも、全く新しい技術的な挑戦をともなう規模の大きい公共建築であった擬洋風建築を、簡単に建てることができたわけではなかったということである。つまり、藩なり城下町に蓄積されていた建築文化を踏襲しつつ、新しい試みに挑戦する人材が擬洋風建築の場合、必要不可欠であったといってよいだろう。そのように考える時、擬洋風建築の最盛期が明治十年代であり、以後の各地の建築近代化過程に必ずしもつながらないという事実は、地方文化を考える場合に興味深い問題である。

御雇外国人と日本人建築家

西洋建築の本格的な導入

明治政府は、欧米の先進文明に追いつくために富国強兵を国策とし、その手段として西洋の先進文明を導入することに邁進《まいしん》する。いわゆる文明開化政策である。建築においても西欧の建築技術を導入するために、官庁関係の建物については、石造ないし煉瓦造《れんがづくり》の本格的な西洋建築で建てることが要求された。日本人の建築技術者は、木造建築であるコロニアル様式の西洋館や、擬洋風建築は建てることができたが、石造・煉瓦造の建築技術はほとんど経験していなかったから、まず最初は御雇外国人と呼ばれていた欧米の建築技術者に建ててもらうか、直接指導してもらうことになる。当時の記録によれば、イギリス、フランス、アメリカ、プロイセンなどから二百人以上の様々な分野の外国人技師が明治政府に雇われており、その中で、日本列島内に本格的な西洋建築を最初に実現したのが、イギリス人技師ウォートルスであったと思われる。

ウォートルスは幕末の慶応年間、すでに鹿児島藩の集成館《しゅうせいかん》御雇として工場の建設に携わっており、明治政府は造幣寮《ぞうへいりょう》設立に際して、イギリス商人グラバー（長崎グラバー邸の主）を通して造幣機械を購入するとともに、建築技師として彼を雇い入れたのである。煉瓦造および石造による造幣寮の建築群は一八六八（明治元）年に着工され、一八七一年には開業されている。ウォートルスの経歴は必ずしもあきらかではなく、正規の建築教育を受けていたかどうかもわからないが、当時の写真や、鋳造所の接待所で現存する泉布観《せんぷかん》、そしてこれも残された玄関ポーチ部分などをみれば、簡素であるものの本格的な古典主義様式による建築であったことがわかる。

造幣寮貨幣鋳造所（大阪天満橋・T.J.ウォートルス・1871年）　ウォートルスの作風がよく窺われる石造の古典様式建築。工場が取り壊された時に、神殿風の玄関ポーチのみが保存され、桜宮公会堂の玄関となって現存している（日本建築学会蔵）。

　その他にも、御雇外国人によって、例えばフランス人ボアンヴィルのルネッサンス様式の工部大学校本館（一八七七年竣工）、イタリア人カペルレッティ設計のイタリア中世城郭風の遊就館《ゆうしゅうかん》（一八八一年竣工）など、本格的な様式建築が建てられたことが写真によってわかるが、残念ながら建築としては残っていない。

優れた様式建築家コンドル

数多い御雇外国人建築家の中で、日本に最も大きな影響を与えたのはイギリス人ジョサイア・コンドルであろう。彼は十九世紀ヴィクトリア時代のイギリスで著名なゴシック建築家であったウィリアム・バージェスの事務所で修業し、一八七六年にはイギリス王立建築家協会主催の競技設計に一等入選して名誉あるソーン賞を受賞しており、イギリスでも将来を嘱望された建築家であった。日本政府の招請に応じて工部大学校兼工部省営繕局顧問として契約し、一八七七（明治十）年に来日した彼は、結局、一九二〇（大正九）年に日本で没するまで生涯の大部分を日本における建築活動で過ごすことになる。

コンドルの初期の作品としては、当時日本最大の煉瓦造二階建て建築であった上野博物館（後の帝室博物館・一八八一年竣工・震災焼失）、開拓使物産売捌所《かいたくしぶっさんうりさばきしょ》（東京・一八八〇年竣工・震災焼失）などがあり、やや遅れて明治政府の欧化政策の舞台となった鹿鳴館（東京・一八八三年竣工・一九四〇年取り壊し）が有名である。これらの作品で注目されるのは、上野博物館がインド・イスラム風、開拓使物産売捌所がヴェネツィアン・ゴシック風、鹿鳴館がイギリス・ルネッサンス風というようにそれぞれ様式が異なっており、しかも装飾に積極的にサラセン（イスラム）建築の要素を採り入れようとするなど、多彩な様式を試みていたことである。建築に応じて様式を使いこなす様式建築家として当然の態度ではあるが、コンドルが日本の風土にふさわしい建築様式をかなり自由に模索していたことは確かであり、明治政府が期待したイギリス、ないしヨーロッパの建築様式の直輸入とは、コンドルの考え方がかなり異なっていたことになる。

一八八八（明治二十一）年、官を辞したコンドルは設計事務所を開き、日本において民間の建築業務に携わるようになる。丸の内煉瓦街の三菱一号館（一八九四年）などの商業建築も設計したが、湯島の旧岩崎久弥《いわさきひさや》邸（一八九六年）や、三田綱町の三井家の接待所で

開拓使物産売捌所（東京市日本橋区北新堀町〔現中央区〕J.コンドル・1881年）　北海道開拓使の直営工場のビール、缶詰などを販売する商館として建てられたが、開拓使が廃止されたため日本銀行本店として使われた（同前）。

鹿鳴館（東京市麴町区内山下町〔現千代田区〕J.コンドル・1883年）　条約改正を目指した明治政府の欧化政策を実現するために、外国公使、御雇外国人などを集めた舞踏会が連夜開かれた。その後、華族会館となり、関東大震災後も修復されて使われていたが、1940年に取り壊された（同前）。

あった三井倶楽部（一九一三年）などの外観・内部ともに本格的な様式で統一された邸宅建築にこそ、様式建築家としての彼の本領が発揮されたというべきだろう。

日本人建築家の登場

一八七七年の来日当時、二十四歳であったコンドルは、工部大学校造家学科の主任教授として教壇にたち、彼とほとんど同年代の造家学科学生たちの指導にあたる。当時の修学期間は六年で、すでに四学年後期にかかっていたのに専任教師のいなかった第一期学生たちはコンドルを歓迎し、またコンドルもほとんど一人で教科編成と授業を行わなければならなかったにもかかわらず、熱心に教育・指導にあたった。造家学と呼ばれていた中心教科目の内容には「建築の歴史と芸術」があり、エジプト建築から当時のヨーロッパの現代建築であったリヴァイバル様式の建築のほかインド、中国、日本の東洋建築までも含む建築様式論が教授された。また「建築構造」には、木構造、煉瓦造、石造をはじめとする建築工事の広範囲の内容が含まれていた。さらに、コンドルが設計を委嘱された上野博物館や、開拓使物産売捌所などで実際の設計実務や、現場での実地教育も行われた。つまり理論や知識だけではなく、現場での実務までも含んだ実践的な教育体制がとられていたことになる。

この中から一八七九年には、第一回卒業生として辰野金吾《たつのきんご》、片山東熊《かたやまとうくま》、曾禰達蔵《そねたつぞう》、佐立《さたて》

赤坂離宮（現迎賓館・片山東熊・1909年）　10年の歳月を費やして作り上げられた明治建築の集大成。当時のヨーロッパを風靡していたネオ・バロック様式を基調とし、内部には18世紀フランスを中心とする各種様式が用いられた（写真・増田彰久氏）。

七《しち》次《じ》郎《ろう》の四名が世に出たのをはじめとして、工部大学校在任中に、コンドルが育てた学生の多くは社会に出て建築活動を始め、明治後半の日本の建築界を担う建築家として活躍することになる。

赤坂離宮と中央停車場

第一回卒業生の中で、コンドルの後をうけて工部大学校教授となった辰野金吾と、宮内省に入って宮廷建築家として活動した片山東熊はライバルであり、ともに明治の建築を代表する建築作品を残している。

一八九九（明治三十二）年から一九〇九年にいたる十年の歳月と、膨大な工費をつぎ込んで建設された東宮御所《とうぐうごしょ》（赤坂離宮）は、フランスを中心にヨーロッパ各国を調査し、研究を積んだ片山東熊の計画と指導のもとに、有数の技

中央停車場（現東京駅・辰野金吾・1914年） 辰野式とも呼ばれた赤煉瓦に白い石を配した辰野得意の様式。戦災によって大破したため、両翼の屋根形を変え、また三階を二階に改めるなど大改修が加えられて再生使用されている（写真『世界建築全集』第9巻、平凡社刊）。

師・画家・装飾家・工芸家を結集して作られており、構造技術はもちろん、その規模や設備、デザインの水準からみて、片山のみならず、明治を代表する記念建築としてふさわしいものであった。ただし、実際には宮殿としてほとんど使われることがなかったことに象徴的に示されているように、西洋バロック様式建築としての完成度は、当時の日本の実情に必ずしも対応していたわけではない。

一方、辰野金吾は一八九六（明治二十九）年に完成した日本銀行本店ですでに、明治建築を代表する古典主義様式の建築を作りあげており、一九一四（大正三）年の中央停車場（東京駅）は辰野としては盛期を過ぎた時期の作品といってよいかもしれない。ただ皇居に対面した中央停車場という建築であるにもかかわらず、赤い煉瓦に白い石を配したその様式が重々しいものではないことに注目すべきで、むしろ明治の目指した建築からの脱皮を予見しているようにも見える。

いずれにしろ、明治という時代を通じてヨーロッパの様式建築を習得した日本人建築家たちにとって、それは到達点ではなく、次の課題に立ち向かうための通過点に過ぎなかったことになるだろう。

都市と建築の近代化

城下町から近代都市へ

明治政府の西洋文明導入の基本方針は、「和魂洋才《わこんようさい》」という標語によく示されている。長い歴史の中で形成されてきた西洋文明の重要な部分を構成する思想、ないし精神文明は排除して、「和魂」すなわち日本精神で代替する一方で、「洋才」すなわち西洋の技術ないし物質文明は積極的に受け入れるということである。産業にしろ軍備にしろ、明治日本がほとんどの分野で短期間に西洋の水準にともかく追いつくことができたのは、この方針が実に有効であったためといってよい。

ただ、人間の社会生活と密接な関係にある建築という分野に限ってみると、単純に技術と思想を分けて考えるわけにはいかなかった。技術についてみると、石造・煉瓦造の西洋の建築技術を導入しても、日本固有の風土の中で成立していた木造を中心とする建築技術にとって代わるというわけにはいかず、むしろ在来技術の体系の中に、西洋建築技術をどのように組み込むかという困難な問題が残された。これは西洋伝来の技術が、在来の伝統技術をほとんど駆逐《くちく》してしまった造船・機械など他の技術分野との大きな相違である。また建築を成り立たせる思想の面についてみても、公共建築にしろ住宅建築にしろ西洋建築を実際に建てようとすると、当時の社会において様々な形の抵抗に遭い、否応なしに建築の背景となる思想の持つ意味を考えさせることになった。つまり、建築技術者は技術にしろ社会問題にしろ模索、ないし試行錯誤を強いられるようになったのである。

建築家をとりまく社会問題の中でも、特に重要な課題となったのは、建築を実際に建てる場としての都市であった。欧米先進諸国に追いつくための近代国家建設を目指した明治政府にとって、その政治・経済、そして文化の拠点である東京・大阪をはじめとする全国の都市建設は急務であったが、現実には江戸時代の城下町を基礎に出発せざるをえなかった。なかでも首都東京の資本主義体制にふさわしい近代都市への脱皮は急がれることになる。

銀座煉瓦街と土蔵造の町並

そのような明治政府にとって、一八七二（明治五）年二月の銀座・築地《つきじ》一帯の大火は恰好の機会であったと思われる。東京府は直ちに、銀座・築地一帯を煉瓦造不燃建築に変える計画をたて、一八七七（明治十）年頃には銀座表通りを中心に煉瓦建築の西洋風町並が一応完成する。街路樹を植えた歩道のある広い道路に面して、イギリス人ウォートルス設

銀座煉瓦街（東京銀座・T.J.ウォートルス）　現在の銀座通りを中心に、街路に面してアーケードの連なる煉瓦造二階建ての連屋式建築が並ぶ西洋風町並が出現した。煉瓦造といっても外壁は漆喰で白く塗られ、街路樹が植えられ歩道も整備されていた（日本建築学会蔵）。

計による二階建て煉瓦造建築が並び、当時としては最も近代的な都市景観が実現したといってよいだろう。ただ、建築が完成しても煉瓦造建物には入居希望者が少なく空き家が続出した。あまりの不評に、当初は東京全域の煉瓦造化を考えていた計画は銀座地区に限定されることとなった。煉瓦造建築が当時の日本人の生活に馴染まなかったということもあったかもしれない。ただこの煉瓦街が新橋停車場から築地居留地という西洋人の通る道筋に、西洋人に見せるための西洋風町並を作るという、不平等条約改正を意図した明治政府の表面的な欧化政策（鹿鳴館に象徴される）のためであって、住民の生活を考えた切実な都市空間の近代化計画でなかったことにむしろ問題があったというべきであろう。

それでも銀座通りには、西洋風煉瓦造建築の町並が何とかできたのであるが、東京の他の場所では町並の西洋化は一向に進展しなかった。明治政府は一八八一（明治十四）年に

「防火路線 并《ならびに》屋上制限規則」を公布し、日本橋・京橋・神田の主要部分に防火路線を定めてこれに沿う建物は、煉瓦造・石造・土蔵造いずれかの耐火構造を義務付け、同時に都心四区（日本橋・京橋・神田・麴町《こうじまち》）の全ての建物の屋根を不燃化するという対策をとる。当時頻発した大火への対応であったが、当時の東京中心部の商人たちが採用したのは、西洋風の石造でも煉瓦造でもなく、土蔵造であり、むしろ江戸時代以来の土蔵造の町並が出現したのであった。明治政府が目指した西洋風町並による近代都市空間は、東京の中心部においてすらも、この段階ではほとんど実現しなかったのである。

丸の内の一丁ロンドン

このような、東京中心部の都市空間が大きく変わるのは、明治政府の基盤がほぼ安定した明治二十年前後からのことで、その大きな契機となったのが丸の内一帯の三菱への払い下げであった。一八八八（明治二十一）年に近代的な都市計画である市区改正事業が計画され、皇居の周囲を取り巻いていた軍関係施設は周辺部であった赤坂・麻布方面に移され、丸の内一帯は市街地とされることになった。政府はその費用を丸の内の官用地・軍用地の払い下げで得ようとし、最終的には丸の内一帯を政商三菱へ払い下げた。三菱は西洋式の事務所街建設を計画し、イギリス人建築家コンドル、およびその弟子である曾禰達蔵による煉瓦造の三菱一号館が一八九四（明治二十七）年に完成している。その後も煉瓦造建築

一丁ロンドン（東京丸の内・J.コンドル・1894〔明治27〕年） 煉瓦造三階建ての本格的な西洋建築がほんの一角とはいえ軒を連ね、ロンドン風町並ということで一丁ロンドンと呼ばれた。右側の建築がコンドル設計による三菱1号館で、向こう側に三菱2号館が見える（写真・石黒敬章氏蔵）。

が建てられ、日露戦争後には、「一丁ロンドン」と呼ばれるような短いながらも整然とした煉瓦造町並が出来上がる。これは政府主導ではなく、三菱という民間企業による近代的なビジネス街の創出であり、大手町・日比谷・霞《かすみ》ケ関《せき》一帯の官庁街とあわせて、近代国家の首都東京にふさわしい町並が明治も末になって何とか出現することになった。

今日は帝劇、明日は三越

一方、明治も後半になると、近代的な交通体系が整備されるようになった。一八七二（明治五）年に新橋—横浜間の鉄道が開通して以来、一八八九（明治二十二）年七月には、新橋—神戸間が開通して全国的な鉄道網が整備されており、首都東京においては、一八八五（明治十八）年の新橋―赤羽《あかばね》間（品川線）と、一八八九年の新宿―八王子《はちおうじ》間の甲武《こうぶ》鉄道の開通が大きな転換点であった。本来は群馬・埼玉・長野各県の蚕糸・絹織物を横浜港に輸送する貨物路線として作られた鉄道であったが、これらによって江戸時代以来の東京中心部と、郊外とが結び付けられるようになる。東京の規模そのものが大きく広がり、当時はまだまだ開発が進んでいない郊外であった小石川・本郷・下《した》

帝国劇場（東京丸の内・横河民輔・1911〔明治44〕年竣工）　通称「帝劇」。ルネサンス風外観の、当時としては最も豪華な劇場、内部は椅子席、オーケストラ・ボックスを持つ最初の様式劇場でもあった。設計者横河民輔は、アメリカ式の商業主義を背景にした実質的な建築で都市の町並を飾った（日本建築学会蔵）。

三越本店（東京日本橋・横河民輔・1914〔大正3〕年竣工）　鉄骨鉄筋コンクリート造五階建のデパート建築の先駆。内部は五層分の豪華な大吹き抜けが名物であったが、床はまだ畳敷きであった。関東大震災で内部を焼失したが大改造され、さらに増築改築を重ねて現在にいたっている（同前）。

谷《や》などの東京北部に宅地化が進行する。東京中心部のビジネス街に通勤するサラリーマンの郊外住宅地も次々と出現するようになった。「今日は帝劇、明日は三越」とうたわれたように、郊外住宅地から電車などで観劇や買物に東京の繁華街を訪れるという、近代的な都市生活者にふさわしい生活様式がかなり一般的な階層にまで普及することになった。

建築家による都市の近代化ということでは、帝劇と三越の建築がいずれも横河民輔《よこかわたみすけ》という建築家によって作られていることは興味深い。横河は陶磁器のヨコカワ・コレクションで知られるように、決して芸術に無関心な人物ではなかったが、建築においては鉄骨構造の開拓者として知られ、アメリカ式の商業建築を背景とした合理主義を貫く事業家でもあった。つまり、新しく質の高い技術を用い、ヨーロッパの伝統には必ずしもこだわらない施主の要望に応じた実質的な古典様式の建築によって、都市の町並を構成したのである。いずれにしろ、明治末から大正という関東大震災以前の東京に実現した、ヨーロッパというよりアメリカを模範にした、かなりの質の揃った建築による都市空間は、以後の本格的な近代都市空間への先駆けとして位置づけられるであろう。

付章　日本建築史概観

日本建築の特色

建築の分類

弥生時代に始まって、古代・中世・近世、そして近代明治の建築までを、テーマ別に、ほぼ時代順に取り上げてきたが、ここであらためて原始・古代から近代にいたる日本建築史を概観することにする。はじめに、日本建築を少し視点を変えてながめてみたい。つまり、今まで日本建築という枠組みを当然の前提として考えてきたのに対して、少し視野を広げて日本以外の建築との比較を通して見ると、日本建築はどのような特色を持っているのかという問題である。

まず、日本建築の分類を考えてみたい。かなり多彩な建築で構成される日本建築の全体像を理解するためには、まずは分類しておく必要があるからであり、分類することによってみえてくる日本建築の特色があると思われる。もちろん分類の方法は一つというわけではなく、その基準として何をとるかによって結果は全く異なってくるわけで、この分類方法が日本建築史の理解を決定するといってもよい。

建築の構造——木造と石造

例えば、現存の建築を実際に見る場合に分かりやすい分類基準は、その建築を作っている構造ないし技術であろう。鉄筋コンクリート（RC）構造や、鉄骨構造という近代建築技術によるものをとりあえず別にすると、伝統的な建築構造は、大きく木材を構造材に用いる木造建築と、石や煉瓦を積み上げて構造体を構成する組積造《そせきぞう》建築に分かれる。木造と石造といったほうがいいかもしれない。江戸時代以前の日本列島内には、組積造といえる建築はほとんど例外的にしか存在せず、木造建築が主流であったことはもちろんである。ただ、歴史的にみて日本建築は木造建築である、という枠内でのみ考えていればよいかというとそうではない。

まず日本建築の源流と考えられる中国の建築は、決して木造建築のみではなく、中国大陸北部を中心に組積造がかなり一般的に見られるということがある。したがって、日本建築が中国の建築を導入したのだとすると、何故日本では木造建築のみになったのかという問題を考えなくてはならないだろう。また一方、石造建築が中心と思われがちであるヨーロッパ建築においても、歴史的にみるならばむしろ木造建築が主流であった時期があり、木造を基礎に石造の形が出来上がってきたとみられる。例えば、石造建築の代表のようにみられるギリシャの神殿なども、その原形は木造であったことがわかっている。

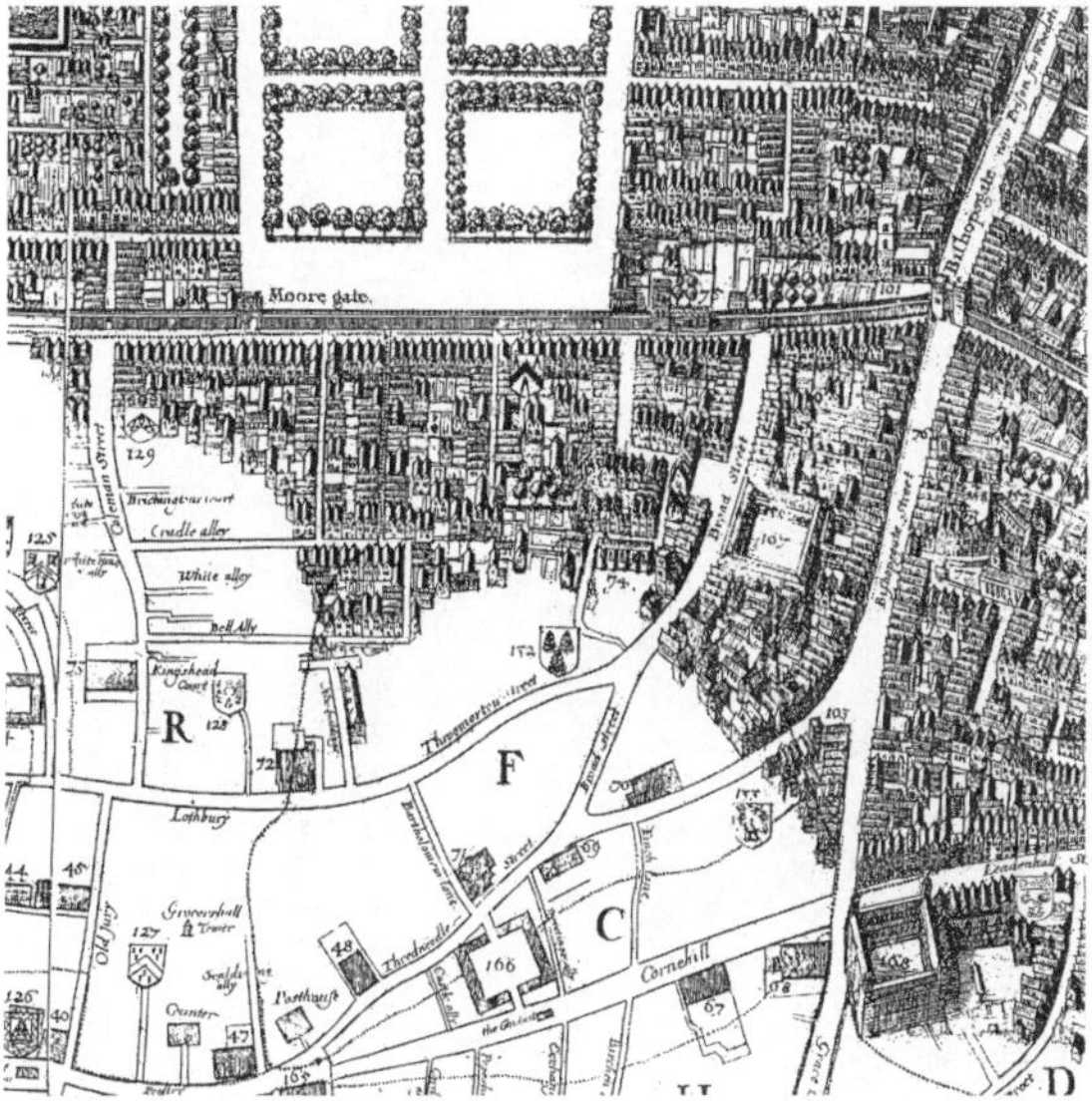

ロンドンの町並　現在は石造建築が並んでいるが、1666年のロンドン大火以前には木造建築が密集する町並であった。ヨーロッパの都市には今でも木造建築の町並が多い（「大火前のロンドン」1667年）。

ギリシャ・パルテノン神殿　石造建築であるが失われた天井は木造であり、ドリス式というオーダーの特色を示す柱上部分には木造建築で造られていた当時の形式が残されている。

また、石造が主流のようにみえても、一方で住宅などでは木造建築が数多く建てられていたこともある。ロンドンもパリも一般庶民の住宅は十七世紀頃まではほとんどが木造建築であったのであり、石造建築による町並ができたのは比較的最近のことである。つまり、木造か石造かは初めから決まっていたわけではなく、その社会の歴史的条件によっていずれかに決するのであり、日本列島内の木造建築が石造に変わらずに木造として建てられ続けていることこそが、歴史的に形成されてきた日本建築の特色ということになるはずである。

建築の機能——宗教建築と住宅建築

建築をその機能によって分類することも多い。人間の建てる建築には必ず目的があり、その目的に対応した機能があるからである。歴史的にみて建築を機能で分類する最も基本的な分け方は、宗教建築と住宅建築であろう。宗教建築とはもちろん寺院・神社、そして教会堂建築のように、その建築を用いて宗教儀式ないし宗教行為を行うための建築であり、平たくいえば神様・仏様のための建築である。それに対して住宅建築とは、日本では寝殿造・書院造などの貴族住宅、民家と呼ばれる庶民住宅、さらに茶室・城郭なども含む人間が使う建築のことで、最高の貴族住宅である宮殿、例えば京都御所なども広義の住宅建築に入れてよく、宗教建築以外の全てを含むと考えてよいだろう。

このような宗教建築、住宅建築に対応する区別はどこの建築文化においても存在する。例えばヨーロッパにおいても教会堂建築と、住宅や宮殿建築ははっきりと機能上区別される。ただ日本建築の場合注目したいのは、宗教建築と住宅建築に対応して、そのデザインないし様式も全く異なっているということである。わかりやすくいうならば、日本の宗教建築は組物《くみもの》を持っているのに対して、住宅建築は原則として組物がない。組物とは、斗《ます》と肘木《ひじき》で構成され、柱上にあって張り出した軒を支える、構造上も、意匠上も重要な建築部材である。宗教建築の中で古い形式を残している伊勢神宮など例外的に組物がない神社もあるが、ほとんどの神社は寺院建築の影響を受けて組物を備えている。また住宅風仏堂や、仏殿風の住宅などという厄介なものもあるが例外であり、寺院・神社は組物があって、住宅はないというのが日本建築の原則である。

建築の種類によって様式が異なるのはあたりまえだと考える人が多いかもしれないが、必ずしもそうではない。中国では仏教建築の様式と、宮殿を建てる建築様式とは基本的には同じでいずれも組物が用いられる。日本では仏教建築にしか用いられない組物が庶民住宅にも用いられている。ヨーロッパにおいても、中世の教会堂建築の様式であったゴシック様式が、住宅や公共建築にも用いられていることは普通であるし、本来はローマのサンピエトロ寺院など宗教建築に用いられたバロック様式が、フランスではヴェルサイユの宮殿建築に用いられているのである。

仏教建築の組物　斗と肘木の組合せによって、大斗肘木、平三斗、出三斗、出組、二手先、三手先と複雑になっていく。本来、仏教建築で最も重要であるはずの仏舎利を安置する塔には最も格の高い三手先が必ず用いられる（日本建築学会編『日本建築史図集』彰国社刊）。

中国建築と日本建築

つまり宗教建築と住宅建築ではっきりと様式が異なるのは、日本建築のかなり重要な特色ということになるだろう。何故そうなのか。この問題を考えるには、日本建築が日本列島内で独自に発展してきたのではなく、中国大陸の高度の建築文化の圧倒的な影響下に、その様式を作り上げてきたということを考慮に入れなければならない。すなわち、住宅建築、仏教建築いずれも中国大陸に起源をもつ同系統の木造建築の様式なのであるが、日本列島内に入ってきた時期が異なっていた。早い時期に日本列島内に伝わって、住宅建築として定着していた組物を持たない素朴な建築様式に対して、その後中国で組物を発展させ、六世紀になって仏教という最新の文化とともに、日本列島内に入ってきた仏教建築の様式は、きらびやかな外観と高度な建築技術を持っていたために、全く別種の建築と認識され、組物は仏教建築独自の格の高さを表現するのにふさわしい要素とされた。以後の日本列島内において、住宅建築と仏教建築とは別系統の建築として、変化発展していくことになる。

そして仏教建築は、八世紀には当時の唐から後に和様《わよう》と呼ばれるようになる様式を、そして十二世紀から十三世紀にかけては宋から天竺様《てんじくよう》（大仏様）・唐様《からよう》（禅宗様）という形で、新しい建築様式を導入することにより、当時の日本において支配的な宗教建築の様式を作り出すということになった。つまり、支配者層にとっても、独自の建築様式を作り上げるよりも、隣の中国で発展した様式を導入し、多少手を加えて日本に適合させる方が手軽であり、効率的であったということなのであろう。このようにして習得された日本人の建築導入の方式は、明治維新期の西洋建築導入過程に対しても応用された。日本国内で継承されてきたものよりも、外から入ってきた新しいものの方が格が上と考える日本人の建築観は、このような中国建築導入過程の中で形成されてきたものである。

日本建築の構造

軸組と小屋組

建築の構造という観点からみた場合、日本建築は木造建築として建てられ続けたことが重要な特色であることは前にも述べた通りであるが、ではその木造建築の構造は実際にはどのようなものであったのか。そして、古代から現代にいたる時代や、日本列島内における地域、そして貴族・武士から庶民にまでいたる階層による違いはなかったのであろうか。このような問題を考えるためには、まず、日本の木造建築の基本から説明しなければならないだろう。

日本の木造建築は通常、軸組《じくぐみ》と小屋組《こやぐみ》から構成される。軸組とは、地面から垂直に立ちあげた複数の柱と、その上部を繋ぐ水平材である桁《けた》と梁《はり》とで構成される骨組みである。実際には柱の中程を横に繋ぐ長押《なげし》や貫《ぬき》があるので、遊園地のジャングルジムのようなものを想像してもらえればよい。この軸組の上に乗るのが、三角形の屋根を構成する小屋組で、屋根最上部の水平材である棟木《むなぎ》から桁ないし梁に、ちょうど肋骨《ろっこつ》のように垂木《たるき》を掛け渡して造られる。前項で取り上げたように、寺院・神社建築の場合はちょうどこの軸組と小屋組の境である柱上の桁と梁が交差する部分に、斗と肘木で構成される組物《くみもの》という構造的にも装飾としても重要な部材を入れるのに対して、民家建築はもちろん、宮殿のようなものでも住宅系の建築ではほとんど組物を用いないという相違があるが、それでも軸組と小屋組という分離した二つの部分からなる軸組・小屋組構造であるという原則は全く共通であるといってよいだろう。

小屋組には梁上に立てた垂直材である束《つか》で棟木を支える和小屋構造と、やはり梁ないし桁上の二本ないし三本の斜材を組み合わせた叉首《さす》（合掌《がっしょう》）で棟木を支える叉首組構造がある。寺院建築では和小屋が正式の構造で、叉首は簡素な建築にしか用いられないのに対して、茅葺民家では叉首が普通の構造形式である。民家は、現存する建築の中では比較的素朴な構造を伝えていると考えられるが、軸組と小屋組はやはり明確に分離しているといってよい。

絵画にみる棟持柱の構造と京都の町家建築

では日本の木造建築はすべてこのような軸組・小屋組構造であったかというと、必ずしもそうではない。というのは、例えば絵巻物や洛中洛外図屛風など中世の絵画に描かれている庶民住宅は、軸組・小屋組構造ではないように見えるからである。すなわち、切妻《きりづま》屋根の妻側の中央に棟木を直接地面から支える棟持柱《むなもちばしら》が必ず描かれており、構造材としての桁はないように見える。建築途中の姿が描かれていて構造がある程度判明する町家《まちや》建築をみても、桁は描かれていない。つまり軸組と小屋組が分かれていない一体構造ということになる。これらの建築はせいぜい桁行《けたゆき》三間に梁行《はりゆき》二間ほどの小規模なもので、柱も礎石《そせき》立てではなく掘立柱《ほったてばしら》と考えられ、あえて軸組として構造を固める必要がないために桁は必要なかったともいえるが、現在は普通見られない単純な構造形式であったことは確かであろう。

このような構造に関して注目されるのは、京都の町家建築に、妻側の壁を柱と貫でパネルのようにあらかじめ一体で作り、壁を先に塗ってから建ちあげる建て方が、近世後期ないし近代にまで伝わっていることである。町家がお互いに壁を接するほど密集しているために、先に建ててしまうと外から壁が塗れないからだという。この場合、桁や梁は用いているので軸組・小屋組構造ではあるが、洛中洛外図屛風の素朴な一体構造の町家建築の系譜を引くために、このような建て方があると考えても説明ができそうである。つまり京都の町家は、建築構造としてはかなり洗練されているものの、日本建築に一般的な軸組・小屋組構造とは異なる構造を持っているといってもよいのかもしれない。いずれにしろ、少なくとも近世初頭まではこのような軸組・小屋組構造ではない建築構造がかなり一般的にあったことは注意しておいてよいだろう。

洛中洛外図屏風の棟持柱（洛中洛外図屏風・歴博甲本左隻四扇）　この洛中洛外図屏風に限らず、中世の絵画には必ずこのような棟持柱がある小規模な庶民住居が描かれており、当時はかなり一般的な構造であったことが知られる（国立歴史民俗博物館蔵）。

（下）寺院の軸組と小屋組（元興寺僧房復原断面図・奈良時代）　軸組は中央の母屋部分が高く、両外側の庇部分を低くすることによって、小屋組に合わせている。なお寺院建築の場合、時代が下がると小屋組の構造が発展して複雑になる（日本建築学会編『日本建築史図集』彰国社刊）。

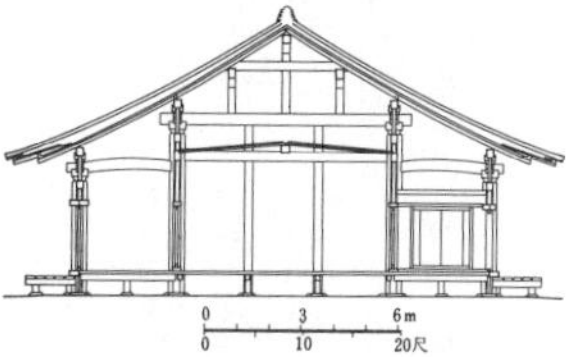

（上）民家の軸組と小屋組（旧大戸家断面図・岐阜県白川村・江戸時代）　合掌造と呼ばれている急勾配の草葺大屋根が特徴的な近世農家。軸組は専門の大工が造るのに対して、叉首構造の小屋組部分を組み上げ屋根を葺くのは村人の共同作業で行われることが習慣であった（同前）。

方形竪穴建築址の構造

一方、考古学的発掘によっても軸組・小屋組構造と異なる建築が確認されている。近年の発掘調査の進展によって中世都市としての姿があきらかになりつつある鎌倉で数多く発見され、その後、東国を中心に各地で存在が確認されるようになっている、「方形竪穴建《ほうけいたてあなけん》築址《ちくし》」(以下方形竪穴と略す)と呼ばれている建築である。竪穴というと縄文や弥生時代の原始住居としての竪穴住居が知られているが、この中世の方形竪穴は全く異なるものである。

まずその存在した時代であるが、鎌倉の場合、鎌倉時代末期から南北朝時代初期の、ほぼ十四世紀を中心とした短い時期に限られ、その前にも後にも作られた形跡はない。都市としての鎌倉が繁栄した時期と重なることから、何らかの都市的な施設と考えられ、その立地も今のところ、都市鎌倉のやや周辺部の港や街道筋の物資流通の拠点近くに多いようである。また、その用途としては、内部に竈《かまど》や囲炉裏《いろり》の痕跡がなく、生活の遺物も少ないことから住宅としての建築ではないらしく、蔵のようなものの可能性が高いという。

そして重要なのはもちろんその構造で、床面が地表面から一ないし一・五メートルほど掘った深さにある半地下式で、周囲に方形に回した土台上に柱ないし束を立て、外側の羽《は》目板《めいた》を土留めの板壁とするもので、構造としては井戸によく似ているといってよい。床は板敷が多かったようで床材や根太《ねだ》材が残っていることもある。上部にどのような屋根がかかっていたかは今のところわかっていない。ここで注目されるのは、柱ないし束そのものが独立して軸組を構成するのではなく、あくまで外側の土壁に依存して立っているということで、周囲の土壁と一体となったある種の壁構造ということになるだろう。従来の建築の常識からすれば、このようなものは建築ではないという人もいるであろうが、鎌倉の住民の生活と密接な関係を持ってある時期かなり一般的に存在していたのであり、やはり木造建築の一種とみるべきであろう。土に接して柱や板壁を設けていることから、腐朽《ふきゅう》が早く、耐用《たいよう》年限が短いのではないかという懸念があるが、確かに短かったようで、ほぼ同じ場所から時期の異なる方形竪穴が数多く発掘されており、一つの方形竪穴の継続した期間は十年に満たなかったようである。なお、鎌

方形竪穴の構造（鎌倉市諏訪東遺跡）　14世紀鎌倉に特徴的な半地下式の建築遺構。一辺が約3メートルで、柱ないし束を立てたほぞ穴のある土台が周囲に巡り、外側には壁板が見える。左上の張り出し部分は付属施設である。なお右下の丸い部分は後世の井戸で竪穴とは無関係（写真・鎌倉市教育委員会蔵、「よみがえる中世3」平凡社刊）。

倉ではもう少し規模の大きい住宅で、同系統の技術と考えられる建築遺構も確認されており、従来の建築の常識では理解しにくい建築があったことは確かであろう。

木構造からみた日本建築の系譜

以上、ここでは中世絵画に見られる棟持柱構造の住居、そして発掘であきらかになった半地下式の土壁と一体となった壁構造の方形竪穴という二つの建築形式を例として取り上げた。いずれも軸組・小屋組構造の正統的な建築からはずれた構造で、現在にまで建築としては伝わらなかったということなのであろうが、このようないわば異端の構造形式は他にも存在していた可能性は高い。つまり、日本の木造建築は、結果として残った正統的な建築である軸組・小屋組構造だけで考えられる単純なものではなく、多様な構造形式を含んだ複雑なものであったと考えた方がよいのではないだろうか。このような観点から日本建築史全体の体系の見直しが必要な時期にきているようである。

日本建築の意匠

建築意匠と日本人の美意識

構造に続いて今回は日本建築の意匠を取り上げよう。ここでいう意匠とは、デザインのことであり、建築の形態、色彩、装飾、そしてそれらの構成を工夫することである。建築の建主、実際に建てた建築技術者の感性や美意識、さらにそれらの背景となる時代や社会に共通したさまざまな要因が、最も端的に表現されているのがこの意匠であり、意匠は日本文化としての建築を考える場合には、機能や構造以上に重要な要素かもしれない。

ただ日本建築の意匠といっても一様ではない。まず宗教建築から宮殿、官庁、住宅など種類もさまざまであり、時代も古代から現代まである。またその建築が属する階級によっても意匠の内容は大きく変わってくる。さらに一つの建築を取り上げても、周辺の地形との関係まで含んだ建築配置など全体の意匠から、建築そのものの意匠、そして建築を構成する細部ディテールの意匠にいたるまで種々の段階のものがある。加えて建築分野と隣接する都市・土木施設などの意匠から、建築内部で用いられる家具・道具、絵画・彫刻類の

法隆寺西院伽藍配置（奈良県斑鳩町）　金堂、五重塔、それらをとりまく回廊、そして前面の中門が世界最古の木造建築群である。ただし、聖徳太子によって創建され、670年に焼失した法隆寺は右手前に中門、塔、金堂、講堂を一直線に配した四天王寺式伽藍配置で建てられていた（写真・渡辺義雄氏撮影、『奈良の寺』岩波書店刊）。

意匠との関係も考えなくてはならない。特に、美術史で取り上げる絵画・彫刻の意匠と建築意匠との、時代や様式上の関係は注意する必要があるだろう。

だが、ここではすべての建築の意匠を網羅的に取り上げることはできないので、寺院・神社建築の意匠を中心に、日本建築の意匠の特質を考えていきたい。

対称と非対称

まず全体の建築配置に見られる意匠の特徴からみていこう。ヨーロッパや中国の宮殿や教会・寺院の建築が左右対称の整然とした配置形式であるのに対して、日本の建築は左右非対称が多いことはよく知られている。六世紀後半に大陸から伝来した当初の寺院の伽藍《がらん》配置が、四天王寺や飛鳥寺《あすかでら》に示されるように左右対称で奥行の深い配置であるのに対して、七世紀末と考えられる現存の法隆寺西院伽藍は、向かって右手に金堂、左手に五重塔を左右非対称に並列的に配しており、早い段階から非対称好みは現れているといえる。それでもまだ八世紀の平城京では、薬師寺や東大寺など整然とした左右対称の伽藍が建設されていたが、九世紀の平安時代になると、密教建築の山上伽藍が非対称で建てられるようになり、左右非対称の伽藍があらわれはじめる。

だが、その後鎌倉時代には、建長寺《けんちょうじ》の伽藍配置を記した建長寺指図に見られるように、禅宗建築とともに左右対称で奥行の深い配置形式が再度導入される

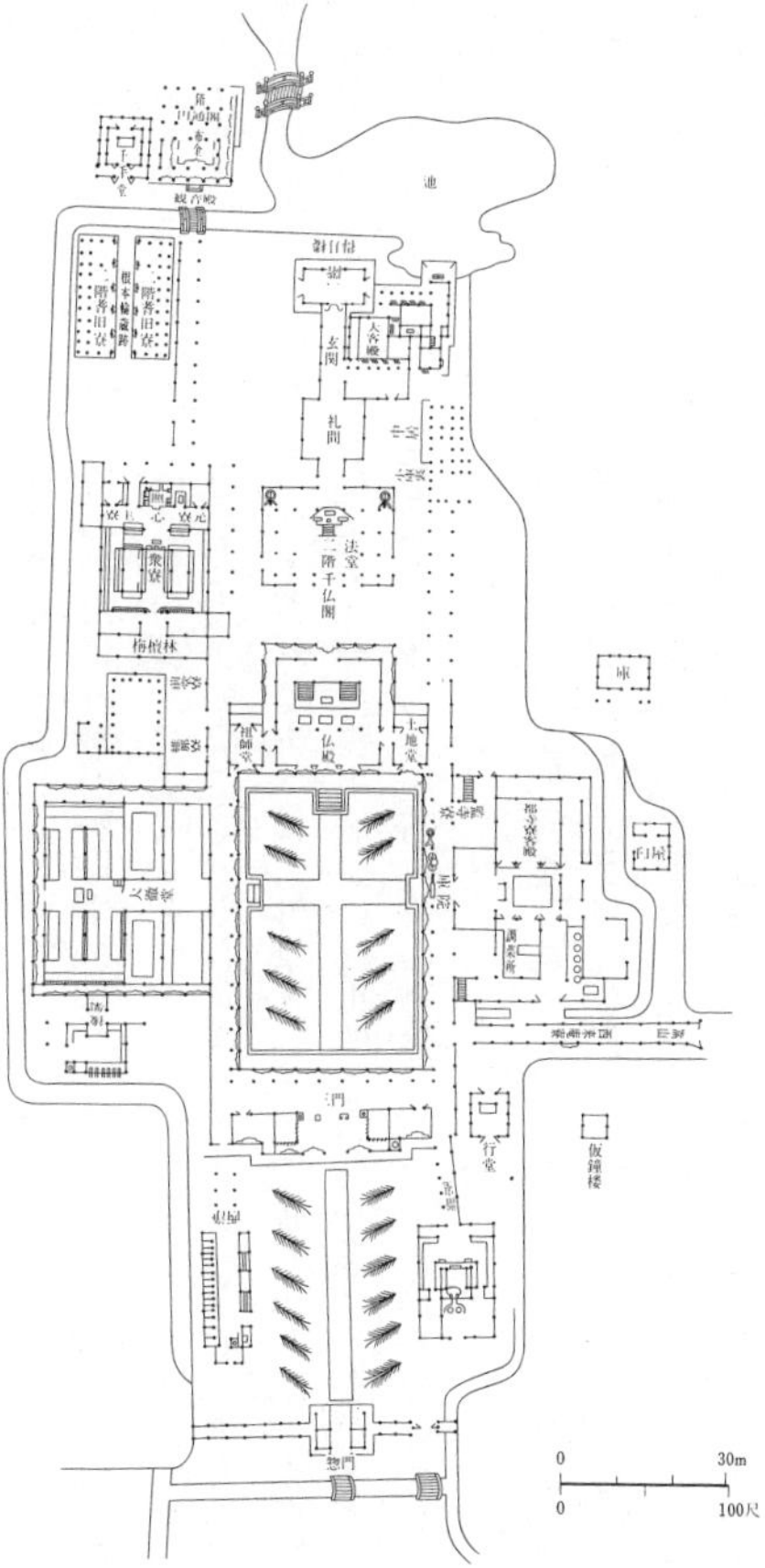

建長寺指図　元弘元（1331）年の裏書がある建長寺の伽藍配置を示した図。三門、仏殿、法堂、方丈が中心軸上に並び、回廊が三門左右から方丈にいたる左右対称の禅宗寺院に典型的に見られる整然とした伽藍配置を示している（日本建築学会編『日本建築史図集』彰国社刊）。

が、これも定着せずにふたたび非対称になってしまう。このようにモデルとしての中国建築は一貫して左右対称であったにもかかわらず、日本に定着する過程でその配置形式はくずれてしまうということを繰り返してきているのである。

寺院と密接な関係にある古代の都城についても同様のことがいえる。東大寺がその東のはずれに建設されたことに示されるように、外京という東の張り出し部分が発達した平城京や、同じく東半分の左京が残って鴨川沿いに都市的な発展を遂げ、右京がさびれてしまった平安京も、中国の都城を踏襲した左右対称の整然とした配置形式をこわしてしまったということである。

これらについては、平安京の右京が低湿地であったことなど、自然地形との関係で説明されることが多いが、建築についても、山上伽藍など、山間の自然地形に対応して建設する必要が多かった日本の寺院・神社は、平野部で発達した中国建築の左右対称配置をそのままには実現できなかったのだという説明がされる。確かに現象としてはその通りであろう。だがそうしたことよりもっと根本的な問題として、中国では統治や支配の上で必要とされた、左右対称の整然とした都城や伽藍配置を、日本の支配者や宗教勢力が必ずしも必要としなかったということがあったのではないか。これは大きくいえば、中国の場合は自らその原則を造り上げた文化であったのに対し、日本の場合は、外から導入した文化であり、原則を意識しなかったということが大きな違いだったのであろう。

縦長ファサードと横長ファサード

次に建築意匠の上で最も基本的なものであるファサード、すなわち建築正面のデザインをみてみよう。正面から見ると、日本の建築は水平線を強調した横長意匠、すなわち横長ファサードである。例えば、近年の解体修理で十二世紀段階の状態に復原された当麻《たいま》寺曼《でらまん》茶羅堂《だらどう》のファサードをみると、軒の水平線によって二分された上半分を占める屋根は、最上部の棟と軒の線が水平に並んでおり、下半分を占める建物の内法長押《うちのりなげし》、高欄をまわした

当麻寺曼荼羅堂正面（1161〔永暦2〕年・奈良県・重要文化財）　内陣に当麻曼荼羅を安置する間口七間、奥行六間と規模の大きい密教本堂。周囲に縁が巡り、内部は奥の内陣と前面の礼堂に分かれる（写真・渡辺義雄氏撮影、『大和古寺大観』2巻、岩波書店刊）。

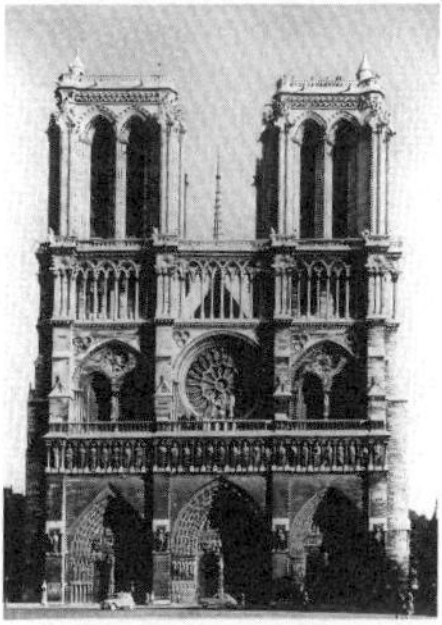

ノートルダム寺院正面（12世紀パリ）　盛期ゴシック建築の代表的な教会堂。天上を目指すかのような尖塔に象徴される垂直線が全体的なデザインの特徴で、ファサード構成も垂直線を強調した縦長になっている（写真提供・平凡社）。

縁の線によって水平方向はさらに強調されている。柱間が等間隔で並んでいることも水平方向を強調しており、全体としておだやかで落ち着いた印象を与えている。このような特徴は平安時代以降の日本の建築に共通してみられる意匠的特徴である。

それに対してヨーロッパや中国の建築はかなり違う。ヨーロッパの宗教建築を代表するゴシック教会堂建築のファサードが、垂直線を強調した縦長ファサードであることはよく知られているが、中国の建築も日本に伝えられた禅宗建築に典型的にみられるように、勾配の強い高い屋根で縁はなく、軒の線は強く反《そ》り上がり、壁面に長押がないため端から端まで通る水平線はなく、地面から立ち上がった柱により垂直線が強調されている。中央の柱間が大きく脇の間が狭くなっているのもファサードの縦方向を強調する役割を果たしている。

つまり、日本の宗教建築の場合、奈良時代の東大寺大仏殿や、中世の京都五山の禅宗建築など、中国との関係が密接なものは、例外的にその巨大性や垂直性を示そうとしているものの、一般的にはファサードによって強い自己主張を示さなかったことが特徴といってよいだろう。

彩色と装飾

最後に彩色と装飾についてみてみよう。一般に日本建築は彩色や装飾が少ないと考えられている。確かに、住宅や宮殿についてはそうであるが、寺院、神社は別で、色彩も装飾もかなり豊富である。例えば近年再建された、薬師寺金堂、西塔、中門などの伽藍は、唯一残っていた東塔にあわせて復原されたものであるが、赤、緑、黄色で鮮やかに彩色されており、東塔のくすんだ色を見なれた目には驚くほど強烈である。しかしこの色でも八世紀の創建当初に比べるとかなりトーンダウンしているのだという。

こうした彩色や装飾は、平等院鳳凰堂の外観や内部に典型的に見られるように、平安時代になっても変わらないが、これは寺院だけではない。寺院の影響を受けて本来は素木《しらき》造であったはずの神社も、春日大社社殿などにみられるように、赤や黒を使って鮮やかに彩色するようになった。したがって古代の寺院・神社は概して色彩ゆたかであったということになる。このような傾向は日光東照宮の建築を見てもあきらかなように、中世を通じて、近世にまで継承される。ただ中国の建築に比較して、強く存在を示すことが少なかった日本の宗教建築は、その規模が小さいことや、建築自体が繊細であることもあって、彩色や装飾のあり方も細心で穏やかであったとはいえそうである。

このようにみてくると、日本の宗教建築は中国建築の圧倒的な影響下にあるものの、意匠のあり方は、社会を反映してかなり異なった独自のものを造り上げていたということになるだろう。

日本建築の歴史と社会

建築からみた日本社会

最後に日本建築と社会との関係という問題を取りあげよう。

いうまでもなく、建築は社会的存在である。建築の基本は人間が住む機能にあるといってよいが、実際には装飾性、あるいは象徴性とか権威性という社会的側面が大きな意味を持ち、それらの結果として建築には地域性、歴史性などという属性が複合して存在している。また、建築は総合芸術であるという言い方があるように、絵画・彫刻などと並んで美術工芸としての側面の社会的意味も考えておかなくてはならない。さらに、出来上がった建築の形態のみではなく、建築を作り上げていく生産体制のあり方も、その社会を考える場合には大きな意味を持っている。つまり、建築は人間社会と密接不可分の関係にあり、建築を考えることは、とりもなおさず建築の存在する社会を考えることになる。

そこで今回は、歴史的にみて、どのような建築が日本社会において支配的な役割を果たしてきたかという点に注目して、建築と社会の関係についてみることにする。

古代の寺院・神社建築

　考古学的な発掘によれば、竪穴式とよばれる、地面を一段掘り下げて床面とし、地上に簡素な屋根を架ける住居形式が、日本列島内の各地で確認されており、縄文から弥生にかけての時期には一般的に成立していたと考えられる。一方、銅鐸《どうたく》や銅鏡に彫り込まれた絵画などから、柱ないし束《つか》で高く床を支えた高床《たかゆか》式という建築形式が存在していたことも推定されている。これは当時としては先進技術であった稲作を中心とする弥生文化を担った人々によって南方からもたらされたと考えられている。このような高床式建築は、本来は一般の住居であり、米を収納する倉であったが、日本列島に入ってきてからは、その聳《しょう》立性《りっせい》から支配者の権力、権威を表現する建築として大きな意味を持つようになった。こうして弥生ないし古墳時代の段階で既に、一般庶民の竪穴に対して、支配者の高床という社会の支配・被支配関係を表現するものとして建築が用いられていたと考えられる。

　ところがこのような社会的関係の表現としての建築のあり方は、六世紀半ばの仏教伝来に伴って導入された仏教建築の出現によって大きく変わる。中国大陸で形成された寺院建築の様式は、石で高く築いた基壇上に礎石を据えて柱を立て、柱上には斗と肘木という部材を組み合わせた組物を用いて軒を深く出し、反りのついた屋根を瓦で葺き、しかも木部にはきらびやかな彩色を施すというものである。そのため規模や耐久性はもちろん、権威や権力の象徴としての表現形式においても、それまでに日本列島内に形成されていた素朴な高床式建築の権威など圧倒するに十分なものであった。六世紀末から七世紀を通じて仏教建築は次々に建てられるようになり、また従来の高床式建築を継承した神社建築にも大きな影響を与えた。

権力および支配の象徴としての建築の社会的な意味を、最も大規模に表現したのは、八世紀に古代律令国家の総力をあげて全国の総国分寺《そうこくぶんじ》として建設された東大寺であろう。平城京の東にあたる外京の東西七町、南北八町という広大な境内地に、間口八六メートル、奥行五〇メートル、高さ三八メートルの巨大な大仏殿を中心に、南大門・回廊・講堂・僧房・食堂などを配し、高さ一〇〇メートルに達する東西の七重塔がそびえるという大伽藍である。これは仏教による鎮護《ちんご》国家の思想を空前絶後の規模で実現したものであるが、これは視点を変えれば、中国文化圏における日本社会という国際的位置づけが成立したということにもなるであろう。

中世の禅宗寺院伽藍

このような仏教ないし中国に規範をもとめる支配構造は、武家政権が成立した中世においても基本的に変わらなかった。中世仏教において政治的に重要な意味を持ったのは、その思想内容が武士に受け入れられた鎌倉新仏教の一派である禅宗である。鎌倉幕府の執

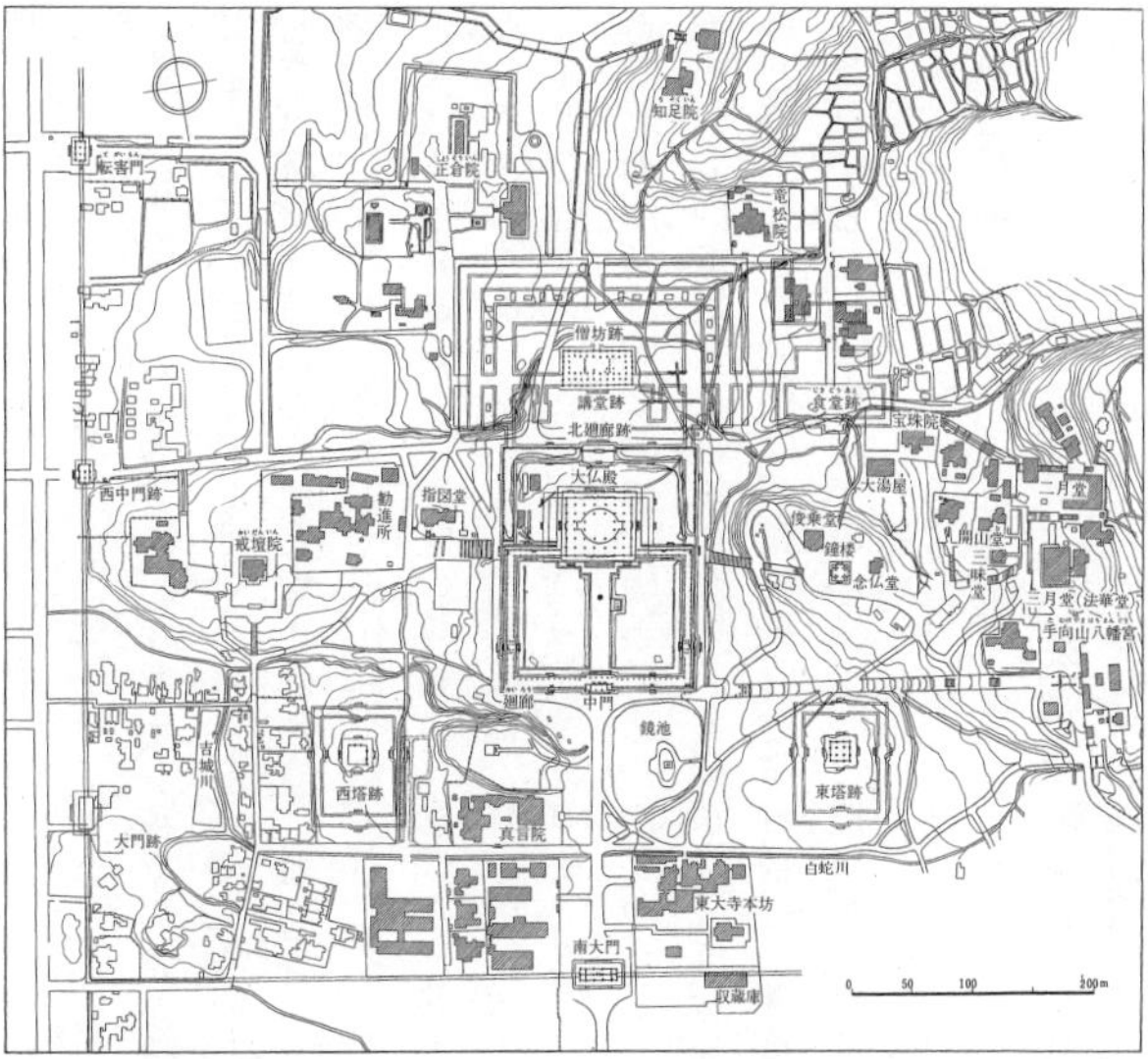

東大寺伽藍復原平面図　十一間に七間の巨大な金堂（大仏殿）を中心に、複廊の回廊が巡り、背後の講堂の三方を僧房が取り巻き、左右には高さ100メートルにも及ぶ七重塔を配した壮大な伽藍。創建当時の建築は転害門などわずかで、江戸時代再建の建築が大部分であるが、古代律令国家最大のモニュメントの雰囲気を窺うことはできる（写真『原色日本の美術』第3巻、小学館刊）。

権北条時頼《ときより》が、宋僧蘭渓道隆《らんけいどうりゅう》を開山として、一二五三（建長五）年に落慶法要を行った建《けん》長寺《ちょうじ》以後、鎌倉においては円覚寺《えんがくじ》、そして十四世紀に入ると京都においても南禅寺《なんぜんじ》、天《てん》龍寺《りゅうじ》、相国寺《しょうこくじ》、大徳寺《だいとくじ》、妙心寺《みょうしんじ》と次々禅宗寺院が建てられていった。加えて宋の禅宗の制にならって「五山十刹《ござんじっさつ》」という寺院の格が定められ、南禅寺を別格である「五山之上」として、鎌倉で建長寺・円覚寺・寿福寺《じゅふくじ》・浄智寺《じょうちじ》・浄妙寺《じょうみょうじ》、京都で天龍寺・相国寺・建仁《けんにん》寺《じ》・東福寺《とうふくじ》・万寿寺《まんじゅじ》という五山がそれぞれ定められた。

これら最盛期の五山寺院の建築は残念ながら残っていないが、関口欣也氏によれば、これら五山の中心であった仏殿建築は、様式的には宋の様式を忠実に踏襲しており、規模は方五間裳階《もこし》付で、奈良時代の一流寺院の金堂規模に匹敵する大規模なもので、鎌倉後半から南北朝期の雄大な記念的建築であったということになる。その片鱗は鎌倉・京都という都市において数多く継承されている禅宗寺院伽藍でも窺うことができる。その規模の大きさと整然とした形態は、鎌倉幕府・室町幕府と継承された中世武家政権において中国文化を背景にした禅宗寺院がいかに重要な位置を占めていたかを物語っている。

近世の城と御殿、そして民家

古代・中世においては中国建築に原形を持つ仏教建築が、社会において支配的な地位を示していたのに対して、中世末から近世初頭にかけての、いわゆる戦国の動乱を経て形成

南禅寺伽藍（京都市）　三門、方丈が近世、仏殿、法堂を兼ねた本堂が近代になってからの再建であるが、東山を背景に奥行深く整然と並んだ建築配置は、鎌倉時代の「五山十刹」の制において「五山之上」とされた伽藍を窺わせる。このような大規模な禅宗寺院の大伽藍が中世京都を象徴する建築であった（写真・同前全集第10巻）。

二条城櫓と二の丸御殿（京都市）　徳川幕府の京都支配の拠点であった二条城。整然と築かれた石垣上の白亜の櫓群、そして壮大な書院造の御殿群は、中世までの仏教建築にとってかわって近世における支配権力を誇示する建築となった（写真・同前全集第12巻）。

旧泉家正面外観（日本民家集落博物館・旧所在地大阪府豊能郡能勢町）　丹波地方に分布する能勢型、ないし摂丹型ともいわれる妻入茅葺の民家。土間部分の馬屋や厨房部分が同じ棟の中にあり全体として閉鎖的であるものの、オモテという正面座敷前には前庭に面したエンゲという広縁があることが特徴であり、寝殿造系住宅の影響を受けて中世末に成立したと考えられる（写真・岡本茂男氏）。

された近世社会において重要な位置を占めた建築は、何といっても天守に象徴される城郭建築、そして大名の対面に用いられる書院造という御殿の建築であろう。

城郭建築は基本的には木造建築であるが、本来、戦闘施設としての構築物から発展したため、その防御上の必要から木造の柱や梁、桁を外に出さない大壁構造をとる必要があった。また高く積み上げられた石垣上に石垣と一体の構造物として建設する必要があった。したがってそのような機能上の必要性を最大限生かして外観意匠を洗練させたのが白亜の天守に象徴される城郭建築であって、これは中国の建築文化を取り入れながらも武士階級が独自に造りだしていった建築美である。

これに対して書院造は、古代貴族の住宅形式であった寝殿造が変化発展したものではあるが、座敷飾りといって床の間・付書院・違い棚・帳台構えを設けた対面のための主室が出来たのは、近世武士階級が支配の上で最も重要な儀式となった対面を行うための装置として、寝殿造を換骨奪胎、再編成したためである。その過程においてはもちろん中国の影響もあったが、これもその中から武士階級が主体的に選びとり、自己の建築文化としていったものである。

一方で、村々においては村落内での支配層の建築として民家が成立した。もちろん民家は庶民住居であり、竪穴住居に淵源を持ち、その流れを引き継ぐものである。しかし現在我々が民家として認識しているような様式の住宅は、ほとんどが支配層の住宅の影響を受けて形式が整備されたものである。これは村落内において支配的な地位を示すだけの規模ないし様式的な形態を整える必要を、近世社会が要求した結果であるが、実際にこうした民家を力強く美しく育てていった力は近世民衆のエネルギーにほかならないのである。

このように考えてくると、十九世紀後半の明治維新の過程において、日本社会が比較的容易に中国文化圏から西洋文明に規範を求める体制に転換し、さらに近代化への道を進むことができたのも、日本人がこうした近世における独自の建築表現の確立に象徴されるような、日本文化としての主体性を獲得していたからにちがいない。

おわりに

藤井恵介さんの「はじめに」にもあるように、この一連の文章は石ノ森章太郎著『マンガ日本の歴史』の建築の時代考証にともなう解説であった。建築考証も最初の段取りをつくる頃はなかなか大変であったようだが、長いマンガの後半部分を受け持った私に仕事の引継が回ってきた頃には、藤井さんおよびスタッフによるしっかりしたレールが敷かれていた。私自身、既に学習漫画の考証を経験していたこともあって、建築考証そのものは順調に進めることができたといってよく、むしろ大変であったのは、「建築の歴史」というこの解説を、毎月遅れることなく書くことであった。

解説についても、藤井さんの内容をそのまま延長していけばよかったのであるが、私自身は本編の漫画の時代内容に出来る限りふさわしいテーマを考えようとした。その結果として、今まで十分考えていなかった問題を急遽勉強する必要が生じた。このためだけでは決してないが、毎月の原稿はついつい遅れがちになることが多く、担当の田辺美奈さんをやきもきさせたことは申し訳なかった。ただこのようなテーマを考えることは、毎月の連載も含めて私にとっては初めての経験であり、今となってではあるが、楽しかったとそっと言いたい。

今述べたように、個々のテーマ自体は、マンガ進行の内容に沿った形で選んだので、必ずしも建築史上の重要な問題が網羅されているわけではないが、単行本としてまとめるにあたっても、私の部分については特に大きく補足することはしなかった。私自身の能力の問題もあったが、建築史の立場ではなく、歴史全体の流れに沿って、建築と社会の関係を考えることが必要ではないかと考えたことが大きい。これは建築史研究者が、建築の世界に閉じこもってしまっていて、建築と社会との関係を必ずしも十分に考えてこなかったのではないかという私なりの反省も多少はある。

また今回、このような形で建築の歴史を取り扱うに当たり、日本建築を通史的に扱った本が、建築専門家向けの一部教科書を除けば意外に少ないことにも驚かされた。日本では建築学科が大学で理科系の工学部に入れられていることもあって、世間一般では建築は取っつきにくい難しい学問ないし技術と考えられているかもしれない。しかし、誰でもが建築である住宅に住んでいるように、またかなりの人が自分の家の間取り改造を実際に試みた経験があるように、実生活の経験で十分に理解できるのが建築である。寺院や宮殿などでも多少規模は大きいかもしれないが、用いられている技術や手法など特に大それたことをしているわけではないのである。多少なりとも建築に携わる仕事をしている以上、建築をその歴史を含めてもっとわかりやすく語る努力が必要であることにあらためて気付かされたといってよく、この本が多少なりとも役立つことを願いたい。

本文の各所で触れたことであるが、一部の文化財的な建築を除いて、木造建築を主とする日本の建築は次々と姿を消しつつある。特に農家、町家などの一般庶民の住宅ないし建築は急速に取り壊され、また建て替えられているのが現状である。およそ建築文化というものは、大寺院・神社、宮殿のみではなくそれらを支えていた一般庶民の建築まで含めて考えないと理解できないはずであり、建築そのものがなくなってしまうと、どんなに写真や図面が残ろうと、やはりその本質はわからなくなってしまうといってよい。多彩であった各種の日本建築を少しでも多く将来に残すことによって、これからの豊かな建築文化を作り上げることにつなげていきたいと考える。

最後に厳しい原稿の取り立てをして下さった田辺美奈さん、そして須賀井優子さん、その他のスタッフの方々、今となってはひたすら感謝するところ大であることを申し添えたい。

玉井哲雄

文庫版刊行にあたって

『建築の歴史』が文庫版として再版され、多くの人々の読んでいただけることを素直に喜びたい。本文の内容については、藤井恵介さん担当部分については最小限の手直しがあるようであるが、私（玉井）の担当部分ほとんど手を加えていない。これらの文章が「マンガ日本の歴史」の解説として世に出てから既に十五年近く、単行本になってからでも十年もたっており、例えば考古学的な発掘による学術的な発見や、年輪年代学による建築年代の確定など、建築史の分野においても学術的な進展がなかったわけではない。しかし、そのような事情を考えてもさほど書き直す必要は認めなかった。部分的に書き直すことは実際にはかなり難しいことが主な理由であるが、この本が目指したのは、個々の事実関係というよりは、建築の歴史としての大きな流れであったからである。

もう一つ、先のあとがきで建築史の通史が少ないと書いているが、この十年ほどの間に、教科書的なものも含めて数点刊行されている。それぞれ特色のある貴重な著作であるが、一般向きのわかりやすさという点では、この本の存在意義はこのままでまだ十分あるのではないかと考えたためである。

建築史という分野は、専門的で一般にはわかりにくい部分が多いので、今後も建築史の研究成果をわかりやすく紹介する努力を続けていきたいと考えている。

二〇〇五年十月

玉井哲雄

参考文献

〈第一章〉

太田博太郎『日本建築史序説　増補第二版』一九八九年、彰国社
日本建築学会編『日本建築史図集　新訂版』一九八〇年、彰国社
太田博太郎監修・西和夫著『図解古建築入門　日本建築はどう造られているか』一九九〇年、彰国社
高橋康夫・吉田伸之・宮本雅明・伊藤毅編『図集　日本都市史』一九九三年、東京大学出版会
宮本長二郎『日本原始古代の住居建築』一九九六年、中央公論美術出版
金関恕・佐原真編『弥生文化の研究7　弥生集落』一九八六年、雄山閣
石野博信他編『古墳時代の研究2　集落と豪族居館』一九九〇年、雄山閣
『吉野ケ里遺跡展』図録　一九八九年、朝日新聞西部本社企画部
辰巳和弘『高殿の古代学――豪族の居館と王権祭儀』一九九〇年、白水社
坪井清足『飛鳥の寺と国分寺』古代日本を発掘する2　一九八五年、岩波書店
岡田英男他『法隆寺』日本名建築写真選集4　一九九二年、新潮社
藤井恵介『法隆寺Ⅱ　建築』一九八七年、保育社
稲垣栄三・渡辺義雄他『伊勢神宮・出雲大社』日本名建築写真選集14　一九九三年、新潮社
稲垣栄三『神社と霊廟』（『原色日本の美術』16）一九六八年、小学館

坪井清足編『古代を考える　宮都発掘』一九八七年、吉川弘文館
柴田實『日本庶民信仰史Ⅲ　神道篇』一九八四年、法蔵館
鬼頭清明『古代の村』古代日本を発掘する6　一九八五年、岩波書店
田辺征夫「日本古代の都城研究の現状と課題」『建築史学』四一、二〇〇三年
小澤毅『日本古代宮都構造の研究』二〇〇三年、青木書店
宮本長二郎『平城京』一九九〇年、草思社
岸俊男『日本の古代宮都』一九九三年、岩波書店
町田章・鬼頭清明編『新版古代の日本6　近畿Ⅱ』一九九一年、角川書店
藤井恵介『密教建築空間論』一九九八年、中央公論美術出版
山中裕・鈴木一雄編『平安時代の信仰と生活』一九九四年、至文堂
太田博太郎『日本住宅史の研究』一九八四年、岩波書店
太田静六『寝殿造の研究』一九八七年、吉川弘文館
川本重雄『寝殿造の空間と儀式』二〇〇五年、中央公論美術出版
清水擴『平安時代仏教建築史の研究――浄土教建築を中心に』一九九二年、中央公論美術出版
藤井恵介「構造から意匠へ――平等院鳳凰堂を解析する」『講座日本美術史5』二〇〇五年、東京大学出版会
平雅行『日本中世の社会と仏教』一九九二年、塙書房
平雅行「旧仏教の中世的展開」『季刊日本学』2号　一九八三年、名著刊行会

竹内理三『律令制と貴族政権』Ⅱ　一九五八年、御茶の水書房
藤島亥治郎編『平泉――毛越寺と観自在王院の研究』一九六一年、東京大学出版会
文化財保護委員会編『無量光院』一九六四年
藤島亥治郎『平泉建築文化研究』一九九五年、吉川弘文館
須藤弘敏・岩佐光晴『中尊寺』一九八九年、保育社
平泉文化研究会篇『日本史の中の柳之御所跡』一九九三年、吉川弘文館

〈第二章〉

田中淡「重源の造営活動」『仏教芸術』一〇五号　一九七六年
藤井恵介「俊乗房重源と建築様式」『旅の勧進聖　重源』二〇〇四年、吉川弘文館
後藤治「東大寺南大門の化粧棟木と軒桁」『普請研究』二八号　一九八九年
水野敬三郎・副島弘道「浄土寺浄土堂阿弥陀如来像の銘記について」『兵庫県の歴史』二五号　一九八九年
山岸常人『中世寺院社会と仏堂』一九九〇年、塙書房
岡田英男「当麻寺本堂（曼荼羅堂）」『大和古寺大観　第二巻　当麻寺』一九七八年、岩波書店
黒田俊雄『寺社勢力』一九八〇年、岩波新書
川上貢『禅院の建築』一九六八年、河原書店
関口欣也『日本建築史基礎資料集成七　仏堂Ⅵ』一九七五年、中央公論美術出版
藤井恵介『日本建築のレトリック――組物を見る』一九九四年、ＩＮＡＸ

川上貢『日本中世住宅の研究〔新訂〕』二〇〇二年、中央公論美術出版
松山宏『武者の府　鎌倉』一九七六年、柳原書店
石井進『もうひとつの鎌倉』一九八三年、そしえて
石井進・大三輪龍彦『武士の都　鎌倉』「よみがえる中世3」一九八九年、平凡社
太田博太郎『中世の建築』一九五七年、彰国社（『社寺建築の研究』一九八八年、岩波書店所収）
川上貢「中世の寺院建築（禅宗様）」『文化財講座　日本の建築』一九七七年、第一法規出版
鈴木嘉吉「中世の寺院建築（大仏様・和様）」『文化財講座　日本の建築』一九七七年、第一法規出版
関口欣也『禅宗様建築の研究』（私家版、一九六九年）
関口欣也「円覚寺仏殿地割之図」『神奈川県文化財図鑑・建造物編』一九七一年
大河直躬『番匠』一九七一年、法政大学出版局
野口徹『中世京都の町屋』一九八八年、東京大学出版会
高橋康夫・吉田伸之編『日本都市史入門Ⅰ　空間』一九八九年、東京大学出版会
小野正敏・水藤真編『実像の戦国城下町越前一乗谷』「よみがえる中世6」一九九〇年、平凡社
高橋康夫・吉田伸之編『日本都市史入門Ⅱ　町』一九九〇年、東京大学出版会
小島道裕「戦国期城下町の構造」『日本史研究』二五七号　一九八四年、日本史研究会

〈第三章〉

太田博太郎監修・平井聖著『城郭Ⅰ』「日本建築史基礎資料集成」14　一九七八年、中央公論美術出版
児玉幸多・坪井清足監修『城郭研究入門』「日本城郭体系」別巻Ⅰ　一九八一年、新人物往来社
宮上茂隆「安土城天主の復原とその史料に就いて」上・下『國華』998・999　一九七七年、朝日新聞社
岐阜市歴史博物館編『[特別展]信長・秀吉の城と都市』一九九一年、岐阜市歴史博物館
柴田幸生・田原良信「史跡志苔館跡の発掘調査」『日本歴史』444号　一九八五年
函館市教育委員会「史跡志苔館跡」一九八六年
高橋与右衛門「掘立柱建物跡の間尺とその時代性」『岩手県文化振興事業団埋蔵文化財センター紀要Ⅸ』一九八九年
藤本強『埋もれた江戸』一九九〇年、平凡社
太田博太郎監修・中村昌生著『茶室』「日本建築史基礎資料集成」20　一九七四年、中央公論美術出版
中村昌生編『座敷と露地　二』「茶道聚錦」7　一九八四年、小学館
玉井哲雄『江戸　失われた都市空間を読む』一九八六年、平凡社
玉井哲雄『江戸の都市計画』「週刊朝日百科・日本の歴史」72　一九八九年
鈴木理生『江戸の都市計画』「都市のジャーナリズム」一九八八年、三省堂
山口啓二・佐々木潤之介『幕藩体制社会』一九七一年、日本評論社

前川要『都市考古学の研究』一九九一年、柏書房
太田博太郎『書院造』一九七二年、東京大学出版会
大河直躬『東照宮』一九七〇年、鹿島出版会
ブルーノ・タウト著・篠田英雄訳『日本美の再発見』一九三九年、岩波書店
大河直躬「桂と日光」『日本の美術』20　一九六四年、平凡社
斎藤英俊「桂離宮」『名宝日本の美術』21　一九八二年、小学館
大河直躬『すまいの人類学』一九八六年、平凡社
玉井哲雄「近世における住居と社会」『日本の社会史』第八巻・生活感覚と社会　一九八七年、岩波書店
宮沢智士『日本列島民家史』一九八九年、住まいの図書館出版局
須田敦夫『日本劇場史の研究』一九五七年、相模書房
服部幸雄『大いなる小屋』「叢書　演劇と見世物の文化史」一九八六年、平凡社
『近世社寺建築の手びき』一九八三年、日本建築史研究会
『長野県史美術建築資料編』二「建築」一九九〇年、長野県史刊行会
『大工彫刻』一九八六年、ＩＮＡＸギャラリー
宮沢智士「町家と町並み」『日本の美術』一六七号　一九八〇年、至文堂
玉井哲雄「江戸の町家・京の町家」『列島の文化史』創刊号　一九八四年、日本エディタースクール出版部

『三国町の民家と町並』　一九八三年、三国町教育委員会

〈第四章〉

桐敷真次郎『明治の建築』　一九六六年、日経新書
福田晴虔編『日本の民家8　洋館』　一九八一年、学習研究社
越野武『開化のかたち』「日本の建築　明治　大正　昭和」1　一九七九年、三省堂
『重要文化財旧開智学校展示資料図録』　一九六九年、重要文化財旧開智学校管理事務所
稲垣栄三『日本の近代建築』　一九五九年、丸善（一九七九年、鹿島出版会）
小野木重勝『様式の礎』「日本の建築　明治　大正　昭和」2　一九七九年、三省堂
石田潤一郎『ブルジョワジーの装飾』「日本の建築　明治　大正　昭和」7　一九八〇年、三省堂
太田博太郎『日本建築史序説』　一九四七年、彰国社
浅野清「日本建築の構造」『日本の美術』二四五号　一九八六年、至文堂

〈付章〉

玉井哲雄編『建築』「講座・日本技術の社会史」第七巻　一九八三年、日本評論社
関口欣也『鎌倉の中世建築』　一九六七年、鎌倉国宝館図録第一四集

マ　行

ヤ　行

ラ　行

ナ　行

事項索引

『建築の歴史』一九九五年三月　中央公論社刊

中公文庫

建築《けんちく》の歴史《れきし》

2006年1月25日　初版発行
2019年3月15日　3刷発行

著　者　藤《ふじ》井《い》恵《けい》介《すけ》
　　　　玉《たま》井《い》哲《てつ》雄《お》

発行者　松田陽三

発行所　中央公論新社
〒100-8152　東京都千代田区大手町1-7-1
電話　販売 03-5299-1730　編集 03-5299-1890
URL http://www.chuko.co.jp/

DTP　ハンズ・ミケ
印　刷　大日本印刷（本文）
　　　　三晃印刷（カバー）
製　本　大日本印刷

Published by CHUOKORON-SHINSHA, INC.
Printed in Japan　ISBN978-4-12-204633-7 C1121

中公文庫既刊より

各書目の下段の数字はISBNコードです。978－4－12が省略してあります。

S-2-1
日本の歴史1 神話から歴史へ
井上光貞
謎にみちた日本民族の生成を神話学・歴史学・考古学など諸学の成果によって解明し、日本の歴史の夜明けを描く。巻末に森浩一「四十年のちのあとがき」を付す。
204547-7

S-2-2
日本の歴史2 古代国家の成立
直木孝次郎
聖徳太子から天智・天武天皇をへて持統女帝にいたる波瀾と激動の百年。ここに強力な古代国家が形成される。素朴雄渾な万葉の時代を活写する。〈解説〉直木孝次郎
204387-9

S-2-3
日本の歴史3 奈良の都
青木和夫
古代国家の到達した一つの展望台。律令制度はほぼ整い、国富は集中されて華麗な奈良の都が出現する。大仏開眼、古事記が誕生した絢爛たる時代。〈解説〉丸山裕美子
204401-2

S-2-4
日本の歴史4 平安京
北山茂夫
坂上田村麻呂の蝦夷平定後、平安京の建設が始まる。律令国家没落の傾斜は深まり、将門の乱をへて摂関藤原氏の全盛時代へと移る経過をさぐる。〈解説〉佐藤宗諄
204411-1

S-2-5
日本の歴史5 王朝の貴族
土田直鎮
「望月の欠けたることなき」栄華の絶頂をきわめた藤原道長の生涯を辿りながら、平安貴族の姿を浮彫りにし、摂関時代独特の社会を明らかにする。〈解説〉倉本一宏
204425-8

S-2-6
日本の歴史6 武士の登場
竹内理三
平安末期、東西の辺地から登場した武士たちは、都の貴族にかわって平氏政権をうちたてる。驕れる清盛死してやがて壇ノ浦合戦に至る波瀾の時代。〈解説〉入間田宣夫
204438-8

S-2-7
日本の歴史7 鎌倉幕府
石井進
源頼朝、鎌倉幕府を開く。まったく新しい武家政権の誕生である。守護地頭の新制度、堅い結束と目まぐるしい離反抗争等、鎌倉武士の息吹を伝える。〈解説〉五味文彦
204455-5

各書目の下段の数字はISBNコードです。978－4－12が省略してあります。

S-2-16
日本の歴史16 元禄時代
児玉 幸多
江戸幕府の体制が固まり、もっとも平穏な日々がつづく。町々は活気をおび、江戸八百八町を中心とする華やかな元禄文化が花開く。〈解説〉大石 学
204619-1

S-15-1
完訳フロイス日本史①
将軍義輝の最期および自由都市堺
織田信長篇Ⅰ
ルイス・フロイス
松田 毅一
川崎 桃太 訳
信長秀吉から庶民まで西欧人が戦国期の日本を描き、現代語訳された初めての日本史。第一巻は信長前史と堺の殷賑を描く。毎日出版文化賞、菊池寛賞受賞。
203578-2

S-15-2
完訳フロイス日本史②
信長とフロイス
織田信長篇Ⅱ
ルイス・フロイス
松田 毅一
川崎 桃太 訳
フロイスの観察と描写は委曲をつくし、わけても信任厚かった信長の人間像は躍如としている。仏僧との激越な論争や、南蛮寺建立の顛末も興味深い。
203581-2

S-15-3
完訳フロイス日本史③
安土城と本能寺の変
織田信長篇Ⅲ
ルイス・フロイス
松田 毅一
川崎 桃太 訳
信長の安土築城とセミナリオの建設、荒木一族の処刑と本能寺での信長の劇的な死、細川ガラシア・名医曲直瀬道三の改宗等、戦国史での重要事件を描く。
203582-9

S-15-4
完訳フロイス日本史④
秀吉の天下統一と高山右近の追放
豊臣秀吉篇Ⅰ
ルイス・フロイス
松田 毅一
川崎 桃太 訳
大坂築城がなりバテレン一行を接見する秀吉と城内の様相を臨場感豊かに描く。諸国征伐を終えた秀吉は、高山右近を追放し、キリシタン禁教令を布く。
203583-6

S-15-5
完訳フロイス日本史⑤
「暴君」秀吉の野望
豊臣秀吉篇Ⅱ
ルイス・フロイス
松田 毅一
川崎 桃太 訳
後陽成天皇の聚楽行幸、遣欧使節の謁見、小田原北条氏征伐など、全盛期の秀吉を描く。天下人となった「暴君」秀吉の野望はついに朝鮮侵寇に至る。
203584-3

S-15-6
完訳フロイス日本史⑥
ザビエルの来日と初期の布教活動
大友宗麟篇Ⅰ
ルイス・フロイス
松田 毅一
川崎 桃太 訳
弥次郎との邂逅に始まるザビエル来朝の経緯や、布教の拠点が山口から宗麟の豊後に移る様子を取り上げる。草創期のキリシタンと宗麟の周辺を描く。
203585-0

S-15-7
完訳フロイス日本史⑦
宗麟の改宗と島津侵攻
大友宗麟篇Ⅱ
ルイス・フロイス
松田 毅一
川崎 桃太 訳
フランシスコの教名で改宗した大友宗麟は、キリシタンの理想郷建設を夢みて日向に進出。しかし、耳川の合戦で島津軍に敗れ、宗麟は豊後にもどる。
203586-7

S-15-8
完訳フロイス日本史⑧
宗麟の死と嫡子吉統の背教
大友宗麟篇Ⅲ
ルイス・フロイス
松田毅一
川崎桃太 訳
島津軍に敗れた大友宗麟は、関白秀吉に援軍を請い、キリシタン宗門も豊後を追われる。国主宗麟の死後、嫡子吉統は棄教し、キリシタンを迫害する。
203587-4

S-15-9
完訳フロイス日本史⑨
島原・五島・天草・長崎布教の苦難
大村純忠・有馬晴信篇Ⅰ
ルイス・フロイス
松田毅一
川崎桃太 訳
フロイスが横瀬浦で日本での布教の第一歩を踏み出してから後、十年余りの五島列島・島原・天草における布教、及び長崎の開港、有馬義貞の改宗を描く。
203588-1

S-15-10
完訳フロイス日本史⑩
大村・竜造寺の戦いと有馬晴信の改宗
大村純忠・有馬晴信篇Ⅱ
ルイス・フロイス
松田毅一
川崎桃太 訳
西国諸侯の改宗相次ぐ中、佐賀の竜造寺隆信の軍勢が島原に侵攻。島津の援兵を得た有馬軍は宗門の命運を賭した死闘のすえにこれを潰滅させる。
203589-8

S-15-11
完訳フロイス日本史⑪
黒田官兵衛の改宗と少年使節の帰国
大村純忠・有馬晴信篇Ⅲ
ルイス・フロイス
松田毅一
川崎桃太 訳
黒田官兵衛の改宗、関白秀吉の九州征伐やバテレン追放令、大村純忠・大友宗麟・コエリュ師の死去など、重大事件があいつぎ、西九州は動揺する。
203590-4

S-15-12
完訳フロイス日本史⑫
キリシタン弾圧と信仰の決意
大村純忠・有馬晴信篇Ⅳ
ルイス・フロイス
松田毅一
川崎桃太 訳
弾圧と迫害の中、着実にしかも強固に信仰の広がりを見せる天草・島原のキリシタンや、日本人初のイエズス会員ロレンソを描く。キリシタン年表付。
203591-1

し-6-22
古代日本と朝鮮
座談会
司馬遼太郎
上田正昭
金達寿 編
日本列島に渡来した古来・今来の朝鮮の人々は在来文化に新しい文化と技術を混入していった。東アジアの大流動時代の日本と朝鮮の交流の密度を探る。
200934-9

し-6-23
日本の渡来文化
座談会
司馬遼太郎
上田正昭
金達寿 編
文化の伝播には人間の交渉がある。朝鮮半島からいくたびも渡来してきた人々の実存を確かめ、そのいぶきにふれることにより渡来文化の重みを考える。
200960-8

し-6-24
朝鮮と古代日本文化
座談会
司馬遼太郎
上田正昭
金達寿 編
百済系、新羅系、高句麗系渡来人集団の日本各地における多方面にわたる活躍を再現し、古代日本文化の重層化に果たしたその影響の大きさを探究する。
200988-2

各書目の下段の数字はISBNコードです。978-4-12が省略してあります。

み-27-1
江戸吉原図聚《ずしゅう》
三谷一馬
江戸風俗画の模写に打ち込んできた著者が、吉原を描いた二五〇余点の絵画資料を精確に復元。今は失われた吉原の全貌を鮮やかに甦らせる画期的労作。
201882-2

み-27-2
江戸商売図絵
三谷一馬
江戸に生き、この大都市の繁栄を支えてきた人々の生業の数々を、当時の絵画資料より精確に復元。庶民の生活の息吹までも生き生きと再現する労作。
202226-3

み-27-3
彩色江戸物売図絵
三谷一馬
独特の売り声と服装で江戸の町を往き来した物売り百五十姿を、当時の絵画資料をもとにオールカラーで再現。庶民の哀歓までも伝える入魂の労作。
202564-6

み-27-4
江戸年中行事図聚
三谷一馬
元旦の「若水」「屠蘇」から歳末の「才蔵市」「大晦日の狐火」まで、絵画資料約一八〇点を精確に模写し、今は失われた江戸年中行事の数々を再現する。
203042-8

み-27-5
江戸職人図聚
三谷一馬
町人に親しまれた職人の風俗その他を錦絵、版画及び草双紙、人情本等の挿絵から復元した作品二百点余。江戸後期の庶民生活を知る上での貴重な資料。
203948-3

み-27-8
江戸看板図聚
三谷一馬
江戸風俗画研究の大家が広範な資料をもとに精確に復元した看板画、総図版点数千余点。江戸庶民の頓知と洒落、数々の意匠がいきいきとよみがえる。
206295-5

わ-11-3
桂離宮 様式の背後を探る
和辻哲郎
古今集の風景観をイメージして造られた桂離宮。創始者八条宮と周囲の人々、美意識、制作過程など様式の背後を克明に描く。美の極致を捉えた注目の美術論。
205447-9

む-11-5
金沢の不思議
村松友視
歴史と文化、伝統と変容が溶け合う町、金沢。この街に惚れ込み、三十年に亘り通い続けてきた著者が、ガイドブックでは知り得ない魅力を綴る。
206304-4